汽车先进技术译丛
汽车创新与开发系列

汽车软件开发实践

［德］法比安·沃尔夫（Fabian Wolf） 著

刘晨光 译

机械工业出版社

本书介绍了汽车行业中新的技术发展趋势、科研成果和所产生的经济效益，着重说明了车辆电子组件架构、软件开发和测试，以及与系统审批相关的过程。

　　本书的读者对象主要是从事机电一体化的专业技术人员，希望了解车辆电子和信息技术的大学生和年轻入职人员，为即将出现的行业技术更新做好知识准备和储备；已从业于汽车行业的专业人员，可根据各自所从事的工作和涉及的技术，选择性地进行学习。

First published in German under the title

Fahrzeuginformatik: Eine Einführung in die Software- und Elektronikentwicklung aus der Praxis der Automobilindustrie

by Fabian Wolf, edition: 1

Copyright © Springer Nature Switzerland AG, 2018

This edition has been translated and published under licence from Springer Fachmedien Wiesbaden GmbH, part of Springer Nature.

图书在版编目（CIP）数据

　　汽车软件开发实践/（德）法比安·沃尔夫著；刘晨光译．—北京：机械工业出版社，2021.9（2025.2 重印）

　　（汽车先进技术译丛．汽车创新与开发系列）

　　书名原文：Fahrzeuginformatik: Eine Einführung in die Software-und Elektronikentwicklung aus der Praxis der Automobilindustrie

　　ISBN 978-7-111-68908-9

　　Ⅰ.①汽… Ⅱ.①法… ②刘… Ⅲ.①汽车-电子系统-软件开发-研究 Ⅳ.①U463.6

　　中国版本图书馆 CIP 数据核字（2021）第 162485 号

机械工业出版社（北京市百万庄大街22号　邮政编码100037）
策划编辑：孙　鹏　责任编辑：孙　鹏
责任校对：王　欣　封面设计：鞠　杨
责任印制：张　博
北京建宏印刷有限公司印刷
2025 年 2 月第 1 版第 3 次印刷
169mm×239mm · 16 印张 · 2 插页 · 324 千字
标准书号：ISBN 978-7-111-68908-9
定价：159.00 元

电话服务	网络服务		
客服电话：010-88361066	机 工 官 网：www.cmpbook.com
010-88379833	机 工 官 博：weibo.com/cmp1952
010-68326294	金 书 网：www.golden-book.com
封底无防伪标均为盗版	机工教育服务网：www.cmpedu.com

序

    客户对可持续性出行的个性化要求、消费市场趋势、法律规范、车辆驱动的电动化、废气排放后处理、数字化、自动驾驶和新型驱动方案，这些都对汽车行业提出了各种各样崭新的需求。面对这些挑战性的客户需求，汽车行业正在加速开发新型的技术，例如，车联网、自动驾驶、电驱动和能量存储技术。除了这些关键性技术之外，系统和零部件的通用性，独立于具体产品的电子设备和软件，也都将对此做出重要的贡献，以能更有实效地、高效率地应用上述创新技术。

    只要还将车辆的移动性描述为物体的物理运动，而功能作为电子控制单元上的软件，就仍必须考虑动力学、电子学原理、材料性能限制和可能出现的故障。另外，法律规范的实施，例如，在过渡期仍继续使用燃油发动机，这就一方面要对新产品开发充满热情，另一方面又要满足严格的规范要求，遵循无可争议或者无法改变的自然科学定律，以及自然资源的可利用性。这也适用于车辆数字化的发展远景或纯电动的发展策略。

    汽车工业作为德国经济的一个重要支柱，必须在创造和保护社会就业方面，做出更为有效的贡献。为了满足上述要求，就需要始终选择正确的科学技术，利用政府的经济补贴，制定客户认可的产品价格，最大程度上限制自身的运营成本，更重要的是在这些因素之间，寻求到一个折中妥协。其中，如果有一方的利益受到不适当的削弱，从而受到威胁，甚至涉及其生存可能性，那么各参与方之间的权益平衡，就可能会导致某些不良的后果。

    就消费电子和软件产品的生命周期而言，比如，计算机工作站或者其他终端产品，智能手机上的信息技术系统，这些产品的生命周期都较短，而与此相反，汽车软件的生命周期与其相应的平台开发过程密切相关。车辆具有多年的运行周期，一方面取决于其整个产品的复杂性，另一方面也取决于客户。通常，与智能手机相比，显然车辆的更换频率很低。同样，客户对车辆可靠性的期望，也远高于一款纯粹的软件产品。

    通常，就漫长的车辆开发周期而言，它一方面会落后于新产品的趋势，或者滞后于客户所要求的开发速度，另一方面，它却保证了整车系统内各个组成的安全性和变异功能。当今，面对新型功能的进步和发展，要求对由机械、电子和软件组成的整体系统架构有更充分的了解和认知。同时，还要考虑到自然环境和驾驶者的人为因素，这都将导致更加复杂的机电控制系统。

    同样，在软件产品中实现客户需求和规范时，也完全不可避免地会出现各种错误、误解和人为过失，这就需要一定的辅助性和保护过程。但在这种情况下，也只能在有限的范围内，分别考虑和兼顾机械、电子和软件要素。软件所实现的车辆功能，将作为整体产品的特性，贯穿在整个代码开发、版本发放和销售服务过程中。

当今，对现有车辆仅以软件更新的形式，进行纯粹的售后服务，这种客户需求形式也不断地增加，单从技术上讲，这是通过更新版本的软件扩展车辆维护和修理。因此，它就需要遵循通用的一般性商业条件。还必须在没有任何物理特性改变的情况下，使之适合于现有的车辆框架，因此针对这类情况，就要开发、测试和发布各种软件变异。

为了满足这些复杂的周边性要求，鉴于车辆系统的复杂性，无法完全单独性地进行讲解说明，因而本书以章节的形式将内容尽可能地结构化，并重新进行了组织编排。其重点是汽车电子和软件部分，如果在系统环境中需要相关的机械组件，则也进行概括性说明。考虑到汽车电子产品的生命周期，本书重点放在其开发阶段。其工业化、生产和经营仅是顺便简单性阐述。

全书在内容安排上，第1章介绍了基础性的汽车电子设备。除了车辆总体架构和机电控制部分之外，还介绍了传感器装置。这里讨论了传感器的物理原理、量化、转换链和分区等术语，并附加以实例说明。接着介绍了执行器、总线系统及其有代表性的电子产品，以及相关的访问流程。还叙述了有关处理器、存储器、控制器和电路方案。这些电子器件被组合成控制单元，最后通过示例解释了硬件描述语言术语。

在第2章中，针对汽车中的软件部分，介绍了不同拓扑机制和各自的优缺点，参考车辆和软件架构，进一步说明了与之相关领域的术语和功能映射主题，也就是说，通过车辆架构来实现所期望的软件功能特性。另外，附带介绍了驱动程序、基础性软件和实时操作系统。在介绍网络软件之前，除了车辆的自我诊断功能之外，通过闪存刷新技术引入了车间级故障诊断、排除或者软件功能的扩展和更新，通过包括转向在内的几个示例，进一步说明了功能软件。还详细地介绍了在汽车工业中业已成熟的保护乘员健康和生命以及环境的安全概念。以综合性形式，叙述了车载电子设备的开发系统和接口（OSEK），自动化及测量系统标准协会（ASAM）和汽车开放系统架构（AUTOSAR）等。

第3章介绍了软件开发、客户要求唯一性和一致性，这作为产业的一般性概念是必不可少的。还较为详细地描述了工业化软件开发的具体步骤。这当中还包括质量保证和项目管理，变更和配置管理中的辅助过程，这些过程对于工业化创建软件是必不可少的。随之，描述了从规范要求到使用特定编程语言，进行实际编码的过程步骤，并且举例说明了一些实际使用的开发工具和信息技术框架，解释了如何在软件开发实践中实现模块化，以能够快速提取和重复性使用现有的软件模块。本章在结尾通过进一步分析和测量软件计算时间描述了可工业化的混合式测试方法。

在第4章中的软件测试内容中，描述了汽车行业中，从整车操作的抽象层次到具体软件的代码细节、客户要求和法律规范的验证，这些都要具有双向可追忆性，并且是必不可少的。为此，将要介绍业已成熟、部分已标准化的程序测试工具，从最初的软件测试，到实际测试车辆现场。还给出了若干实际示例，这包括代码分析领域，以及在投产前车辆验收的具体测试款项。

第5章中的过程模型是作为内容扩展，说明和解释了软件开发和测试的特定流程。以描述性方式概括了前面所介绍的有关概念。在阐述软件质量保证的成熟度模型，功能安全的规范性开发流程，以及相关评估流程之前，将首先介绍基本的软件过程模型，例如，已成熟的瀑布模型和过程模型。然后提出并评估了在数字化背景下，日益增长的敏捷性软件开发方法。作为对开发人员实际性工作的一个辅助，还具体描述了过程建模的实现。

关于软件产品的可变性，将在第6章中专门给予介绍。这一章将总结性地阐述如何使用科学性的机制和方法，在汽车行业实现软件的可变性（又称变异）。随着企业数字化进程的迅速推进，与其相关的附加性软件产品，以及移动设备的互联性，都将融入汽车行业的产品开发过程，最终整合集成出汽车行业的各类产品。这一章内容的重点在于起到一个承上启下的作用，并作为一个最佳的补充学习材料。

前　言

　　大众消费领域和全球网络数字化的影响，自动驾驶和智能网联的趋势，以及新的出行移动概念，这些都带来了新型的生态需求，对当今的汽车工业提出了重大挑战。尤其是新的移动概念和汽车产品创新，两者暗示着业已成熟的汽车技术和流程概念都将发生根本性的变化，这就需要更可靠的信息技术平台框架，可持续性地实现客户的需求和愿望。在此，就必须考虑车辆整体技术领域的最新发展，要一如既往地使其成为满足人类出行移动的基础。

　　当前，汽车电子设备和驱动方案仍在不断地发展，其趋势是开创纯电驱动式，甚至数字化电动汽车。所有富有责任感的企业，国民经济或社会环境现实，都无法以可持续的方式追随上产品日益更新的速度，这无论是在技术现状上，还是在经济收益上，最终都仅是在一定程度上反映了可以适应人口和社会发展的可接受性。这样，就必须部分地放弃既定且固化的思维概念，同时还需要一个切实可行、具有可替换性且稳定的过渡阶段。

　　作为实现汽车产品远景与其之间的技术接口，当前，"车辆信息学"学科在电动汽车领域起到一个关键性作用。该术语基于纯粹德语语意，部分相当于"汽车软件工程"（Automotive Software Engineering）概念，它试图从整体意义上创建和定义一门新型学科，以适应新一代汽车产品的研发要求。

车辆信息学的定位

　　当今的汽车技术已经可部分满足未来产品的基础性要求，从务实的角度实现了不少新型的产品理念，并在这个意义上进一步发展。可以说几乎所有的车辆功能已经可由电子组件和软件进行控制、调节或监控。但是，在实施过程中现有的知识自由度仍然受到众多边界条件的限制。例如，高质量和安全性要求、通用性标准、市场法律规范、较短的开发时间，以及通过软件进行产品生命周期内的功能更新，不断扩展车辆现有功能，满足日益变化和增长的客户需求。

　　本书介绍了汽车行业中新的技术发展趋势、科研成果和所产生的经济效益。这些基础性知识也是当今汽车电子和软件技术的实际现状。本书还着重说明了车辆电子组件架构、软件开发和测试，以及与系统审批相关的过程。

　　本书的读者对象主要是从事机电一体化的专业技术人员，希望了解车辆电子和信息技术的大学生和年轻入职人员，为即将出现的行业技术更新做好知识准备和储备；已从业于汽车行业的专业人员，可根据各自所从事的工作和涉及的技术，选择性地进行学习。另外，建议汽车行业以外的决策者将本书作为参考文献，补充所需的专业基础，使自身具有可持续性，以具备充分理论依据的方式参与、促进或共同探讨汽车行业的技术变革。

　　本书作者在发动机控制和转向电子领域进行系统软件的分布式开发，拥有长期积累的专业知识、组织和管理团队经验。此外，他还参与国际性专业委员会、行业技术交流，以及多年从事兼职高校教学活动，开设"车辆信息学"课程并授课。

局限性

　　本书的初衷是作为一本综合性的教科书，对车辆信息学所涉及的主要领域，进行总结性和简单化概述。这并非真正意义的科研工作，即使在教学内容上，仍还不具备足够的深度，仅是根据作者的教学经验和实践工作，试图传授和输送一些概括性的内容。所介绍的各个主题仅在一定程度上，从汽车行业实践情况出发，尽可能详细地给予介绍。为了使各个章节保持其各自独立和完整性，不可避免地，部分重复性地说明了若干重要内容。而其中所做出的评论和判断，仅是基于作者的个人观点，与作者就职的公司和教学岗位无任何直接性关联。

　　本书每章的内容都借鉴和引用了大量参考文献，但仅提供了被引用的插图和图表，引文或关键性资料作为进一步查阅参考。另外，与本书主题有关的技术文献仍在不断发展、更新和补充，它们都可以在全球范围进行在线检索，因此作者仅提供了一个较为紧凑而结构化的参考文献清单，以能将有限的篇幅、时间和精力放在对各个主题进行尽可能详细的叙述和介绍。

　　为了尽可能简化语言内容，通篇使用了男性化的角色描述形式。对本书感兴趣的女性读者们，请不要误解，作者并非有任何歧视妇女的意图。不能排除在车辆信息学术语中，引用了大量英语概念性术语，作者看来，英语可以更有助于阐明主题，或者在定义表达上更为明确。还必须承认，许多复合词的构成并未严格地遵守规则，其实通篇前后应保持一致性。

　　每一章的结尾都带有一个概括性总结部分，再次回忆性地提出所叙述过的最为重要的基本内容。这有助于读者可持续性掌握本书的内容，也使各章内容在结构上能相互依存，从而确保全书内容的可读性。对列举出的综合学习性问题，并没有附加答案，而读者完全可以在有关的章节中翻阅查寻到答案。

致　谢

首先，我要感谢德国大众汽车公司，为我提供了撰写本书的可能性。这当中包括我所在的部门机构和职业内容。还要感谢德国克劳斯塔尔工业大学，给予传授本书内容的课程机会，及其授予我的名誉教授称号。

除了借鉴了克里斯托弗·塞德尔（Christoph Seidl）在软件变异管理方面的内容之外，还有许多人提供了友好的协作，补充和完善了本书的部分内容。对此要特别给予指明，马克·诺伊鲍尔（Marc Neubauer）多年来辅助我的讲座活动，提供了大量内容的描述和修改，还有尤多·哈尔曼（Udo Hallmann）对模块化构件的见解，以及安德烈亚斯·舒尔兹（Andreas Schulze）所实现的软件计算时间测量方法。还要感谢其他颇具代表性的参考文献的作者——莱夫（Reif）先生、舒费勒（Schaeuffele）和霍夫曼（Hofmann）先生，允许我能引用他们文章中的部分内容。这些都在本书中特意提及，并建议读者可作为进一步阅读的参考文献。

从博士生时代到在德国大众汽车公司任职，以及至今开设客座讲座，最后到本书的写作，在与各位行业同仁的问题讨论中，我不断获得了大量宝贵经验和问题答案，这些对本书的写作完成都提供了巨大的帮助。这也包括我的家人，他们在我人生的各个阶段，都做出了大量非常不同凡响且积极性的贡献。

德国，布伦瑞克，2018 年 4 月

作者简介

    法比安·沃尔夫（Fabian Wolf），教授，工学博士，1971 年出生，1996—2001 年间在德国布伦瑞克工业大学从事移动通信软件工具的开发和研究工作，在嵌入式软件计算时间分析领域，获博士学位。2001—2014 年在德国大众汽车公司参与发动机控制系统和转向电子系统中软件的分布式开发、测试、团队组织和项目管理。自 2014 年以来，主要负责德国大众公司汽车电子组件的开发流程。自 2009 年以来，在德国克劳斯塔尔工业大学，兼职讲授车辆信息学，并于 2016 年被授予该校名誉教授。

目　录

第1章 汽车电子设备

本章将从硬件设备和控制单元方面介绍车辆电子设备。这是理解本书内容至少应该具备的必要性基础知识，学习这些基础性的内容，有助于了解车辆信息学的整个过程内容。

1.1 整车架构

当今，新型现代化的汽车中已配置了40多个控制单元。这些控制单元依据传统的控制和调节原理，参照辅助驾驶系统，具体实施整车架构所确定的各种功能。另外，大量借助了当前和将来的信息通信技术，这包括兼顾驾驶人的介入，使用各种终端性操作和控制设备，例如智能手机。在车辆技术中，还引入了许多其他的专业领域成果，从以下示例中可获得一个初步了解。

- 动力总成

发动机控制，废气后处理，变速器控制，电动机和牵引，混合动力控制。

- 储能

电池系统，电力设备，充电控制。

- 行车安全

驾驶动态特征调节，防抱死制动系统，电子稳定控制系统，乘客安全气囊，自适应巡航控制，车距传感器，车道偏离警告系统。

- 舒适性

转向助力器，空调设备，车窗升降器，中央门锁系统，后视镜调节。

- 信息娱乐

收音机，数字视频光盘，卫星导航系统，后视摄像头，无线局域网 WLAN/互联网，与移动设备和其他车辆的连接。

- 未来数字化的扩展服务

汽车电子产品的开发过程和使用时间相对通常的消费电子产品领域要长得多，

但人们始终不愿长期依赖、停留在业已成熟的产品，因而就必须持续性地投入开发。如今，在理想情况下，一个车型的开发周期通常要三四年，然后将使用十几年，在这期间还不可避免地要进行维护和修理。这一时间段的车辆生命期，主要基于业已成熟的材料科学，从制造、组装到运行，经历操作磨损，直至最终报废和回收，假如这当中没有意外中断的话。根据当前的可使用时间和经济成本，人类正在寻求更加经济性和生态化，寻求最佳的出行方案。

与此相反，当今消费电子和软件产品的生命周期仅为 3~6 个月。因此，在汽车电子产品中，就必须在已成熟和久经考验的现有技术，与最新电子和软件产品发展之间，寻找到一个折中方案。这还包括在汽车生命周期中，可能出现的电子元/组件换代和更新问题。同样在车辆开发过程中，就还必须预先考虑和规划机械组件和电子元件的更换，以及软件更新。

汽车的技术性能仍在不断地发展，未来将以数字化、自动驾驶和电驱动为主题。在当前车辆系统中，除了一般的可靠性、可驾驶性以及恪守交通法规之外，重点还在于实现客户的智能感知，在本质上就是辅助驾驶系统，如图 1.1 所示。

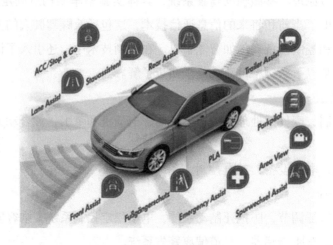

图 1.1　辅助驾驶系统

随着时间的推移和技术的发展，辅助驾驶系统以及新一代基础性电子设备，都已经成为未来自动驾驶系统的一个组成部分。电控发动机系统可带有自适应巡航控制、传感器、执行器、电子转向系统和电驱动。通过用户界面或连接性提供的数据，实现智能性应用和环境联网，以此实现未来的产品换代，并更加接近于自动驾驶远景。

当前的传感器技术（这将在后面详细说明）是采集和准备各类数据信息的基

础。同时，借助智能网联和车辆连接性，可提供给驾驶人各类路况信息，这些都为面向未来的技术发展和车辆数字化奠定了基础。这还包括传感器融合领域，就是除了附加信息之外，还可以通过智能优化来达到更高的经济效益。

1.2　电子控制单元

车辆中的控制单元多是电子模块或组件形式，具有自身的操作功能，以及微控制器的基本逻辑，其基本结构如图 1.2 所示。就车辆信息技术而言，控制单元构成了汽车中功能性电气/电子组件中最重要的一个部分。控制单元的组成主要包括：传感器、执行器、微控制器、存储器以及输入和输出信息，还有附加的车载电子设备、特定性组件，如供电系统或总线系统。尽管与消费类电子产品相比，汽车内部的电子单元部分数量很少，但这都是特殊的集成型控制器，使用专用的处理器，由知名制造商制造和提供。

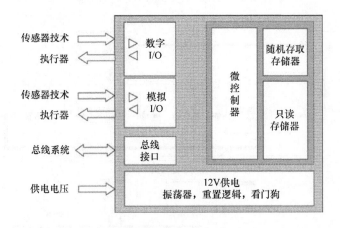

图 1.2　车辆中的控制单元（参考文献 [9]）

在这一点上要已指出的是功能不必只分配给一个控制单元，而是可以通过多个控制单元交互作用来实现。例如，德国大众从 2003 年起，就对高尔夫 5 车型，采用七个控制单元以网络形式连接，实现转向灯闪烁功能，如图 1.3 所示。这里将引用到功能映射这一术语，将在 2.2 节中详细介绍。

车辆的总体架构是一个由机械系统、电子设备和软件组成的系统。考虑到车辆的物理运动特性、周围环境影响和驾驶人状况，可将它描述为一个复杂的机电结合的调节系统，如图 1.4 所示，其中控制单元网络及其所属软件共同构成了一个调节器，在一个闭环回路中监控车辆状态。

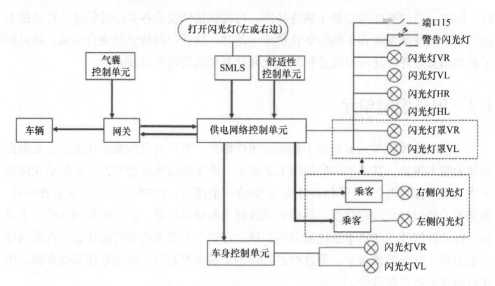

图1.3   大众高尔夫5的车灯闪烁功能

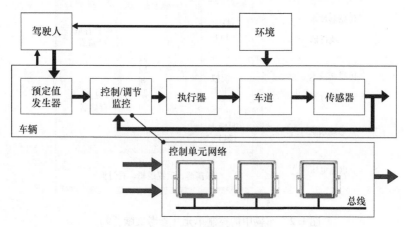

图1.4   整车作为一个机电一体化调节系统（参考文献［3］）

1.3 供电网络

从车辆信息技术的角度来看，控制单元构成了车辆中电气/电子组件中的最重要部分，所有这些部分的整体叫作供电网络，简称为供电网。通常，供电网络应理解为纯粹的输电缆和电能。然而在这里，它也代表实现车辆整体功能的数据信息连接。其他电气/电子组件还可以是：

- 连接技术和联网插口
- 传感器。

- 指示灯和显示。
- 执行器（电动机、阀门、继电器等）。
- 总线系统（CAN、FlexRay 等）。
- 能量存储（标准电池、混合动力存储器、电动汽车等）。
- 面向未来的数字化和连接性。

除了逻辑连接外，供电网络还是传感器和执行器之间的物理连接，以电缆和插头形式体现。

这意味着，还必须考虑其他次要方面，例如，制造误差、腐蚀性、机械运动、工作温度和其他环境影响而导致的元件连接老化。在极少数情况下，即使是很少发生信号中断或偏差、差错就可能成为几乎无法解决的问题。比如，一个刚拔出的插头，或其连接由于重新插入的摩擦运动而自行连接，还必须考虑要输送电流。供电网络设计要考虑这些方方面面，以保证以尽可能低的成本费用，更轻的重量和高度可用性。

例如，图 1.5 显示了一个简单的车辆启动电气部分，它基于端口，用于常规启动控制。它通过组件和端口命名，实现车辆启动的基本功能互连，这已在汽车行业成为标准并且标准化了。作为一个典型的误用情况：在车辆钥匙被盗窃时，有可能通过手动将启动器端口 50，连接到永久正极端口 30，而不是切换到端口 15 的正极，它使车辆无需钥匙也可启动。

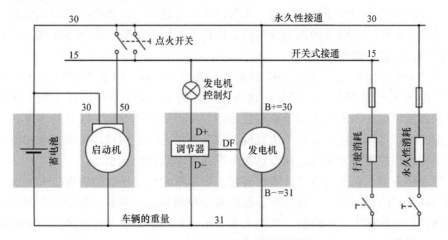

图 1.5　车辆启动功能和端口命名

每辆车都有可能组合，并配置多个可能的设备，例如，不同的发动机、变速器、舒适功能（车窗升降器、导航系统、车身外形和多媒体功能等），以及在未来数字化技术所能连接到的其他外围设备。对于每个客户所要求的车辆，都必须布置和合成一个新型的最佳供电网络。由于这个功能太复杂，就需要创建各种变异。

供电网络变异可以模块化，并在制造期间就布置在相应的工作位置，例如车门、驾驶舱等。

在无法进行模块化的情况下，例如，如果几个组件之间的导线较长，这就需要精确的装配操作，就组件供应而言，就要求准时化供货，以实现车辆的总装。

这样做的前提不仅是子系统和组件开发可以明确分工，而且还在系统的分区和集成方面，兼顾到安装空间、车辆功能和生产技术，以及供应商物流。

1.4 电气/电子架构

电气/电子架构可以被理解为是指将其组件，按照功能需求进行划分，设计物理分布和物理连接。这一体系结构在最高层次上描述了车载供电网络中所有功能级别的交互，主要有以下三个重点：

- 功能需求
- 技术
- 拓扑结构

1.4.1 电气/电子架构的功能需求

客户所期望的、必需的或者标准确定的功能，主要是由软件给予实现，这些要在需求目录或规范中详细记录。这些功能根据所谓的 EVA（输入、处理、输出）原理，在控制单元中给予具体实现。测量值将用作输入，这将由控制单元处理并与设定值进行比较。而输出的则是校正值，执行器根据 1.1 节中所介绍的机电调节电路，在执行中进行调整。

借助一个建模语言，例如 UML 或者 Matlab/Simulink，以及 ASCET – SD，就可以设计电气/电子体系的功能部分，这将在稍后的 3.9.4 小节中进行介绍。这使得功能及其接口可以图形方式给予形象化描述，变得更为视觉化，并且易于理解。在某些情况下，可以直接生成用于仿真模型或控制单元所需的软件代码。在抽象的功能级别和物理控制单元布局之间，这当中存在着本质性的区别。

第一层表现了功能网络及其逻辑连接。控制单元层是功能的物理技术实现，即一种拓扑形式的几何布置。将功能分配给各个控制单元，例如，前面所介绍的车灯闪烁功能，这被称为功能映射，如图 1.6 所示。在汽车工业中，这是一个非常复杂的过程，涉及系统开发和车辆架构设计。

1.4.2 电气/电子架构的实现技术

一般技术被认为是功能的物理实现，遵循标准和法规给定的框架，采用了专业性的方法和手段，具体技术如下：

- 硬件/电气/电子

微控制器（例如数字信号处理 DSP），现场可编程门阵列 FPGA，电池继电器，

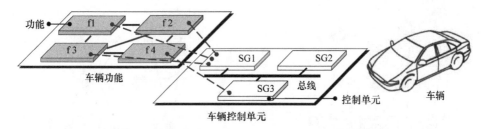

图 1.6　功能映射：功能在控制单元上的分配（参考文献 [3]）

电路，电缆，插头和其他连接技术。

- 软件

标准化软件模块和体系结构，基本软件，驱动程序软件，操作系统，封装，具体功能算法，开放性接口。

- 网络

控制器局域网 CAN，FlexRay，其他通信协议，连接性。

基于自然科学、物理学和电子学的技术现状，以及这些技术在车辆电子学中的调整和适用性，就构成了功能和拓扑的框架条件。下面将详细定义车辆技术中的拓扑概念。

1.4.3　电气/电子架构的拓扑结构

拓扑概念描述了车辆中，电气/电子组件的物理布置形态。对拓扑内容取决定性意义的，除了电气/电子组件在供电网络中的几何布置（例如电缆长度），还有所谓逻辑布置，例如，硬件和软件上功能的分区或映射。

同时，通信协议的选择，在线路或总线系统中的物理实现，扮演着另一个重要角色。信息信号的传播时间、安全性需求以及最终解决方案的成本，都会影响整个体系的实际性能。不久的将来，安全的无线通信技术会起到越来越重要的作用。

为了设计出合适的总线拓扑结构，就要对控制单元的功能分配进行优化。比如，这可以是在硬件和软件组件上，将部分代码进行划分，生成所谓的功能包。这样的一个示例如图 1.7 所示，联网功能通过附加的结构规范分配给各个控制单元。

在理想情况下，这意味着可以从电气/电子整体架构中省略某些控制单元，而仍保持其与原有的相同功能，这就导致更简单化的系统结构和更高的运行效率。首先，这种效率的提高反映在车辆中，就是零部件数量相应减少及其成本费用，这都在车辆生产经济效益中起着规模性的作用。通常，也证明了一个费用支出过高的开发，并非总是合理的。当然这不能妨碍所确定的大规模投产时间，或者过于超出开发预算。

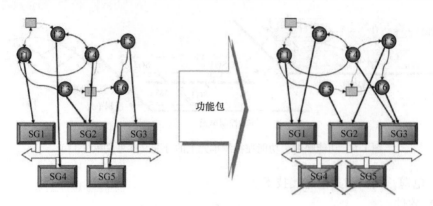

图 1.7　通过分区优化拓扑

1.5　电气/电子架构的设计过程

如今，车辆架构的合成已不再是由手工操作，以实现控制单元的物理性布置，以电缆为连接形式，定义连接所需的带宽。更多的情况是考虑三个方面，即功能需求、技术和拓扑，以及它们之间的相互作用，把这一整体当作一个非常复杂的优化问题，其解决方案就是创建了一个电气/电子系统的初始架构。

将按照本书中提出的 V 模型，进行控制单元和软件系统设计，这也将作为 5.3 节中开发过程的基础，如图 1.8 所示，架构设计位居在 V 模型的第三层。因此，在此基础上软件和电子设备要实现进一步的功能，这将是非常重要的。这里将做出对车辆的整个生命周期都具有重要影响的决策，进而确定车辆架构和对其优化，这也是汽车制造商最重要的核心竞争力之一。

在 20 世纪 80 年代时，传统的车载供电网络就已出现，主要用于收音机、点火装置、起动机和照明系统中，并且是纯粹意义的能源管理系统，尚没有信息技术背景。而且电子设备没有联网，只是物理性地连接在一起。在 90 年代，开发了第一个废气后处理控制单元、车身动态稳定系统，并引入了乘客舒适性功能。同样，根据相似的原理和过程，在控制单元上实现功能和软件的工作一直持续到今天，在稍后的第 3 章中，将详细介绍软件开发，在第 5 章中说明其过程的描述和建模。

随着车辆中驾驶功能，各类信息数据和控制单元的数量和复杂性不断增加，这就需要以一个功能更强大的总线系统，来实现最佳的功能联网，这特别是在数据访问和能量交换过程中，以能达到一个良好的控制冲突效应。此外，更迅速的数据访问和更宽的传输带宽，均可以节省电缆投入费用，确保关键性连接，并减轻车载电气系统的重量。总线系统形式的控制单元网络，这在车辆电子学中是一个关键性的领域，因而也构建了车辆信息技术的基础。

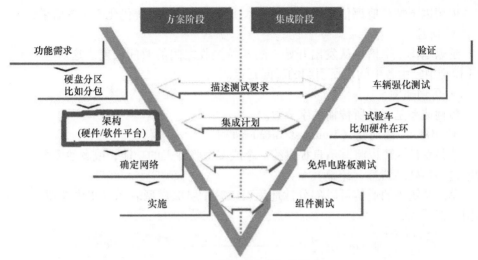

图 1.8 开发过程中的架构设计

1.6 数字总线系统

在本节中，总线系统被视为供电网络和控制单元的一个重要组成部分。图 1.9 显示了总线系统，它作为基本控制单元的一部分，被连接到总线接口。除了基础性知识外，这里将还要介绍并比较若干代表性的总线系统，诸如控制器局域网（CAN）、FlexRay、局部互联网（LIN），以及面向媒体的系统传输 MOST 的功能。

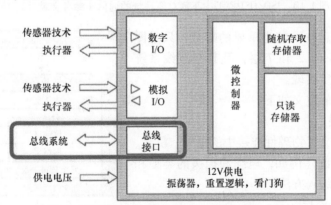

图 1.9 控制单元中的总线系统（参考文献 [9]）

数字总线系统是一种可通过公共媒体和传输路径，在多个参与者（又称端用户）之间进行数据传输的系统。它具有以下特点：

- 协议（端用户之间的通信规则，尤其是访问程序）
- 拓扑（连接端用户的方式）
- 物理实现的规范

可用以下特征值评估总线系统的技术质量，以及对系统优化产生的后果：

- 延迟

延迟是指一个信息从发出开始，到开始接收之间的时间长度。这对应于 ISO/OSI 模型中经由各中间层所引起的时间延迟。

- 传输速率

传输速率是每秒所传输的字节数。

- 组播/广播功能（Multicast/Broadcast）

这是发件人可以将其消息提供给一个或多个收件人的功能，或者使多个收件人能够进一步处理消息（组播）。

总线系统中的通信可以部分性地用 ISO/OSI 层次模型表示（参考文献［1］），如图 1.10 所示。

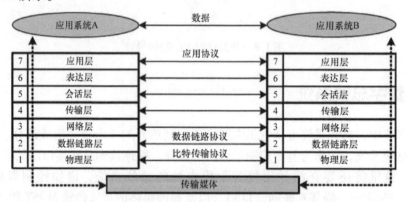

图 1.10　ISO/OSI 模型中车辆总线系统的通信（参考文献［1］）

对车辆信息技术较为重要的部分，只是图 1.11 所示的第 1、2 和 7 层，及其在总线系统和接口中的特定实现。

这些层次的定义如下：

- 物理层

物理层定义了物理性连接中的电气、机械、功能和过程参数（例如，电缆和插头的类型和属性，以及位编码方法）。

- 数据链路层

数据链路层控制数字数据流，实现访问过程，并通过错误检测和纠错过程。

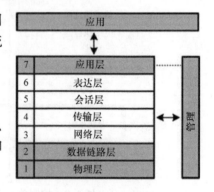

图 1.11　ISO/OSI 模型中的相关层（参考文献［1］）

- 应用层

应用层控制连接的创建和断开，以及网络管理，即通信功能。而这不是控制单元的功能。

图 1.12 所示的软件结构，可作为在车辆中实现 ISO/OSI 模型应用的一种可能性，被实现为总线接口中控制单元软件。在此，功能映射的基本原理适用于所需的电气/电子架构拓扑，即根据相应的需求，以软件形式实现功能。

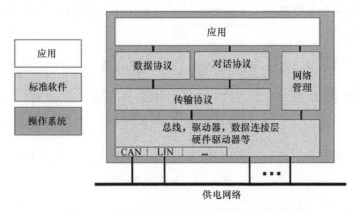

图 1.12　车辆中使用的 ISO/OSI 模型软件架构

1.6.1　总线协议

实现一个总线系统中端用户之间的通信，可以使用两种不同的方法，如图 1.13 所示。

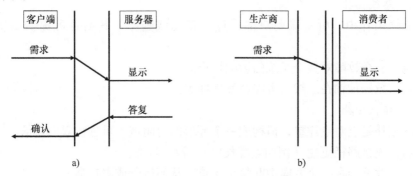

图 1.13　总线系统协议（参考文献 ［1］）

- 客户端 – 服务器模型

此模型是面向端用户的，只有点对点连接。

- 生产商 – 消费者模型

此模型是面向信息的，收件人决定是否接受，因此，该协议适用于单播（Broadcast）和组播（Multicast）。

1.6.2　总线拓扑

通常，拓扑是一个抽象化的描述方法，用以再现供电网络结构的重要特征。它确定了多个端用户之间，如何相互物理性地连接。选择一个良好的拓扑方案，可就以避免信息传输过程中的瓶颈，并且系统对于连接故障或延迟作用，具有足够的鲁棒性。因此，拓扑结构直接决定了系统的通信性能，进而在系统架构设计中，它是核心能力中的一个重要部分。不同的拓扑形式如图 1.14 所示，并在下面各小节中给予详细说明。

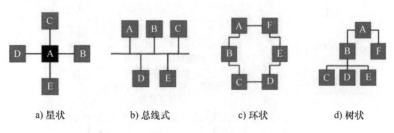

a) 星状　　　　b) 总线式　　　　c) 环状　　　　d) 树状

图 1.14　拓扑形式

1.6.2.1　星状拓扑

在星状拓扑中，参与者又称端用户，通过点对点连接方式，耦合到共同的中央参与者（耦合器）。

优点：由于端用户各有的专用连接，传输速率更高。

缺点：中央端用户 A 必须更加高效，如果出现故障，则没有冗余。

1.6.2.2　总线拓扑

在总线拓扑中，所有端用户都通过一条总线连接，其信息可提供给所有端用户。

优点：一个故障对整个系统的影响很小。

缺点：数据传输在总线上可能会发生冲突。

1.6.2.3　环状拓扑

环状拓扑是点对点连接，但构成一个环形的封闭链，可进行双向通信。

优点：连接路径更短（例如电缆长度），没有冲突。

缺点：故障会在一个方向中断整个系统，从而运营成本较高。

1.6.2.4　树状拓扑

在树状拓扑，信息从一个根端用户（A）到多个叶节点（C、D、E、F）分层进行传输。

优点：良好的可扩展性，节点端用户有冗余。

缺点：对根端用户的依赖性。

1.6.3　数字总线系统——控制器局域网

在 20 世纪 90 年代，汽车架构的标准化承担尚不足。每个汽车制造商，或者说车载电子设备制造商，都创建了自身的标准，并且进行维护。这就造成了产品开发、生产过程以及产品本身的高额成本。这就要不断增加开发和生产费用，但仍无法满足使电子设备能够适应新型的架构，新任务所需的框架条件和需求。

控制器局域网（Controller Area Network）总线在 ISO 11898 中给予了明确规定（参考文献［18］），在该 ISO/OSI 模型的前两个级别上，描述了上述所有特征。该标准的概述如图 1.15 所示。时至今日，它仍然是将车载电气/电子架构进行联网，所采用的最重要的总线。参考文献［1］中给出了该总线更多的概述性扩展说明。

ISO 11898-1	所有CAN应用的物理信号表示
ISO 11898-2	"高速CAN"，用于车辆的总线连接，速度高达 1 Mbit/s
ISO 11898-3	"低速CAN"，用于车辆的总线连接。速度高达 125 kbit/s着重于舒适性电子产品
ISO 11898-4	"时间触发的CAN"，扩展CAN协议，添加时间控制
SAE J2411	"单线CAN"，扩展CAN协议，低要求的低速CAN系统
ISO 11992	"货车到拖车标准"，低速CAN系统在货车上使用

图 1.15　控制器局域网总线规范

1.6.3.1　一般属性

如图 1.16 所示，每个控制器域网中的信息都有一个唯一的标识符，即对象标

区	标注	长度	意义
A	SOF	1	帧开始，消息开始，包含同步的域级别
B	ID	11/29	信息的ID标识符(标准或扩展)，优先级
C	RTR		传输类型(数据/遥控/错误/额外消耗框)
D	Steuerfeld	6	格式(标准/扩展)，扩展，数据区长度(0~64 Bit)
E	Datenfeld	0~64	可用数据传输
F	CRC-Segment	15	检验频率(CRC检验和)
G	CRC-Delimiter	1	CRC界线
H	ACK	1	验证区
I	ACK-Delimiter	1	ACK界线
J	EOF	7	帧结束区
K	Interfr.Space	3	信息间的空间(无内容)

图 1.16　CAN 中的信息结构（参考文献［1］）

识符（Object Identifier），它提供了信息内容的类型（例如，它包含哪些物理量）。每个端用户借助标识符，独立地检查总线上当前信息的相关性，并决定可能的处理方式。根据 1.6.1 小节所述，创建一个信息传输协议，并根据 1.6.2 小节创建一个总线拓扑。

端用户数量并不受协议限制，网络空间的扩展仅仅受传输速率限制，这是网络的物理实现及其电学特性所限定的。

- 低速控制器域网 CAN（125kbit/s），最大电缆长度为 500m。
- 高速控制器域网 CAN（1Mbit/s），最大电缆长度为 40m。

1.6.3.2　总线访问：载波侦听多路访问/冲突避免

访问总线是借助所谓的载波侦听多路访问/避免冲突 CSMA/CD（Carrier Sense Multiple Access/Collision Detection）流程。CSMA/CD 程序描述了当多个端口同时访问数据总线时，如何能够避免信息冲突。计算机网络中已知的以太网与 CSMA/CD 方法的主要区别，在于以太网可以接受冲突，并在必要时再次发送数据。

使用 CAN 协议的 CSMA/CD 方法，要在总线上发送消息的端口，首先在一个所定义的时间段内，对总线进行探听。如果在此期间内，总线处于非活动状态，则该端口就发送消息，这时其他端口就不能发送消息。只有这样才能发送消息。如果同时有多个端口想发送信息，则必须要避免冲突。对应于此的基础是 CAN 信息或消息的结构。

1.6.3.3　控制器局域网：通信报文结构

根据使用意图，CAN 中的信息有四种不同的结构，又称帧（Frame）。对此，还有两种可能的格式：标准型（11 位标志符）或者扩展型（29 位标志符），如图 1.16 所示。

1. 数据帧（Data Frame）

数据帧用于数据传输，最多包含 8 个字节的信息（由发送方发送）。

2. 远程帧（Remote Frame）

远程帧用于从另一个端口，请求一个数据帧（由接收方发送）。

3. 错误帧（Error Frame）

发送方或接收方通过一个错误帧，通告一个已识别的错误。

4. 重载帧（Overload Frame）

重载帧在发送方和接收方之间，它迫使总线做一个暂停。

1.6.3.4　位填充

如果恒定电平"0"或"1"的发送时间过长，则模拟电子设备中将缺少信号边缘（Signal Edge），而信号边缘可确保在切换到数字技术时，信号与系统时钟同步。借助图 1.17 中所描述的位填充，可以确保最长，每五个内存单元发生一个信号更改，因此可以确保同步。

1.6.3.5　总线调度

已经在 1.6.3.2 小节中引入了避免冲突机制，说明如下：在总线上只有一个位置，对应于一个端口的帧序列或者几个端口的叠加。所有端口及其发送请求，将它们的信息同时以位的形式发送，且都从一个区域的起始位开始。它们同时监控总线，直到各自发送出下一位数据为止。这样一个例子，如图 1.18 所示。

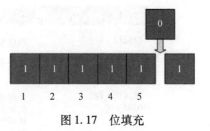

图 1.17　位填充

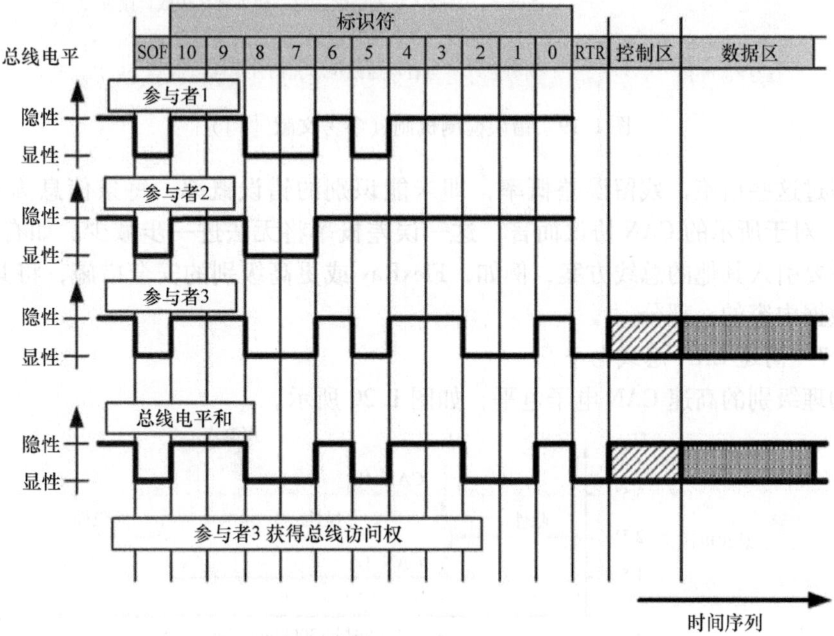

图 1.18　CAN 总线中避免冲突的机制（参考文献 [1]）

在发送信息时，标志符的显性和隐性电平以位的形式叠加，显性电平覆盖隐性电平。一旦一个端口认识到，另一个端口的位在它的标志符中覆盖它的隐性电平，则它将结束其传输尝试。如果某个端口认识到，自己是多个位当中最后一个发送端口，那么它将收到总线访问权限的确认。它允许以剩余 CAN 帧的形式，将它的数据传输入总线。这种认可是隐含的，这样它不必中止其发送尝试。

1.6.3.6　错误检测

共有五种错误检测机制，如图 1.19 所示。

如果检测到所描述的一个错误，则该端口在总线上发送一个错误帧。该消息以六个显性位（错误标志）开头，并删除所传输的错误消息。当然，这就违反了位填充规则，原始发送方必须再次发送此消息。因此，所有总线端口都可知道该错误。

机制	解释
位监控	消息发送参与者在总线上检查,是否存在要传输的电平
监控消息的格式	每个参与者都监视总线上发送的消息,是否包含形式错误
循环块备份(CRC)	使用此方法,根据CRC方法,通过多项式除法从消息的开头、仲裁字段、控制字段和用户数据开始形成测试序列。该序列也在接收侧形成,并与接收器发送的测试序列进行比较
监控ACK	消息的发送者期望接收者,通过打开ACK字段中的显性电平,来确认它无错误接收。如果确认失败,则发送者认为是呈现了错误
监控位填充	所有总线参与者均监控位填充的合规性

图 1.19 错误检测机制(参考文献 [1])

通过这些措施,残留误差概率,即未能识别的错误概率,每条信息为 4.7×10^{-11}。对于所示的 CAN 协议而言,这一误差概率将无法进一步减少。如有需要,就有必要引入其他的总线方案,例如,FlexRay 或更高级别的安全措施,将其作为传输数据内容的一部分。

1.6.3.7 高速 CAN 总线电平

物理级别的高速 CAN 电子电平,如图 1.20 所示。

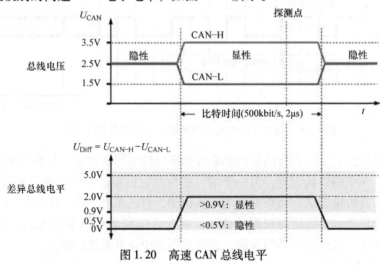

图 1.20 高速 CAN 总线电平

1.6.3.8 低速 CAN 总线电平

低速 CAN 的电子电平如图 1.21 所示。

1.6.3.9 CAN 总线:其他应用

除了在车辆电子和信息技术中的应用外,控制器局域网总线还有许多其他用途,这就包括过程自动化领域,以及其他行业:

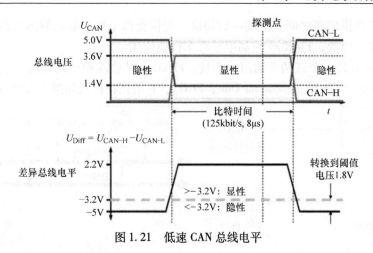

图 1.21　低速 CAN 总线电平

- 医疗系统
- 航海仪器
- 加工控制
- 农业机械
- 航天

但是，以电子组件、连接和软件模块形式的大多数标准组件，在商业上均用于汽车行业。

1.6.3.10　控制器局域网总线：局限性

车辆中与安全相关的功能对通信技术的可靠性、安全性和实时能力都提出了最高的要求。因此，就需要一个通信系统，其核心特性是确保能独立于总线负载，具有确定性和容错能力，并进行数据传输。CAN 总线并不能满足这些苛刻的要求，因为控制器局域网协议基于一种面向事件的通信方法，不具备确定性。

遵循控制器局域网中逐位仲裁的基本原理，就要求数据速率小于 1Mbit/s。而且，基于总线拓扑结构的原因，该系统只能在短距离（电缆长度 <40m，数据速率为 1Mbit/s）内获得较高的比特率。这就导致车辆内部的接线不够理想。总线协议中仍然隐含了上述残余错误概率，这对于与安全相关的系统至关重要，对于某些安全级别，这是不可接受的。

控制器局域网总线的一些扩展，例如时间触发式的 CAN，虽然试图满足这一要求，但是并不能从整体上解决这些问题。

1.6.4　数字总线系统——FlexRay

鉴于 CAN 总线的局限性，就导致要开发一个总线系统，它遵守安全系统相关的确定性协议，并且适用于车辆通信领域，数据密集性所要求的高数据传输速率。一种可能的解决方案就是 FlexRay 总线，这一规范是由 FlexRay 联盟开发的。根据汽车制造商和供应商之间达成的一致协议，提供类似于控制器局域网的商业性软件和网络组件。因此，FlexRay 只局限于汽车行业应用。

FlexRay 允许一个或两个通道的系统，FlexRay 以总线和星状结构（主动/被动）连接控制单元（Electronic Control Unit，ECU），它的拓扑形式如图 1.22 所示。

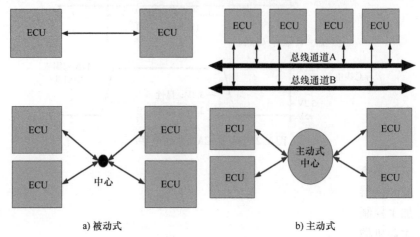

图 1.22　FlexRay 拓扑

FlexRay 的通信通道是具有冗余设计的。两个通道中的每一个通道都可以以 10Mbit/s 的数据传输速率运行，如果通过捆绑通信，还可以将数据速率提高到 20Mbit/s。FlexRay 是一种基于时间控制的通信架构，其行为显然是确定性的。FlexRay 中数据信息的结构如图 1.23 所示。

"标头"由以下元素组成：

- 标头以四个指示符位开始，这些指示符位之前是一个保留位。这些指示符位是用于更详细地确定一个数据信息。有效负载前导指示符（Payload Preamble Indicator）用于显示，是否在静态信息有效负载中，传输了一个网络管理向量（Network Management Vector），还是在动态消息有效负载中，传输了一个信息标识符（Message Identifier）。在特殊情况下，发送方只能发送零数据消息有效负载。因此，这不是常规的有效负载。空帧指示符被用于显示有效载荷是正常的还是无效的。同步帧指示符（Sync – Frame Indicator）用以指示在静态上下文中，在静态段中发送的信息是否用作同步帧。而启动帧指示符（Startup Frame Indicator）则指示在静态上下文中，传输的消息在启动上下文中用作为启动帧。
- ID 表示信息的标识符
- 接着是数据包的长度
- 循环冗余校验 CRC 实现标头的校验和
- 接着是循环计数器

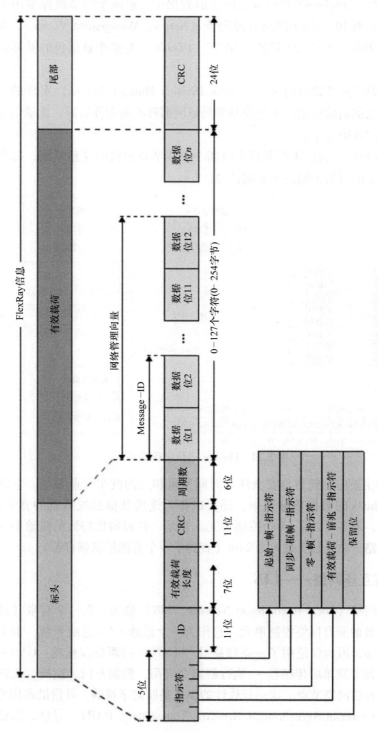

图1.23 FlexRay中的数据信息结构

"有效负载"（Payload）数据包所包含的数据中，前两个字节被保留用于该消息的标识符，后面 10 个用于网络管理向量（Network Management Vector）。数据包的最大长度为 254 个字节。24 位的"尾部"（Trailer）是整个数据包的循环冗余校验和。

时间控制是通过所谓分时多址（Time Division Multiple Access）实现的。这里是一个精确定义的通信计划，不像控制器局域网那种不确定性访问。此通信计划是在系统开发期间就确定了。

如图 1.24 所示，通信流程图基于由四个总线节点组成的完整系统，每个总线节点必须在特定的时间传输两个数据信息。

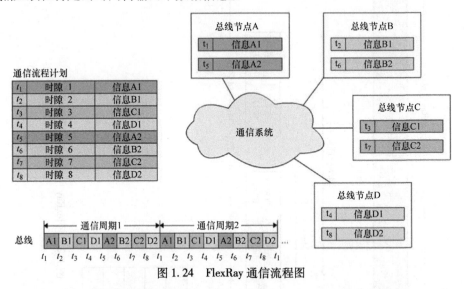

图 1.24 FlexRay 通信流程图

Flexray 的主要应用就是与安全性和时间紧密相关的汽车专业领域。它的每个通道具有 10Mbit/s 的数据传输速率，还可以作为连接其他总线系统的骨干组件。每一个总线段，最多可以有 64 个控制单元。它是一种面向比特流的传输协议，具有双向两线线路。总线长度最大为 24m（直到下一个有源星状耦合器）。

1.6.5 区域互连网络——LIN

区域互连网络（Local Interconnect Network，LIN）描述了在一个有限（地区范围）地域内安装的所有网络控制单元。它作为一个低速 CAN 总线系统，但更为经济性的替代产品，因为仅使用了一条线路（与 CAN 中的两条线相反：CAN－H 和 CAN－L）。它使得简单的传感器－执行器组合应用，例如车门、座椅、天窗电子设备和其他廉价的网络节点。这一开放性的规范是面向字符的，可借助通用非同步收发传输器（Universal Asynchronous Receiver/Transmitter，UART）寻址，因此非常易于实现，或可以成品形式购买，其数据传输速率为 1 到 20kbit/s。

其信息内容由1~8个数据字段（Data Field）组成，数据字段有10位。每个数据字段都由一个显性起始位、一个数据信息字节和一个隐性终止位组成。起始位和停止位用于后续同步，从而避免传输错误。区域互连网络数据信息的结构，如图1.25所示。

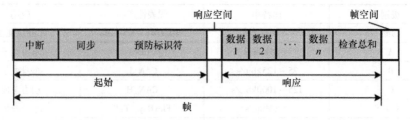

图1.25　区域互连网络数据信息的结构（参考文献［1］）

数据信息的标头由间断字段引入。保护性标识符（Protected Identifier）由实际的标识符和两个奇偶校验位组成。为了分隔标头和响应（Response），在标识符之后插入了一个空格，在该空格之后将传输用户数据，用户数据由一个校验和（Checksum）给予保护。

1.6.6　数字总线系统——面向媒体的系统传输总线MOST

面向媒体的系统传输MOST（Media Oriented Systems Transport），顾名思义就是具有面向多媒体的数据传输网络。它与控制器局域网数据总线相反，以面向地址的方式，将数据信息发送到特定的收件人。该技术主要用于信息娱乐系统中的数据传输。这类系统提供了各种现代信息和娱乐型媒体，并将在将来用作网络连接的一部分，必须在更大程度上允许与外部终端设备进行耦合，或者作为进一步数字化服务的网络基础。

借助光纤MOST总线，就可以以数字形式在网络组件之间交换数据。除了降低了对电缆的要求和减轻重量之外，使用光波进行数据传输，还可以显著地提高数据传输速率。与无线电波相比，光波具有非常短的波长，不会产生任何电磁干扰波，并且同时对此不敏感。这使得能够实现更高的数据传输速率，提高车辆内电气/电子组件的抗干扰能力。

通常，为了实现复杂的信息娱乐系统，光学数据传输是合理的，因为到目前为止所使用CAN数据总线系统中的数据还都不能高速地传输，还不适应所要求的传输量。比如，一个仅带有立体声的简单数字电视信号，其传输就需要大约6Mbit/s的速度。而对视频和音频用，需要更高的传输速率，而面向媒体的系统传输MOST总线传输速率可达21.2Mbit/s。

1.6.7　数字总线系统比较

这里，再次对不同的总线系统做一个概括性比较（表1.1）。它表明所有的总线系统仍然在电气/电子架构内，具有其授权应用。而作为将来数字化的一部分，至少以太网和无线电技术（例如，蓝牙或者纯无线局域网中继器）将要进入汽车行业。

表 1.1　数字总线系统比较

级别	比特率	代表性产品	应用
诊断	<10kbit/s	ISO 9141 – K – Line	车间级测试
A	<25kbit/s	LIN	车身电子
B	25 ~ 125kbit/s	CAN_L	车身电子
C	125 ~ 1000kbit/s	CAN_H	动力总成
C +	>1Mbit/s	FlexRay, TTP	电子线控
多媒体	>10Mbit/s	MOST	多媒体

1.6.8　数字总线系统组合

组合性应用车辆中，对各个领域而言的最佳总线系统，这时在物理和协议级别上，就必不可少地要求各个总线系统之间耦合。这是由网关控制单元给予了保证，图 1.26 显示了不同应用领域数字总线系统组合。

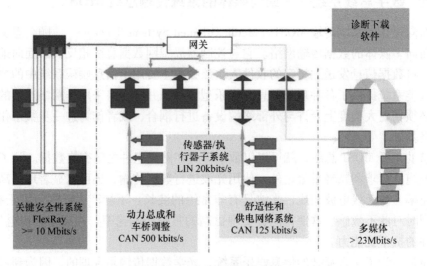

图 1.26　数字总线系统组合

1.6.9　访问流程之间的差异

图 1.27 对不同的总线访问方法进行了分类。与安全相关的系统就需要更确定性的方案。区域互联网络虽然可以提供此功能，却没有足够的数据传输速率。

前面所描述和比较过的总线系统，连同图 1.27 中的访问方法，都再现了当今汽车行业的技术现状。在即将到来的数字化和网联大背景下，就需要更新型的更为

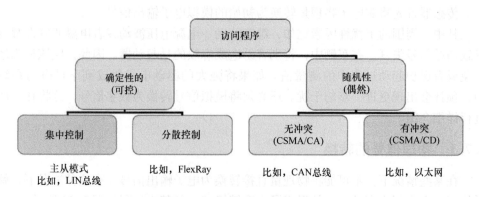

图 1.27 总线系统的访问方法

强大的有线或无线通信形式。由于该领域的技术限制性因素很少，因此可以期望在这一方面将会有一个更为迅速的发展。这还包括总线系统的智能组合，如图 1.26 所示。这就需要部分地保留或修改现有车辆的传统性领域，对此，主要的任务将是实现网关。

1.7 传感器

在本节中将传感器解释为车辆信息学中，软件算法获取其重要数据信息的来源。就电气/电子架构而言，它们既可以安装在控制单元外部（比如，采集冷却液温度、废气温度数据），也可以在控制单元的内部（用于采集气压、印制电路板温度），还可作为单独的操作单元，也可直接装在电路板上。

图 1.28 显示了在电气/电子架构中传感器的典型布置，这里尤其是针对车辆的控制单元，以及在电子设备中传感器的传统连接方式。

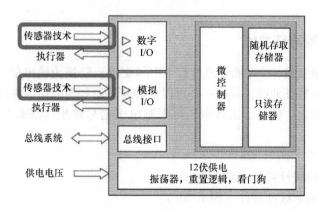

图 1.28 电气/电子架构中的传感器的典型布置（参考文献 [9]）

传感器首先将非电子物理量转换为初始的模拟电子输出信号。

其中，周围的干扰性因素比如，温度波动、电源电压波动或者电磁兼容性都会导致初始信号失真。在车辆中，特别容易造成麻烦的是起动器。因此，应该相应地避免或者保护起动过程中的测量值。如果将强大的驱动电机集成到车辆电力系统中，预计会出现更进一步的干扰。还必须将模拟信号转换为数字信号，这将在下面进行详细介绍。

1.7.1　物理信号的转换

在某些情况下，不可能将物理量直接转换为电子输出信号。在这种情况下，就需使用一个中间物理量，这就形成了一个转换链，其基本过程如图 1.29 所示。

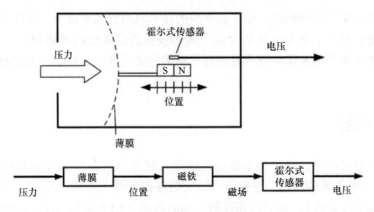

图 1.29　信号转换链（参考文献 [1]）

在该示例中，外部大气压力首先转换一个薄膜的运动，从而作为运动位移值，接着通过一个磁铁和一个霍尔式传感器，将位移转换为电压，最后将其变换为可处理的数字信号。

1.7.2　传感器特征曲线

要将被测量变量 x（可能要通过若干中间变量）转换为输出信号 y，就使用到了传感器的各种特征曲线，其中一些可以很容易意识和理解到，并且还可以通过相应的框架条件给出。例如，工作电压可限制电子信号输出。基本上可区分出以下特征：

- 线性特性（图 1.30a）
- 有限制的线性特性（图 1.30b）
- 有限制的非线性特性（图 1.30c）
- 阶梯式离散值（图 1.30d）

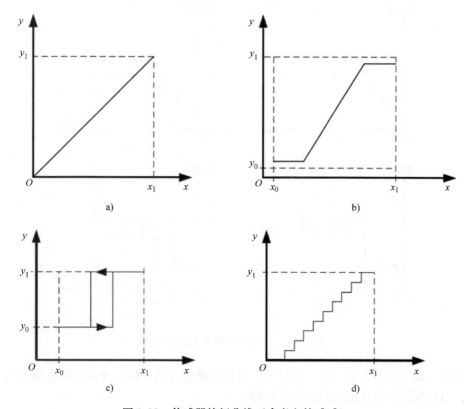

图 1.30 传感器特征曲线（参考文献 [1]）

1.7.3 采样率

为了在控制单元的数字性领域中处理所输入的连续性传感器信号，就必须将它们离散化。对于车辆信息技术而言，至关重要的是采样时间 t、样本值或状态维度 x，而其形式可能是连续性或离散性的：

- 时间和样本值均连续（图 1.31a）
- 时间连续，样本值离散（图 1.31b）
- 时间离散，样本值连续（图 1.31c）
- 时间和样本值均离散（图 1.31d）

这些时间和样本值的实际可能性，如图 1.31 所示。可见，控制单元的数字信号是通过离散时间和维度进行创建的。

1.7.4 传感器分区

为了能在控制单元中继续进行处理，就必须按照 1.7.1 小节中所介绍的，从物理量转换出的模拟传感器信号进行预处理。为此，首先将其放大，然后再转换为数

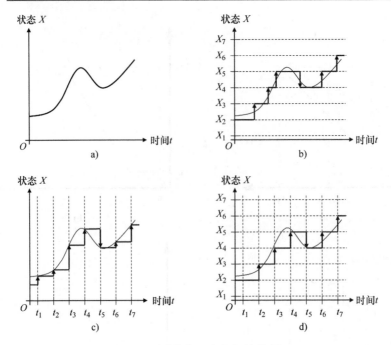

图 1.31　采样率（参考文献［3］）

字信号，如 1.7.3 小节所示。信号可以通过直接性线路传输，或者转换成数据包之后，由传感器自身再通过总线进行传输。

传感器中信号的预处理程度，以及通过控制单元对其进行智能定位和分割，被称为传感器分区，如图 1.32 所示。

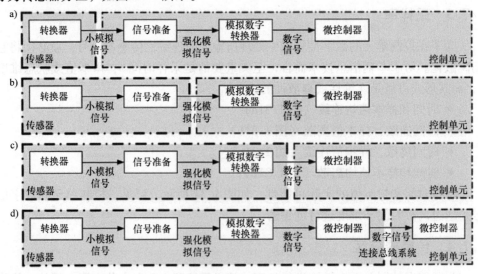

图 1.32　传感器分区（参考文献［1］）

　　根据分区的不同，可能会构成较为简单或更复杂的传感器。复杂的传感器可以通过信号的局部放大和数字处理，来降低对传输干扰的敏感性。如果传感器内包含一个微控制器，则可以通过总线连接来减少车辆中连接电缆的使用数量，并还可以提高信号的可靠性。复杂传感器的缺点就是其价格高昂，并且在实际使用场点电子设备易受环境干扰影响。比如，如果在排气管后方安装一个 λ 探头，则它将长期处在高温状态，因此不应在此使用任何电子设备。在市场上，具有现成 CAN 连接的复杂传感器，通常以集成组件形式提供。

　　驾驶环境的影响，以及它们对供电网路中电压和信号电平的影响，使得控制单元中的输入接线方式甚为重要，必不可少。这些保护性线路可确保疏流过电压，并保护微控制器的电子器件。这种过电压主要是在安装控制单元时，生产过程中产生的静电荷而引起的。然而，在车辆运行中，例如在混合动力制动的换向期间，或者在弯道处驾驶人放开转向盘时的转向电动机内，都会出现这类的情况，电动机通过车轴（道路）产生一个再生性发电运动。保护性接线电路如图 1.33 所示。

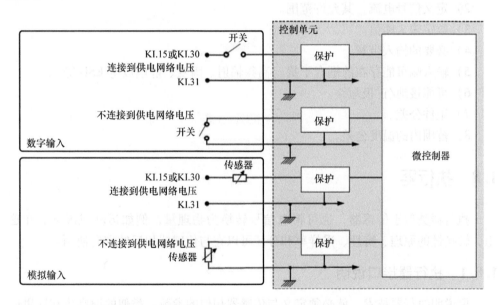

图 1.33　控制单元上的输入电路（参考文献［9］）

1.7.5　传感器示例

　　传感器示例见表 1.2。在此，开关被视为具有离散状态（打开或关闭）的传感器。这些说法尚不是完整的，特别是在到来的数字化和与之相关的传感器方面。

表 1.2 传感器示例（参考文献 [2]）

	数字（两种状态）	模拟（值的连续范围）
电阻式传感器	开关	温度传感器，气体传感器，电子加速踏板
电容式传感器	—	湿度传感器
感应式传感器	—	速度传感器
带电压输出和电源的传感器	带有霍尔元件的速度传感器	压力传感器，宽带 λ 探头，所有集成式检测电子设备的传感器，尤其是微系统传感器
有源传感器	—	λ 探头

1.7.6 传感器接口说明

为了对集成入电气/电子架构中的传感器进行技术说明，就必须根据用户需求，定义各种不同的数据参数。下面列出了一些主要的接口：

1）定义信号电压，其允许范围。

2）定义信号电流，其允许范围。

3）数字输入阈值。

4）必要的输入带宽。

5）输入端可能存在的耦合干扰（高频辐射、瞬变、静电放电 ESD 等）。

6）可能接地/正极短路。

7）组件公差。

8）范围内的温度公差。

1.8 执行器

执行器类似于传感器，也可将电信号转换为物理量，例如运动或温度。在这里，转换链的原理、特性、采样率和分区可以在与传感器相反的方向使用。

1.8.1 执行器接口说明

要说明执行器技术，就必须定义与传感器相似的参数。类似的原则也在这里适用。这里是一个复杂的执行器示例——电磁阀的压力调节器，电信号激发磁性运动，调节燃油进入流量。电磁阀的压力调节器如图 1.34 所示。

执行器操作（此处为流量）所需的输入电流解析计算非常复杂，因此作为一种选择性方案，可使用数值表或特性曲线，以及存储器中的多维特性图。如果使用其他供应商提供的替代组件，或者组件规格发生更改，并且可以更改制造公差的情况下，则可通过一致的软件计算规则，仅简单地更改数据即可方便地进行调整。此

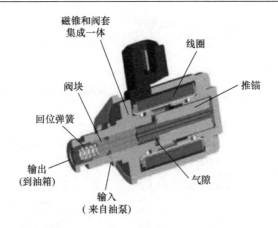

图 1.34 电磁阀的压力调节器（参考文献［1］）

过程也适用于传感器特性，这在汽车工业中很常见。这样做的好处是无需按照 4.2 节中所说明的要在代码级别上重新进行编码、测试和再发放，而是仅仅涉及数据。

1.8.2 执行器示例

表 1.3 显示了几个执行器示例。与传感器一样，鉴于将来的数字化和连接性发展，这里介绍的内容并不是完整无缺的，而只是一个粗略的概述。

表 1.3 执行器示例（参考文献［2］）

	数字（开/关）	模拟（值的连续范围）
电容式执行器	蜂鸣器	压电喷油器
电阻式执行器	外部照明，指示灯，冷却液预热，引爆式执行器（安全气囊、传动带张紧器）	室内加热，室内照明
电感式执行器	路径控制阀	电磁喷油器，电磁废气再循环执行器，电动气动控制阀，电磁比例阀，磁流变阻尼器
电动机	起动器，刮水器，座椅调节器，发动机风扇	通风内饰，电动助力转向，节气门执行器
其他	火花塞	

1.9 微控制器

在图 1.35 所示的基本结构中，有一个微控制器（参考文献［6］），并带有本身的协作性处理器、监控单元、电源电压单元（U）和频率发生器（f）。这是使用一个更为复杂的监控机制，超出所谓的看门狗原理，这将在 2.11.4 小节安全概念中详细进行介绍。同样，存储器和诊断都将在后续内容中详细阐述。

微控制器常用于较为复杂的操作。根据其应用领域不同，其开发可在不同的抽

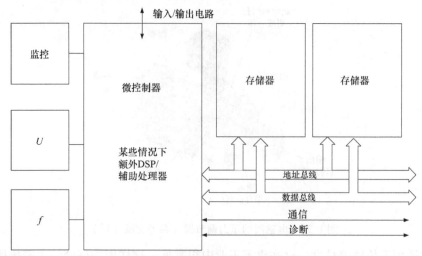

图1.35　微控制器（参考文献［2］）

象级别上。现在已很少使用符号编程语言 Assembler，如今更多的是高级编程语言C，或者通过基于模型的开发方式，例如 Matlab/Simulink 模型。这将在后面的 3.9.4 小节中详细描述。在实现软件功能需求时，开发人员在日常工作中几乎不会直接接触到计算机架构。这里，处理器制造商的编译器将承担高级语言代码的最佳实现。

在车辆信息技术中，必须注意区分在程序存储器中的软件（用于实现功能，例如计算喷射量）与存放在存储器中用于参数化（例如最大喷射量）的数据。这一相互关系已经在执行器给予了描述。而其分离还可以更广泛地使用，以针对不同电气/电子架构，尚未做更改的功能软件。

1.10　可编程电路设计

与微控制器上的软件相反，或者作为一种补充，可以使用可编程电路或者电路技术，以这种方式来实现功能逻辑。

将计算过程的实现作为可编程逻辑的过程，如图 1.36 所示。它适用于具有大量相似数据的"简单"性操作。以下是几个可编程逻辑的典型代表：

- 逻辑模块的离散接线。
- 可编程组件中，电源输入线和与逻辑输入布线。
- 在开发和批量生产中，采用现场可编程门阵列（Field Programmable Gate Array，FPGA）技术。
- 专用集成电路（Application Specific Integrated Circuit，ASIC）技术，用于批量生产。

与微控制器相比，具有两个逻辑级别的直接连线硬件，或者在 FPGA 或 ASIC 上互连优化逻辑组，都可显著地加快计算速度。在特殊传感器或传感器融合信号处

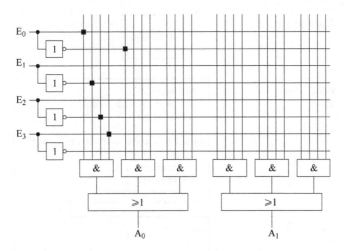

图 1.36   可编程电路设计（参考文献［2］）

理领域，使用上述一种电路，都可以带来巨大的优势。

1.11   硬件描述语言

作为模块套件或逻辑电子互连的替代方案，还可用逻辑的形式来实现硬件，即用系统或硬件描述语言在电路中实现算法，例如，一个计数器或一个移位寄存器。硬件编译器将算法和逻辑从描述语言转换为一个网络列表，然后用一种电路技术来实现该列表。以下是当今纯硬件描述语言的几个典型代表，且已具有了一定的技术地位：

● 超高速集成电路硬件描述语言 VHDL（Very High Speed Integrated Circuit Hardware Description Language）主要在欧洲流行，它设计于 20 世纪 80 年代，也被美国国防部采用。

● 在美国主要是 Verilog，美国 Gateway Design Automation 公司，Phil Moorby 于 1983—1984 年间设计，最初是作为一种仿真语言。

与微控制器相比，硬件可以并行性执行多个操作，因此硬件描述语言就用来描述这类并行操作。能够描述的抽象程度是以逻辑门或者逻辑指令形式，可从逻辑结构描述到行为描述的具体算法，如图 1.37 所示。

对于 Verilog 和 VHDL 而言，应该注意的是硬件编译器只能部分地将它所定义的语言范围转换为相应的电路实现。而 VHDL 或 Verilog 的语言范围要大得多，并且可以描述、编译和执行测试平台，还在仿真计算机上执行，以及建立电子文档。在此，模块制造商或硬件编译器也可以功能库的形式提供各种不同质量，用于复杂操作的完整电路板。

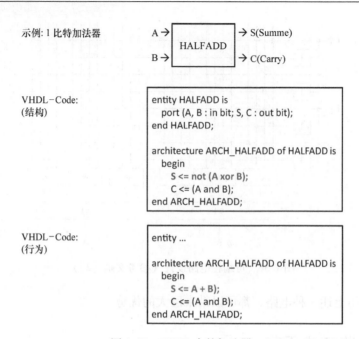

示例: 1 比特加法器

VHDL-Code:
(结构)

VHDL-Code:
(行为)

图 1.37　VHDL 中的加法器

1.12　存储器

　　存储器是控制单元中的另一个重要组成部分。软件和标识域都存储在只读存储器（Non-Volatile Memory）中，因而可在行驶前就能使用。而在操作期间，数据存储在随机存取存储器中。使用在汽车电子技术中的存储器，主要可根据其技术类型给以区分，如图 1.38 所示。

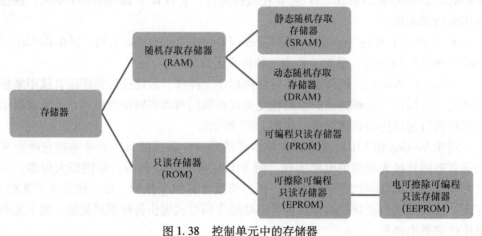

图 1.38　控制单元中的存储器

- 静态随机存取存储器（SRAM）

SRAM 使用触发器实现存储，将保留数据信息，直到将其关闭为止。

- 动态随机存取存储器（DRAM）

DRAM 使用电容器实现存储功能，每几毫秒刷新一次，即要不断地更新。

- 可编程只读存储器（PROM）

ROM 有一个不变的物理结构，实现永久性存放程序。

- 可擦除可编程只读存储器（EPROM）

EPROM 包含有一组浮栅晶体管，可通过高于普通电压的作用来重新编程。一旦编程完成后，只能用强紫外线照射，在组件的窗口中进行擦除。为此，它必须能访问该组件。

- 电可擦除可编程只读存储器（EEPROM）

EEPROM 的实现方式与 EPROM 相似。擦除和写入在集成电路中实现。该存储器也称为闪存，可以在车辆生命周期内，在维修车间内，使用此特殊技术进行软件刷写更新。

1.13 电能

在车辆中，常规端口分配是根据 DIN 72552 进行了标准化。能源管理是汽车电子中的一个重要因素（参考文献 [1]），主要端口为：

- 端口 15：只要点火开关接通，它就一直提供电源（点火为正）
- 端口 30：始终与电池连接，永久性提供电力（永久正极）
- 端口 31：接地
- 端口 49：闪烁发生器
- 端口 50：发动机启动
- 端口 54：制动灯

这里，一个简单的例子是点火锁，启动不是仅简单地通过转动钥匙，而是通过插入并按下钥匙来实现的。当然，标准化端口的使用，对于替代实现转动钥匙实质上是相同的：

- P0：熄火
- P1：S - 接触接通（例如，在未打开点火开关的情况下，打开收音机）
- P2：端口 15 打开
- P3：端口 15 行驶（启动过程后，点火钥匙自动跳回到该位置）
- P4：端口 50 打开

1.14　摘要

- 在本章中，以概述性方式介绍了车辆电子设备，这些都将作为车辆信息技术的基础。
- 车辆通信中的主要部分是总线系统，这里列举了若干代表性产品，以及相关的访问方法。
- 着重介绍了传感器，除了其物理学原理之外，还讨论了其量化，转换链和分区的概念。同时，对具有相应原理的执行器进行了说明。
- 处理器、存储器、控制器和电路方案共同构成了控制单元。
- 讨论了硬件描述语言的概念、车辆中的端口分配。

1.15　学习检查

1.15.1　供电网络

- 说明机电控制回路。
- 汽车的供电网路由哪些部分组成？
- 有哪些网络拓扑？其优缺点各是什么？

1.15.2　总线系统

- 描述 ISO/OSI 模型。模型中的第 1、2 和 7 层各用于什么目的？
- CAN 数据帧的结构。
- 两个总线用户希望同时在总线上发送信息。这是如何工作的？

1.15.3　传感器和执行器

- 车辆中有哪些数字和模拟传感器？
- 列举并说明这些传感器的特性。
- 传感器的分区可能性及其优缺点。

1.15.4　控制单元

- 列举出一个控制单元的基本组件。
- 描述逻辑和技术系统架构之间的区别。
- 如果控制单元出现故障，可能有哪些不同的可选运作？

第2章 车辆软件

无论从哪个角度观察，软件都是一种外观或感知都不同的结构体。在对该术语进行澄清或定义之前，它就已经存在。许多客户、从业人员和程序员将软件视为可将所需要的功能转换到个人计算机、信息技术系统、智能手机或嵌入式系统，即控制设备。而物理学家将软件视为硅元素中的电流，或者计算机历史上讲其视为纸片上的穿孔。

而乐观主义者则将软件视为数字化的救星，对客户需求的一种特殊性实现，而对车辆软件尚不需有任何具体性的想象。每个人对软件都可能有自己的看法，这些观点由多个方面组成，并具有实际价值意义。

在汽车工业和车辆信息技术实践中，软件主要用于实现客户可以感知的功能需求，以及部分明确地作为可采购的功能配置，以能在更广泛的领域中应用。因此，软件非常成功地用于弥补机械系统和电子技术中已知的甚至是未知的缺陷。如果处理硬件问题过于费时、太昂贵或者根本不可能以物理原理实现，软件可以至少（部分地）改变这种局面，从而使系统对用客户足够有益。对此，有大量来自汽车制造商和相关领域的大量示例。在传感器难以安放、有环境缺陷或费用过高的位置，计算做法就非常普遍。

在编写本书时，正处于讨论有关柴油机能否继续存在问题。通常要评估一个软件能否满足法律规范要求，是否可以在不更改硬件的情况下，其软件更新仍可满足用户的舒适性要求。与创建软件和车辆系统时的技术现状相比，针对给定的硬件和知识，这一讨论涉及将来软件更新进行评估。软件更新似乎足以避免许多系统错误或解决安全漏洞。

在本章中，将具体讲解车载软件的抽象概念。除了车辆电子设备的硬件之外，要完整地理解车辆信息学，软件部分是必不可少的基础知识。

- 常规定义

软件是可执行数据处理的程序并与硬件上存储的数据合二为一。而硬件在通用概念中，就是数据处理系统中的机械和电子设备。

- 技术角度

软件是控制设备中非物理性的功能组件。硬件是物理框架，在其中运行代码（微控制器、现场可编程门阵列 FPGA）并进行存储（内存、硬盘驱动器）。

2.1　软件需求的一致性

如同第 1 章中车载电子设备所述，系统级别的功能需求要存放在需求目录（规范）中。然后，这些文件将伴随整个软件开发过程，具体在第 3 章详细叙述，直到转化为更为详细和具体的软件需求为止。

为了能提供所创建软件正确性所需的技术性证据，就绝对有必要将软件需求能追溯到最初约定的功能需求或非功能需求、行业标准、法律规范和相关的适用性文件。如果不能满足这样一个系统需求，及其一致的双向可追溯性，软件需求将被认为是无效。

同样，这样的一个需求还必须可以追溯到其各个具体实施级别，直至最终的测试及其结果，然后再追溯回到系统需求。这些将在第 4 章的软件测试中给予更详细的说明，因为测试结果表明了产品需求的实际实施。

2.2　将功能映射到架构

整车架构的概念，可理解为由技术定义的所有控制单元、物理连接布置的描述、控制单元之间纯粹的数据交换规范，到所谓建立通信矩阵（K 矩阵）。

当今，可以将架构理解为一个如图 2.1 所示的模型，它描述了一个车辆电气/电子系统设计和运作的各个方面，以实现对一个系统的需求或功能。这里，一个组件是一个系统中的一个元件，而功能是一个（子）系统，具体承担任务或既定的目的。

一个组件可以实现多种功能。相反，一个功能也可以分布在多个组件上。如图 1.8 所示的架构设计，控制单元架构是从功能单元到组件的分布及其相互作用。

逻辑性系统架构只是功能单元互连，而技术系统架构是实际硬件互连。现在的任务就是将逻辑性系统架构，映射到如图 2.2 所示的技术系统架构。这在 1.4 节中以术语"功能映射"给予了介绍。

这一架构可由所谓的架构驱动器进行定义。从传统意义上讲，此类架构驱动器除了其技术特性，还可以是流程模型，即能力成熟度模型集成（CMMI），或者软

图 2.1　系统的逻辑和技术架构

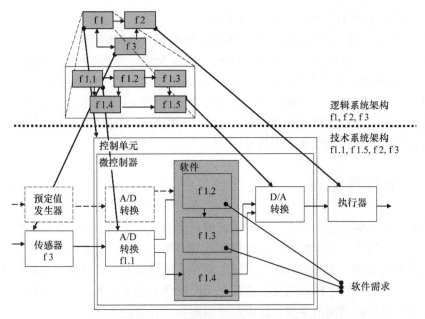

图 2.2 将产品逻辑性能映射到技术系统架构（参考文献［3］）

件过程改进的能力和测定（SPICE），以及一般性准则和技术水准，例如，电磁兼容性、源代码编码准则、过程模型、安全性考虑或企业的一般性方针。当今，数字化的新型主题将带来更多尚无法具体结构化的架构驱动器工作任务。

如在多处所述，从逻辑到技术系统架构，或者功能到控制单元，这一映射是一个复杂的架构设计优化问题。这仅是部分地可以借助辅助性工具给予支持，仍然还需要开发人员的创造力。

2.3 软件架构

一个控制单元中的软件具有以下三个基本功能：

- 控制和调节功能
- 诊断和监视功能
- 通信

将具体的功能分配到上述三个领域，这通常被称为控制单元的软件架构。但是，"软件体系结构"这一术语，在计算机科学的不同领域中，分别有不同的含义和应用。它覆盖的范围可以从计算机科学理论到软件工程（参考文献［3］），到控制单元中代码和功能的分布。本章的内容仅限于汽车行业，主要是在大多数控制单元中可以找到的软件架构。其中，基础软件提供能不局限特定范畴且可普遍使用的基本功能。操作系统可以认为是基础软件的一部分。基础软件通常由微控制器，或者实时操作系统制造商提供。基础软件的功能可示例性地归纳为：

- 启动，计时器，中断处理，引导程序
- 内存驱动器（闪存刷写，电子可擦除可编程只读存储器）
- 输入/输出驱动器（脉冲宽度调制，直流/交流，交流/直流，滤波器）
- 通信驱动程序（串行外设接口，控制器局域网，局部互连网络）

通常，平台软件是一个软件库，为应用领域在控制可调节方面，提供特定的功能。这一般是从一个工具包中生成的，如3.10节所示。因此，平台软件和基础软件各自具有不同的功能以及应用领域。

2.4　实时操作系统

通常，在车辆信息技术中，控制单元的具体实现对于操作系统尤其是实时操作系统很重要。这里，对实时操作系统框架及其应用于车辆信息学的基本术语，给予了一个既有概括性，又具简明级别的详尽解释，以读者对实时状态下控制单元的功能，能有一个总体性了解。通常，就各个实时操作系统文档而言，一个较好的信息来源是各个软件提供商的手册，其中都详细解释了各自的系统。

可将一个操作系统理解为一个软件程序，它与计算机系统的属性紧密联系在一起，构成计算机系统运行模式的基础，并控制和监控其他应用软件程序的处理流程。而一个实时操作系统或 RTOS（Real – Time Operating System），其实是一个附加有实时功能的操作系统，遵守时间限制条件，提供过程行为的可预测性和可验证性。

在操作系统中，一个进程是微处理器可以执行的最小的不可再分割的任务单元。它由一系列顺序式计算规则（又称顺序程序代码）、关联的数据空间以及所有进程状态、进程顺序计数器，以及某些寄存器的信息组成。

进程和线程（Thread）之间有一定的区别。在这里作为区别性特征的就是地址空间分区，以及与之相关的更复杂的进程管理工作。而术语"任务"其实是进程和线程的总称。

2.4.1　实时系统的要求

实时性要求应该理解为确定任务行为的时间性规范。从一个任务被启动，到必须最迟完成任务的时间点（绝对截止时间，通常称为最后期限），其间的时间跨度被称为相对截止时间，实时性要求如图2.3所示。

实时操作系统的及时性和确定性，这二者是决定性的因素。实时计算系统根本不是所谓简单意义的快速系统。如果系统能够遵守所有子系统的最小延迟，并考虑到较低的抖动，这就足够了。抖动是一个子系统中，最大和最小时间延迟之间的差异。而延迟是事件发生与相应响应之间的时间差，例如，信号输出到执行器，或者信息通过显示器传递到驾驶人。

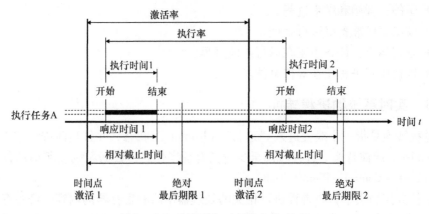

图 2.3 实时性要求（参考文献［3］）

为了确保实时系统的确定性，这就需要了解各个进程或程序段的最大执行时间，又称为最坏情况下的执行时间（Worst Case Execution Time，WCET），这也包括操作系统本身的组件。这些是在特定执行平台上，一个子系统的最大执行时间。这当中还必须考虑由架构引起的所有延迟可能性，比如中断、缓存行为等。在参考文献［6］中，可以找到计算机结构影响的详细内容。

在 3.11 节的实例中，将列举出一个用于确定顺序性代码的计算时间，更详细的实施测量方法。其相应的理论基础在参考文献［12］中介绍，并且直至今天，这仍然是一个研究课题。

2.4.2 实时系统的工作流程与状态

对于一个任务中的所有进程，一个进程可以处于几种基本状态之一。每个进程都将根据事件更改其状态。其中，调度程序承担此任务，即仅承担上下文关联的任务。调度程序为每个过程状态至少保留一个等待队列。

图 2.4 中的进程状态，可以下具体描述：

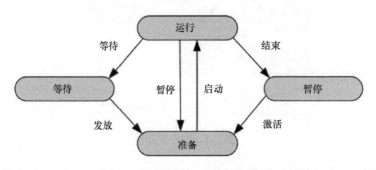

图 2.4 进程状态（参考文献［1］）

- 暂停：开始和结束进程。
- 就绪：已准备好进行处理。
- 正在运行：任务中正在运行当前进程。
- 等待中：进程正在等待事件。

2.4.3 实时系统的进程转换

进程转换是指一个线程进入"运行"（Running）状态，并且当前进程进入终止（Suspended）或被替换。进程转换至少包括有程序代码、数据区域和所谓的任务控制块（Task – Control – Block，TCB）。

在任务控制块中，与进程执行相关的处理器中所有寄存器的内容，都被存储在易失性存储器的堆栈（Stack）中，以便进行上下文更改。当处理器重新分配一个进程时，通过读取属于该进程的任务控制块，从堆栈中恢复寄存器的内容。

2.4.4 实时系统的时序安排

对一个给定的线程系统和启动序列，分配一个线程在转换中的执行顺序，称之为时序安排（Scheduling）。图 2.5 中就定义了一个由时序安排的转化。这种执行顺序的结果是一个时间表。这就是一般专业语言中讲的分配器（Dispatcher）和调度器（Scheduler）。

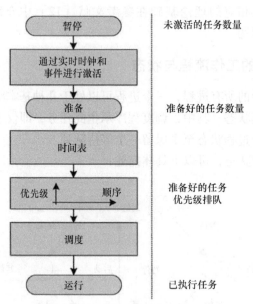

图 2.5 时序安排

实时操作系统有多种时序安排方法，也称之为时序安排策略。对于静态时序安排，时序安排是预先经过计算的（而不是在运行时计算）。

动态时序安排会在任何时候（运行时），中断部分正执行的进程（通过进程更换），让位给其他更高优先级的进程，这被称为抢占式，图2.6概括总结了这些策略。

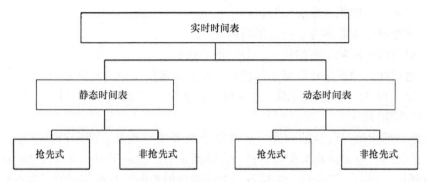

图2.6 实时时序安排策略

如果满足进程系统的所有时间条件，即没有超过最后期限，则将该时序安排称为可允许的。假如一个进程系统对于每个可能的启动序列，都具有可允许性，则这样的进程系统称之为可时序安排的。

任务时序安排的示例：

● 循环法（Round – Robin）

在有限的时间段内，所有进程都被授予对所需资源的访问权。

● 放宽优先（Least – Laxity – First）

时序安排选择那些余地最少的进程，这是指执行时间结束与绝对期限之间的时间。

● 最早截止日期优先（Earliest Deadline First）

时序安排选择绝对截止时间第一个到达的进程。

当谈到实时架构时，时间控制系统（时间触发，静态）和事件控制系统（事件触发，动态）之间是有区别的。时间控制系统周期性地定义顺序（静态）执行任务更新，因此是可以预测的。而事件控制系统则是根据所定义的状态变化（动态）执行任务更新，因此更为灵活。

要在这两个系统之间作出选择决定，取决于各种其他影响因素，例如，所使用的总线系统或者对输入数据的反应。由于开发时的可预测性，静态方法在车辆信息学中，尤其是安全相关的开发领域中最受青睐。

2.5 诊断

在日常生活中，诊断这一概念通常与医学有关。在生病的情况下，医生首先要面对病人大量不同的症状，这既有很明显的症状（例如，伤口），也还有不具体性的症状（例如，疼痛）。而诊断的任务就包括以下步骤，从最广泛的意义上讲，它可以与车辆信息技术相比较：

- 询问并记录患者的信息。
- 调用自己的临床和病例知识。
- 避免通过诊断本身，过度影响患者。
- 对与临床症状不符的症状，分别给予检查。
- 通过深入检查来获取更多的信息，以从大量信息中推断出病因。
- 寻找和确定可能的病因，并选择治疗方法，以及兼顾伴随性症状（比如，手术中的疼痛）。

诊断是后续治疗过程的前提，这对每个患者尤其重要，即所谓基于原因的治疗。无论如何，重要的是医生要对整个人体系统有广泛的了解，并可以随时建立其综合性联系。否则，医生将无法进行一个全面性的诊断，甚至还可能导致更糟的结果。通常，表面症状和疾病原因似乎并没有直接关系，有时可能没有病因，或者是可自行治愈的病因，症状会将随着时间的推移而自行消失。例如，头痛可能是由背部紧张引起的，而腿部关节问题则也可能引起背部疼痛。因此，治疗应尽可能集中在发生的病因，而不是所表现的症状上。

但是，正确的诊断是进行正确治疗的前提。通过彻底查清真正的病因，通常可以采取更具有可持续性和成本效益的各种措施。这些医学原理几乎可以完整地应用于复杂的车辆系统，二者间有相当多的相似性。不仅在医学上，而且在汽车工业中，措施的有效性、适当性和道德性，这些始终要在其原因或症状上受到质疑。

2.5.1 汽车技术中的诊断

一方面，自从汽车诞生以来，汽车技术中就存在诊断功能，另一方面，由于汽车电子技术，尤其是软件重要性的日益提高，诊断就变得更加重要。因此，诊断的最基本任务就是检测控制单元或受控系统中的错误，启动应对措施，并将错误信息传递给驾驶人或者修理车间。

当今，汽车电子设备愈加复杂性，以及更多地由软件实现的功能，因此掌握和具备相应的诊断技术知识，对理解诊断系统是必不可少的。基于当前和未来控制单元的数量和复杂性，诊断这样一个过程，还要求维修车间的技术工人必须参加相应的职业资格培训，并通过车辆本身的技术系统提供辅助性支持。

2.5.2 自我诊断：车载诊断

图 2.7 所示的自我诊断系统，就是不仅对车辆的周围环境，而且还针对自身的控制单元，例如传感器、执行器和总线系统以及能源系统，以及更复杂的系统，例如排气系统或其他控制单元，进行永久性自我测试。这通常在相应的软件程序中，

持续性、循环性地执行。但是，当恰好满足了相应的边界条件或出现引发事件时，也会启动自行诊断流程。

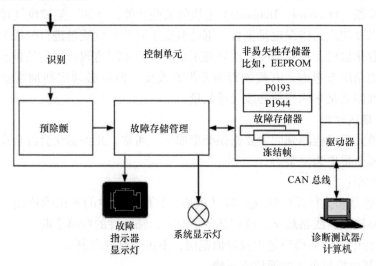

图 2.7 控制单元的自我诊断系统

当发生错误性事件时，控制单元必须作出进一步的反应，以防止危害人身安全，或者对车辆造成损害。在大多数情况下，它是运行紧急性措施，甚至是完全关闭组件。此外，故障性错误必须存储在一个事件存储器中，以便以后在修理车间，进行深入分析和维修工作。

2.5.2.1 发动机控制单元示例

一个较为著名的自我诊断实例，就是在所谓的电子油门安全性，这将在 2.11.4 小节中详细介绍。主要就是对加速踏板状况的诊断。即使驾驶员根本不去踩加速踏板，出现故障的电子式加速踏板也会由于电气故障，而向发动机控制单元发出"加大油门"的指令。

- 控制单元的监控策略必须能迅速地识别错误，例如，通过监测冗余性传感器信号检查参数值范围的合理性。

- 必须避免车辆意外性地加速。

- 必须提醒驾驶人已出现了故障，并明确地显示所出现的具体错误。

- 修理车间应能够从控制单元中，读取有助于快速确定故障原因的信息。

以下示例说明了在检测到并且确认（多次检查）错误之后，所要采取的常见替代性措施，其背后所要考虑的步骤性策略：

- 必须将发动机保持在恒定的低速，以便将车辆行驶移至下一个修理车间，即所谓的跛行模式（Limp Home），不再可能保证舒适性或者高速行驶。

- 如果这仍不可行，则必须启动向路旁跛行功能。

- 通常，而且现在已规定，必须在仪表板上显示警告信号，例如，通过故障指示灯（Malfunction Indicator Light）。

- 根据法律规范要求，要保存记录事件代码，以及故障发生时状态测量值。

车载诊断（Onboard – Diagnose）系统的某些功能，例如，监控废气排放的组件和功能，以及相应的错误记录报告，都是根据不同的排放质量进行分级的，以按法律规定征收排放税。只有当废气后处理正常运行，才能达到所规定的排放标准。即使从客户的角度来考虑，其驾驶行为并没有改变，但也必须定期地维修车辆。因为，决定性因素是车辆当前的废气排放量。

2.5.2.2 错误检测

控制单元可以检测到的主要错误类型如下。通常，几种错误会混合在一起，这使错误诊断变得更为复杂。

错误类型：

- 传感器和执行器的电气故障（例如，装配过程中的不正确连接，组件材料老化，产品缺陷，线路短路，或在某些情况下，临时性的线路中断）。
- 运行中的调节循环超出预定值范围，不再受软件限制。
- 与其他控制单元的通信不正确。
- 电压骤降或过电压。
- 内部控制单元本身错误，例如，恢复操作系统时的时序错误。
- 自动检测失败，而且在运行过程中未引起驾驶人注意。

一般的错误检测方法：

- 通过限制可能的物理性控制变量：比如，带电位器的加速踏板，提供了 5V 的工作电压和 0V 的接地电压，但其测量信号定义在 $0.5 \sim 4.5V$ 的范围内。这样，可以检测到断路或短路故障，因为随后在测量信号上，可能出现 0V 或 5V 电压值，从而超出了预定值范围。
- 通过组件冗余（传感器、执行器等）对控制变量进行合理性检查：比如，加速踏板有二个（倒置的）或其他电位计，或者且量程范围为 $1 \sim 3V$。
- 使用各种测量或变量计算，进行粗略性的真实性检查，例如，没有电源的电动执行器，其输出功率违反了物理规则 $P = UI$。
- 使用传感器的其他测量变量，进行大概的真实性检查，例如，燃油和冷却液的温度。在这里，传感器组合也起到一个重要作用。

2.5.2.3 错误处理

制定错误处理策略并非易事，通常也无法全局性地给予回答。对于所有检测到的可靠错误，有一点是相同的：将它们报告交给错误管理机制，并记录存储在事件存储器中。对于每个可识别的错误都要进行安全评估。这就定义了发生错误时，在控制单元中所发生的真实情况和状态。例如，如果泊车转向系统出现了故障，则要将其关闭，而不是整个转向系统。在此，通常需要在安全性和可用性之间进行一定的协调折中，并且对其进行具体评估。

2.5.2.4 事件存储器

在事件内存管理中，要决定如何对每个单独性的错误及其所引发的后续错误作出相应的反应，以及随后如何保存这些错误信息。在关闭电源后，事件存储器中的内容必须永久性保留。当前，在 1.12 节中所介绍的闪存技术，已经用于此目的。

通常，还会保存有关该错误的其他数据信息，比如：

- 里程数
- 日期和时间
- 错误发生期间所处的运行条件

相对发动机控制单元而言，对所出现的与废气排放有关的错误，法律要求必须存档此类数据信息，即如前所述的车载诊断（On – Board – Diagnose）。作为电动汽车计划的一部分，也将要遵循一些新出台的法律要求。

2.5.3 车间诊断：场外诊断

车间诊断也称为场外诊断（Off – Board – Diagnose）。在修理车间内，将诊断测试仪直接连接至车辆，就可通过特定的标准化接口与一个或多个控制单元进行数据通信，进而有可能从事以下诊断活动：

- 可以读出并删除事件存储器（如果允许的话）中的数据信息，例如，错误"电机控制：加速踏板发生器的接地线中断"，这些都可能会显示在测试监视器上。
- 当前的测量值可以永久显示，例如，发动机转速、废气值等。
- 为了实施功能检查，还可以在车辆维修车间内的升降机上进行，例如，如果怀疑节流阀执行器出现了故障，就可调节节流阀。这就可以进入和执行正常驾驶过程中，无法达到的运行状态或操作动作，或者过于危险的操作状态。

就场外诊断而言，这些功能只是其中最基本的部分。通常，诊断设备制造商可以将其提供给汽车制造商。

扩展到用户指导型的故障排除形式，即逐步引导用户（车间）隔离出故障错误，这就需要大量有关车辆技术的知识，但该部分地受到制造商保密性的保护。这种指导性的故障排除，真正实施起来很复杂。这就是为什么汽车制造商经常将其作为单独的产品出售给不属于制造商的车辆修理行业。它也不属于法律规定的诊断范围，从减少分析时间或降低维修成本的角度出发，它代表了一种附加经济效益增值。

2.5.4 客户服务中的软件闪存刷写

作为车辆维修的一部分，在某些情况下还必须更新软件，通常的诊断测试仪器就会提供此类选项。此过程被称为"闪存刷写"（Flash），时至今日也称为软件更新。当将诊断测试仪器连接到车辆时，诊断测试仪器自动访问车辆制造商的数据库，以确认是否需要进行规定的功能更新，以及其他相关软件的更新或维修工作，为此就需要在线连接。

随着车辆功能的日益增加，可在相似的车辆架构内迅速地发布行业标准、法律要求和诊断程序。这些文件将永久保持在最新状态，并可供使用（参考文献[18]）。

2.5.5 车辆生命周期中的软件刷写

从技术上讲，几乎在整个车型的开发和生命周期中，软件就已安装在控制单元内，即已烧制。

- 在开发过程中，相近系列的软件被装入控制单元中，并在实际运行情况下，消除错误并进行了优化。通常，在非常早期的开发阶段，闪存刷写过程尚未实现。随后，例如，可通过开放式处理器的联合测试工作组（Joint Test Action Group，JTAG）接口，将软件引入控制单元。
- 在汽车制造商处，在生产过程中就使用闪存刷写，以便将系列软件导入控制单元。这意味着在最终交付之前就可以考虑发布最新版的软件。
- 如上所述，在修理车间内，则是将闪存刷写作为诊断，例如，测试诊断，法律上规定的功能更新，后续不断的系列软件优化，或者车辆功能的扩展，将这些引入控制单元。

借助于闪存刷写工具，比如，诊断测试仪，便携式计算机或生产工厂中的软件，整个闪存刷写过程在很大程度上是自动进行的：

- 建立与车辆（控制单元）的连接。
- 选择所需的软件版本。
- 启动闪存刷写过程。

控制单元上的闪存刷写引导加载器（Flash – Bootloader）执行此过程，它由三个部分组成：

- 引导程序 Bootloader
- 闪存刷写驱动器 Flashtreiber
- 闪存刷写辅件 Flashtool（外部连接）

引导程序是集成在控制单元的受保护存储区域中，通常无法在该区域中将其删除。当控制单元"启动"时，引导程序就会检查当前有效的应用软件，是否仍然可继续使用。如果控制单元发现软件中有错误，它将切换到待机模式。首先，这在开发阶段特别重要，以便通过总线下载一个应用程序软件，然后进行初始化。

接下来，借助诊断测试仪、便携式计算机上的软件，选择所需的软件版本进行准备工作，开始闪存刷写过程，并显示过程进度和错误信息，同时监督和控制闪存刷写过程的执行情况。

成功完成闪存刷写过程后，引导程序将更新实际功能，然后将控制单元转换到"正常"运行状态。如果引导程序无法进行寻址，则必须像早期开发阶段那样，重新打开控制单元，以便直接在 JTAG 接口的处理器端口上将软件还原到原定义的状态。如果正确操作，不会发生这种情况。当然，这里不考虑非法改装的情况。

2.6　网络软件

2.6.1　网络协议的实现

本书的第一部分曾介绍了网络技术。在此所介绍的控制单元的总线接口原理和协议，是以所谓网络软件的形式实现的，比如，作为控制器局域网访问协议。通常，这些模块是操作系统或基础软件的一部分，大多作为成型的软件栈（Software‒Stack），可由特殊制造商处提供和采购。

2.6.2　通信和功能联网（连接性）

未来，网络和通信领域的技术进步将为车辆创新作出更大的贡献。这里的联网不仅是车辆内部系统的联网，而且首先是车辆与世界的联网（Connected World）。这就为车辆及其用户，创建新型的通信和信息交流产品，以及创新性，新异和特定应用，这些都将进入日常的智能出行领域。

在当今和未来的网络世界中，驾驶导航的新型功能将变得尤为明显。这些将为车辆驾驶和路线规划，提供更新品质的体验。最重要的是，因为智能化车辆操作和新型的显示方法，使人与车辆之间的交互变得更加直观性和轻松化。

数字化中的一项关键技术就是移动设备的智能性连接，比如，智能手机等，这些设备已融入和集成到人们的日常生活中。同样，还要连接和利用全球性的数据资源、工作场所和客户住宅。

对于电动汽车的自身定位和灵活充电站，与其所在的环境的连接，这也是一个重要的学科。

另外，通过车辆之间的通信，可以交换更多的数据信息，并检查其合理性。比如，许多打开的刮水器、雾灯甚至某个地区内，所收集到的电子稳定控制系统 ESP 的信息，这比天气预报广播，或者具有预报数据的软件工具，更能提供即时性天气情况和道路交通状况的实况信息。这些数据可在全球范围内提供使用，在相应的法律框架下，给予评估审查，并且商业化应用。

2.7　功能软件

除了一部分对用户隐藏的功能软件外，经常还有许多控制和调节性能，例如保持转向轨迹或发动机控制用缓冲器，还有许多客户可以直接感知到的功能，实现了部分车辆功能在车辆的附加设备中，例如辅助泊车助手或者巡航控制系统。

在下文中，首先对各个控制单元给出其代表性功能软件，然后说明在整个车辆中分布的软件功能。但是，重点首先是关注功能分布、划分以及在控制单元区域的分配。

2.7.1 控制单元的功能划分

在先前的架构介绍过程中，图1.6介绍了功能到控制单元的映射。这就提出了一个问题，究竟为什么需要多个控制单元。

通常，一个中央式功能强大的计算机几乎满足了车辆所需的各种需求：

- 并不需要从逻辑到技术系统架构的映射。
- 如有必要，也可只有一个控制单元。这样可使软件保持最新版本，甚至可以更换处理器，并且扩展内存。
- 通过功能合并、开发、生产和物流等各个方面，都可大幅节省成本或支出。
- 功能交互过程中出错的概率较小。
- 软件测试大大简化。
- 电能功耗减少，可节省燃料。

然而，这种方式要面对许多重大的技术挑战和不可避免的缺陷，迄今为止，使用单一中央控制单元仍是一个极为复杂的研究课题。

- 必须具有复杂的错误反应机制，否则一个很小的错误可能会将整个车辆瘫痪。
- 必须针对每种新车型，开发一个全新的控制单元，这就减少了软件重复使用的可能性。
- 无法继续扩展，车辆的基本版本仅具有很少的共有功能，仍然需要功能强大的计算机，造成高功耗和不菲的材料费用。
- 故障诊断变得更复杂，因为很难取消和更改组件。
- 这种基于问答式的安全性方案必须进行修改。

这种分布就意味着，在当前系列开发和架构中，控制单元的数量不能无限制地增加，正像每个功能都需要至少一个控制单元。如今，车载中央计算机仍然是一个研究课题。因此，功能映射和控制单元数量是必要的，而且要保持不变，这就要求优化措施不仅需要丰富的经验和创造力，而且还应在软件和车辆开发中，创造进一步技术价值的潜力。如前所述，它代表了汽车制造商专有技术的独特性。

2.7.2 控制单元区域

当前的技术现状，已证明将控制单元划分为不同的区域是一个非常好的解决方案。类似于功能分配，可以用控制单元最佳地承担在其相应区域内的功能，例如，发动机控制。通常，这些区域通过局部性最佳总线系统相互连接，正如1.6.8小节所述，通过一个网关控制单元实现相互耦合。

这些区域能满足不同的需求。功能性需求只是描述了一个系统必须要做的且能够实现的操作属性。而非功能性需求描述了要满足的边界条件，这些是从标准和法律角度考虑，所要开发的系统具有某些"软"特性。

功能性需求示例：

- 多功能显示器应为四色。
- 最大喷油量应为 $1.2\text{mg}/(100\text{r}/\text{min})$。
- 发动机应进行分层加载。
- 发生故障时，电子助力转向器必须在 20ms 内关闭。
- 如果检测到碰撞，安全气囊必须在 50ms 内触发。

非功能性需求示例：

- 控制单元必须在 $-50\sim50℃$ 的温度范围内正常工作。
- 必须符合安全标准 ISO 26262，见 6.4 节。
- 必须遵守车辆制造商的测试规格表。

在这种情况下，通常以所谓适用性文件的形式确定不同的需求。一方面，这可能会导致更大的可能性，能周全考虑到所有可能发生的情况，但另一方面，从完全性验证的角度来看，这也可造成最大的不透明度。

在下文中，将通过若干示例，以不同的详细程度，说明不同的控制单元区域和在实践中的特定需求。

2.7.3 空调系统控制

在图 2.8 中，根据所要实现的温度和速度参数，对空调控制功能的需求不同，

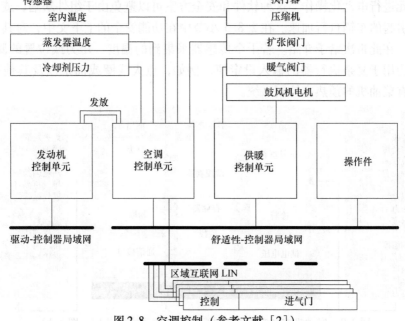

图 2.8 空调控制（参考文献 [2]）

还具体取决于车辆型号、动力性能和车辆本身，这还包括车辆所处的可能地理位置及其气候条件。

对空调控制单元的基本功能要求：

- 驾驶人和副驾驶人所处的温度，必须能够分别进行调节。
- 如果空调压缩机出现故障，则必须启动加热或通风运行。
- 必须有可能防止风窗玻璃处于水雾状态。

空调控制单元的非功能性要求，示例如下：

- 空调控制不得影响发动机控制单元的实时功能。
- 当打开空调压缩机时，有必要增加发动机转矩。
- 发生故障时，空调控制不得对供电系统产生任何负面影响。

2.7.4 发动机系统控制

对于汽油机，由于节气门的位置和燃油喷射均由发动机管理系统进行电子调节，并由控制单元进行计算。

考虑到车辆废气排放法规，就要引入具有 λ 调节的催化器。没有软件就无法调节空气进入量、燃油量和点火交角，这些参数之间互动精度，以实现最佳排气数值，并还仍能符合法律要求。要遵守欧盟或美国标准的极限值，这同时是车辆征税和准许注册的标准，这对制造商和客户而言，都是需要高度优先考虑的。

这就引出了图 2.9 所示的复杂的线控转向或电子油门概念，这实质上意味着汽油机的节气门或柴油机的喷射系统不再是机械式操作，而是通过加速踏板和相应的控制单元进行电动化操作，这种软件和安全方案可以避免由于组件缺陷，或者计算错误而引起的车辆自行加速。在 2.8.5 小节中在功能安全的上下文中，对其三个层次概念，在此再次给予介绍。若干个传感器采集到的温度、压力或位置的测量值，被转换为用于复杂执行器的输入设定值，例如，点火线圈或油泵以及其他控制装置，还有柴油机的预热塞控制系统。

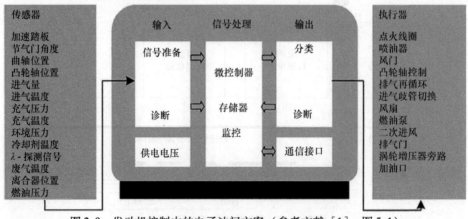

图 2.9 发动机控制中的电子油门方案（参考文献 [1]，图 5-1）

发动机控制单元评估来自加速踏板的信号，即驾驶人对转矩的要求，以控制发动机推动车辆。

这是通过所谓的"转矩构成"来完成的，它用于计算转矩值，以及气缸中的燃油填充度，然后根据消耗量和废气来计算最佳燃油量。这还包括确定汽油机的点火角度，调节涡轮增压器的转速，以及许多其他辅助性操作（参考文献 [1]）。

此外，还实现了许多其他功能，例如，爆燃调节，废气后处理和速度控制，所有这些功能当然都包括在前面已经描述的诊断功能内。就发动机控制的非功能性要求而言，还可包括以下内容：

- 时间上，燃油喷射量的计算必须在发动机旋转一圈之内进行。
- 必须确保电动机在 – 25 ~ + 25℃的温度范围内运行。
- 开发电动机控制装置时，必须遵守德国汽车工业协会 VDA 的有关 E – GAS 安全性的指南。

如果电动机控制出现错误，则返回到基本程序，如图 2.10 所示的紧急运行。这样通过降低功率和速度来保护发动机，但仍允许驾驶人根据故障的严重程度，驾驶到修理车间，或者靠到车道边缘，当然这定要大大地降低驾驶舒适性和车辆性能。

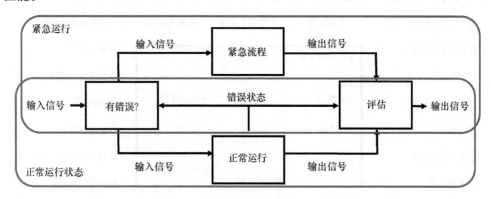

图 2.10　发动机控制系统的紧急措施

2.7.5　转向控制

由于液压式转向辅助系统已被电动机、电子设备和相关控制单元，以电子转向控制系统的形式所取代，因此除了通常的转向辅助功能外，还可以实现其他转向功能。这必将奠定了未来自动驾驶的技术基础。

但是，基于法律规范要求，在当前的转向系统中，转向盘仍与齿轮机构相连接，正是如此，这才使今天的安全概念成为可能。无论如何，驾驶人还都要通过转向盘与轮胎机械性地接触。但是，这种机械离合方式使发挥自动驾驶的潜在用途变得很困难，因为每一个运动都会导致转向盘随着不断地同时转动。因此，法律上不允许任何真正意义的"线控转向"。但是，可以预料，鉴于国际性竞争的原因，在进入数字化发展和实施进程后，特别是自动驾驶领域，在短期内可能会修改相关的法律内容。

转向控制单元的软件分为三个部分：基础软件、功能部分和监控功能，这将在5.13 节中的安全概念中进行详细说明。该软件的架构特征就是转向功能的模块化和转向系统的最大可用性。当发生故障时，尽可能地关闭有故障性的功能，并仍保留纯粹的转向辅助功能。将来，一个带有智能功能的转向软件是评价车辆制造商的一个质量特征。

另外，对于与安全相关的电子产品和软件的开发标准，都有大量的非功能性要求，这类开发和测试质量要求通常由系统制造商自己制定。如上所述，这些要求可以以其他相应的文件形式制定。

2.7.6　车门控制

车门控制单元可通过车窗开关、座椅和车门触点开关，就可实现多种辅助性功能，可进行车窗开关锁定、舒适性调节操作及运行前准备工作，比如，当驾驶人打开车门时，车辆被从节能模式中被唤醒。图 2.11 中就列举了几个示例。

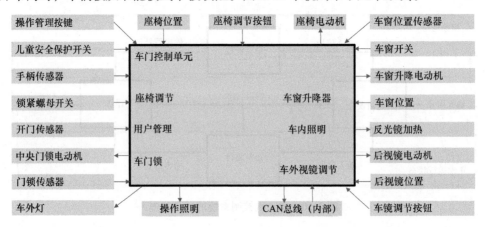

图 2.11　车门控制单元

而电子式车门控制的实时性和安全性要求，与发动机或转向控制有所不同。这里的主要任务是确保驾驶人和乘客的肢体安全，而对车辆运行没有影响。因此，若干非功能要求如下：

- 必须确保避免夹伤乘客肢体，比如手指。
- 如果电子式升降功能失效，则必须仍可以机械方式打开和关闭车窗。
- 电子式车窗升降功能出现故障，不得对车辆锁死方案产生任何反馈性影响。

2.7.7 分布式功能

当今，许多功能都分布在功能映射框架内的多个控制单元上。比如，前面已经介绍的诸如转向灯之类的功能，这一功能就分布在车辆的电气/电子架构的多个控制单元上。同样，这也可适应于更复杂的功能，比如自适应巡航控制（Adaptive Cruise Control），这一功能可自行调整行驶速度，保持与前方车辆的间距。

这些分布式功能中的另一个功能，就是所谓"离家和到家"（Leaving Home – Coming Home）。当驾驶人离开车辆时，近光灯、车外后视镜中的环绕灯、行李舱处的尾灯和牌照灯都会延迟关闭；相反，当驾驶人用遥控器打开车门时，就是准备出门了。另外，利用车辆外部照明，可在黑暗中照亮车门或前方的道路。该功能的特征在于，无需其他电子设备或硬件即可给予实现。该软件仅使用现有的车辆设备资源。

还可以想象到许多可行的分布式功能。作为汽车工业数字化的一部分，未来的功能开发将在于使用车辆中现有的电子资源，并简单地集成入新的功能软件。这样，仅在充分合理的情况下，才添加传感器或控制单元之类的新硬件，因为与改编软件相比，硬件造成的与生产和物流相关的成本通常会大幅度地增加。经济性的解决方案是如图 1.6 所示的智能性功能映射。

2.8 与安全相关的系统监控方案

国际标准 IEC 61508 或 ISO 26262 提出的软件需求都适用于车辆中与安全相关的各种系统。这里是以电子转向和发动机控制为例，但同时也适用于其他系统。

2.8.1 基于国际标准的要求

有关开发流程的要求，将在第 5 章过程建模中介绍，本小节仅范例性地列出若干在软件开发、计算机和架构中功能分布，所需实现的技术要求示例。以下摘录了部分 IEC 61508（参考文献 [20]）对软件的要求，这些已纳入汽车行业 ISO 26262（参考文献 [18]）。其中，"＋"表示推荐或必要，"－"建议应避免，"0"是中立意义上的推荐。

做法	SIL1	SIL2	SIL3	SIL4
错误检测与诊断	0	＋	＋ ＋	＋ ＋
错误检测与纠正代码	＋	＋	＋	＋ ＋
合理性检查	＋	＋	＋	＋ ＋
外部监控设备	0	＋	＋	＋
多种编程	＋	＋	＋	＋ ＋

（续）

做法	SIL1	SIL2	SIL3	SIL4
再生块	+	+	+	+
反向再生	+	+	+	+
正向再生	+	+	+	+
通过重复进行再生	+	+	+	+ +
记录执行部分	0	+	+	+ +
分级的功能限制	+	+	+ +	+ +
人工智能纠错	0	—	—	—
动态重构	0	—	—	—

就软件本身的错误检测和诊断而言，这包括识别确定和避免错误的各项措施，这些措施已在2.5节中进行了详细说明。总线上的错误信号会导致所谓的替换值，并在事件存储器中给以记录。

2.8.2 系统功能限制与降级

当检测错误时，将遵循预定的分级式功能限制方案，执行如图2.10所示的紧急操作，可以通过关闭某些不太重要的组件来维护系统的主要功能。这里还要考虑与车辆运行状态有关的错误状况。

例如，在泊车转向助力器发生故障的情况下，可仅将其关闭禁用，在低电压情况下，转向助力会受到限制，如果没有转向角度信号，则不会主动返回中间位置，同时仍会保留转向助力器的基本功能。

而一个更复杂的方案，就是使用现有的测量值和一个极具智能性的软件，来补偿失效的传感器，在这种情况下，它可将最大的安全性与最佳的转向舒适性结合在一起。

2.8.3 软件编程多样性

多样化编程的原理适用于实现监控设备软件。相互监控或者检查软件组件的真实性，以避免系统性错误。这意味着，要采取以下具体措施：
- 不同的团队和开发人员
- 不同的编程语言
- 不同的图形编程语言（基于模型）
- 不同的编译器和工具链

从这一多样性的角度来看，开发人员永远不要自己测试和发布自身的软件。这种角色将在3.4节中详细说明。作为一个与安全性相关的开发部分，所有发行版均基于多人监管原则，进行反复审查。

2.8.4 电子设备中的冗余

通过特性完全相同可并行计算的多个硬件作为组件冗余，就可以提高系统的可用性和安全性。如果一个组件发生故障，则另一个组件将接管其功能。

这里的一个例子，典型的就是所谓三台计算机方案（3 – Computer – Concept），这在航空航天工业中很普遍。但由于成本过于高昂，以及仅为一项任务，就安装三台计算机的可能性有限，因此在汽车工业中并未使用。

在所谓的"投票"（Voting）过程中，两台主计算机将确定在计算中出现偏差时，如何进行客观性的处理。通常，这是由第三台计算机作出决定的。在航空工业安全相关开发标准 DO178B（机载系统和设备认证中的软件注意事项）中确定了此方案，也主要用于这些领域。实质上，DO178B 也部分转换为 ISO 26262（参考文献[18]）。

2.8.5 看门狗和三个层次概念

几乎所有的微控制器都有一个所谓的看门狗计时器（Watchdog – Timer），它在系统设计中指定时间，激活主处理器的不活动状态，以避免由于软件的未定义状态而导致的系统停机。在这个简单的系统中，看门狗计时器被处理器周期性地还原。如果没有还原，看门狗将对整个系统执行上述重置。

在汽车工业中，随着在发动机控制领域引入电子节气门，就已确立了一个更复杂的三层方案，如图 2.12 所示。对此，由汽车制造商、供应商和政府部门组成了共同的工作组，他们之间已达成了相关的共同协议，这也反映了汽车工业的最新技术现状。目前，实践中还没有发现哪些与安全有关的错误是该三层方案不能识别的。除了发动机控制之外，此方案就与安全相关的系统而言，还可用于车辆技术中的其他领域或行业分支。

2.8.5.1 功能计算单元

• 在功能计算单元中，在第 1 层进行功能计算。这具体在发动机控制中，就是转矩构成和其他功能，在转向控制单元中，就是转向功能，例如，泊车辅助系统和直线校正。

• 第 2 层监控第 1 层的功能，就是通过其他算法和多样化编程的原理，进行简化性验算，检查其合理性，或仅监控最大值或极限值。第 2 层可以划定或限制第 1 层的参数值，以及关闭输出级。

• 一个监控副本存放在第 2′层中。

• 第 3 层监控处理器，存储器和监控副本（第 2′层），并通过对质机制和检验计算任务，借助监控计算单元进行问答操作。

2.8.5.2 监控计算单元

• 监控计算单元（在最简单的情况下就是一个看门狗）监视处理器和功能计

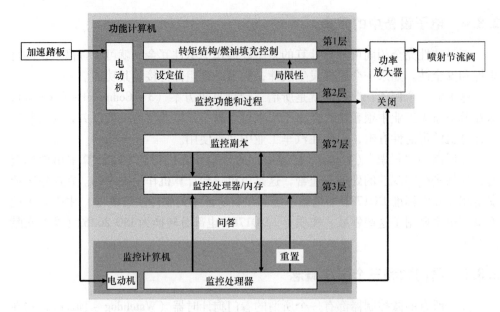

图 2.12　发动机控制的安全方案（参考文献 [1]）

算机的内存。它在上述的第 3 层，执行互相询问解答操作，并检查计算任务，或者仅是一个单纯的检测活动。

- 如果一个计算单元检测到错误，或者另一个计算单元处于停止状态，则将停用输出级操作，执行重置操作，并将信息传递给事件存储器。

2.8.5.3　错误计数器的监控流程

对于某些不受系统最高安全级别约束的功能，一个强大的监控功能不必在第一次检测到偏离时，就立即完全关闭整个系统。为此就有所谓的错误计数器。它在第 3 层进行问答操作，其流程如下：

- 监控计算单元检查功能计算单元。
- 功能计算单元检查监控计算单元。
- 如果两者之间存在有一个差异，则错误计数器将增值。

就这些功能而言，只有在确定了一定数量的错误后，才对错误进行评估鉴定，并且根据错误计数器的状态，采取不同的渐进性的更换措施。如果错误被永久消除，则计数器可以重置为零。这是一种所谓"消动颤式"错误识别形式，仅适用于在安全性方案中具有相应等级的功能，因此这就有可能在容忍一次错误之后才恢复系统。

如果这一功能计算单元根本不发送响应，或者在一个完全错误的时间发送了响应，则会立即启动特定的错误响应机制，比如，关闭发动机、启动转向器应急流程，然后再重启功能计算单元。

2.9 跨越厂商的软件标准

随着不断地有更多的子系统联网，以及产品成本费用增加，汽车电子设备愈发复杂化，促使人们尽可能地努力，使电子组件（尤其是软件）能够尽可能地标准化。

这主要是基于以下事实：即大部分软件没有带来任何有形的客户利益，而仅仅是操作电子系统所必需的。已经描述过的电子油门安全概念，就是这样一种标准。

标准化的目的是构建一个来自机械和电子领域已知组件的体系结构，而将其用于软件，其接口是共同的，甚至是标准化的。首先，这种标准化在组件之间是不同，通常组件具有由制造商特定的客户需求，即包含有与众不同的功能，可直接市场出售，或者只是整体架构的一部分，但可以互换。对于软件而言，这样一个组件架构，其主要功能和要求如下：

- 接口定义
- 组件之间的通信机制
- 组件的互换性
- 可重用性

2.9.1 发展历史

正如在 1.6.3 小节中所述的两个总线系统，在 1990 年之前，总线系统和通信协议已在 ISO 9141《汽车诊断测试（非道路车辆）》中标准化了（参考文献 [18]）。在 1995 年，提出了一个操作系统标准。这被称为"车载电子设备的开发系统和接口/车辆分布式执行"OSEK/VDX（参考文献 [15]），现在这已在汽车行业的软件开发中习以为常了。

自 2000 年以来，汽车行业内的各个工作小组，一直都在致力于推动控制单元软件架构的标准化，以及达成软件开发和测试方法的共识。这就包括德国自动化和测量系统标准化协会 ASAM e. V. 标准（参考文献 [17]），制造商初始软件 HIS（OEM Initiative Software），汽车开放系统架构 AUTOSAR（参考文献 [16]），和日本汽车软件平台架构 JASPAR（Japanese Automotive Software Platform Architecture）的标准。在此处，不要将共识理解为定价性的垄断问题。这些标准都是致力于避免各种费用支出以及由此产生的经济成本，这将使汽车制造商、供应商和客户都能从中受益。

通常，大多数此类举措是由少数汽车制造商及其主要供应商发起和参与的。不同的工作领域经常产生相互重叠，一般在很短的时间后，大多数企业都确认了自己在这些机构中所希望扮演的不同角色。尽管有些成员对真正意义的标准化和快速发展感兴趣，但的确存在另外一些企业，则努力推迟可能危害其自身产品的工作。在某些情况下，参与只是出于观察标准内容和竞争对手现状。对于局外人而言，很难评估标准所达到的目标、现状和质量，通常参与者也难以给出判断，只有多年后才能见效。

欧洲汽车工业的 OSEK/VDX（参考文献［15］）、ASAM（参考文献［17］）和 AUTOSAR（参考文献［16］）的初衷都是要协调标准、开发方法甚至软件库的形式，这已经产生了一定的具体成效。因此，下面将简要地介绍这些标准。

2.9.2　操作系统示例：OSEK/VDX

车载电子设备的开发系统和接口 OSEK（Open Systems and their Interfaces for the Electronics in Motor Vehicles）在 1993 年，最初由宝马、戴姆勒 - 奔驰、欧宝、大众、博世、西门子公司和德国卡尔斯鲁厄大学工业信息技术研究所共同参与。1994 年，与 1988 年成立的法国 VDX（车辆分布式执行）计划合并，VDX 主要由法国标致、雪铁龙和雷诺参与。这些创始成员构成了今天的指导委员会（Steering Committee）。

该标准的技术核心主要是其操作系统 OSEK OS（Operating System），它定义了一个事件控制、实时性、多任务化的操作系统，这就促成了任务同步和资源管理的可能性。它被设计为一个分布式系统，并定义了一个交互层 OSEK COM（Communication）用于通信。其网络管理 OSEK NM（Network Management）被定义为监控和管理总线系统。

为了描述一个系统的配置，它定义了实现语言 OSEK OIL（Implementation Language）。关于时间控制总线系统（例如 FlexRay）的讨论，在 OSEK 操作系统之前，也没有停止过，这导致定义了一个时间控制的操作系统变体（OSEK Time）和一个具有更好的容错能力的通信层（Fault Tolerant Communication）。

为了促进测试工具的开发，OSEK 运行接口 OSEKORTI（OSEK Run Time Interface）制定了一个规范，作为 OSEK/VDX 运行时软件与外部调试器、仿真器和其他软件测试工具之间的接口。

OSEK（参考文献［15］）已在 ISO 17356（参考文献［18］）中部分标准化。

- ISO 17356 - 1，基于 OSEK Binding 1.4.1（OSEK 词汇表的一部分）
- ISO 17356 - 2，基于 OSEK Binding 1.4.1（OSEK 词汇表部分除外）
- ISO 17356 - 3，基于 OSEK OS 2.2.1（操作系统）
- ISO 17356 - 4，基于 OSEK COM 3.0.2（通信）
- ISO 17356 - 5，基于 OSEK NM 2.5.2（网络管理）
- ISO 17356 - 6，基于 OIL 2.4.1（OSEK 实现语言）

实际上，OSEK/VDX 已将自身确立为在车辆电子设备控制单元中实时操作系统的标准。软件和处理器制造商实现符合标准的变异，并将其作为现成的解决方案提供。这就使得车辆中软件和控制单元的集成变得更加容易。

2.9.3 分布式软件开发示例：ASAM – MDX

ASAM e. V. 标准 [参考文献 17] 实质上描述了 ASAM – MCD 中控制单元的测量和应用接口。这些标准很早就建立了，主要是在驾驶试验中设置发动机控制参数，来纠正和协调驾驶行为。

就像 2.9.4 小节将要介绍的，这一标准作为 AUTOSAR 的一部分，在控制单元软件架构标准化之前，汽车制造商不能将软件开发任务完全交付给控制单元供应商。当时，仅通过应用软件设置电动机控制参数，这似乎还不够充分，难以满足客户对车辆的特定需求。车辆和其驱动"特征"应该由厂商自己的软件实现，此类专有技术不能以可读的形式传递给供应商。因为从理论上讲，这样的话，这些功能背后的逻辑思维就对所有的人公开化了。这一唯一独特的特性要给予保留。其解决方案就是通过交换功能性，但不可读的软件模块，来实现分布式软件开发。

这一技术方案是交换软件，其形式为（非易读的）目标代码，机器可读的接口描述和模块测试实例，这样，不仅控制单元制造商，而且汽车制造商都可以按照合同规定、创建、生成、测试和使用整个功能软件，而无需了解合作伙伴的代码内容。

在 ASAM – MDX 项目中，作为初始标准化分布式开发的一部分，首先推广了此特定过程。其结果是一个流程和一个标准化的软件模块接口描述，其形式为所谓的"文档类型定义"DTD（Document Type Definition）MSRSW 3.0。

除了 ASAM – MDX 标准框架内的技术规范外，还必须定义软件的交换、测试和总体责任，及其合同性基础。这样做的背景在于，合作伙伴软件模块内容的正确性和法律依从性都还尚属未知，因此必须对责任进行确定性落实。这是合作伙伴方和法律部门的责任，兼顾工程技术人员的建议。由于这些合同以及软件模块内容，以及法律合规性在出现偏差时，都要作出明确的决定，因此在技术和法律方面，绝对需要谨慎考虑和验证。

2.9.4 系统架构示例：AUTOSAR

出于合并 2002 年开放系统架构 OSAR（Open Source Car）的动机，2003 年将其改名为汽车开放系统架构 AUTOSAR（AUTomotive Open System ARchitecture），当时的愿望是开放给所有车辆电子设备的供应商。其意图虽类似于 ASAM – MDX，但涉及整个车辆。其重点更多地放在电子架构的标准上，而不是开发过程。到 2003 年底，所进行的是分析阶段，定义了随后的工作内容，这些均成功实施后，便生成了当今的 AUTOSAR 标准。

● 对于汽车制造商（Original Equipment Manufacturers）而言，问题在于供应商必须为每个制造商提供特定的解决方案，因此经济成本很高。此外可通用的接口也很少。

- 另一方面，类似于博世、西门子（一级供应商）等汽车电子元件的供应商，都需要维护许多组件和软件版本，都必须分别调整适应，为不同汽车制造商提供特定体系和解决方案。

- 对于软件工具的开发人员而言，就有专有接口的问题，进而出现开发工具支持功能的不完整性，这又成为一个汽车制造商和一级供应商问题。如果是汽车制造商内部自身开发了软件工具，而这并非是他们的核心竞争力，而这类软件开发显然是在其他专业性领域。

如图 2.13 所示，AUTOSAR 的初衷是制定一项全行业的电子产品标准，其座右铭是：

cooperate on standards – compete on implementation
在标准上合作 – 在实施上竞争

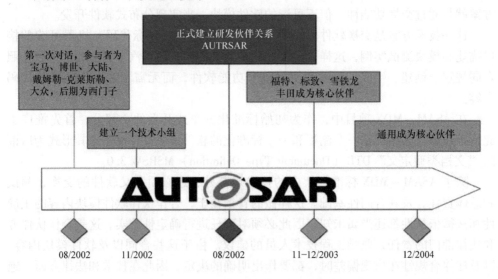

图 2.13　AUTOSAR 的发展历史（参考文献 [16]）

与 OSEK 相似，AUTOSAR 的目标是对重要的系统功能进行标准化，并对硬件、系统软件中的统一接口和工具链进行抽象性描述，这将使所有参与方的开发成本得以降低。目标中还包括某些车辆功能的标准化，这种协作性工作，如图 2.14 和图 2.15 所示。

对于相关参与者而言，其具体收益如下：界面是透明和明确定义的，可允许和接受新型的业务模型，能提供创造价值的新机会。这可能是将来促进汽车行业数字化的主要因素。

对汽车制造商的益处：

- 跨越汽车制造商，可重复使用的软件模块
- 凭借创新功能，可从竞争中脱颖而出

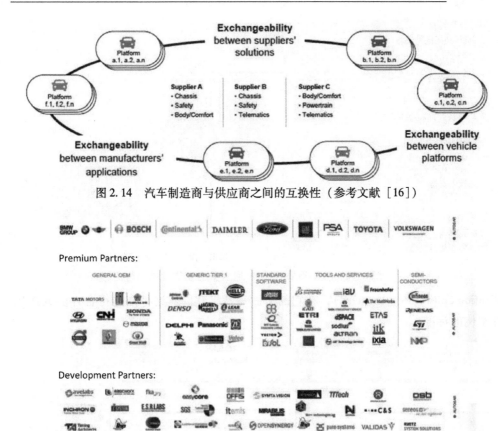

图 2.14 汽车制造商与供应商之间的互换性（参考文献［16］）

图 2.15 AUTOSAR 的参与者（参考文献［16］）

- 简化集成
- 降低软件开发成本

对供应商的益处：

- 减少要维护的软件版本数量
- 将开发分配给下级供应商
- 提高功能开发的效率

对软件工具开发商的益处：

- 通用的界面和开发流程
- 无空缺，易于维护，面向任务优化工具格局
- 扩大产品市场

在图 2.16 所示的 AUTOSAR 三层模型中，明确规定了参与者的权利和义务，该组织结构大致基于 FlexRay 联盟。

在本质上，AUTOSAR 定义了一种软件架构，在 AUTOSAR 运行环境中，应用软件与底层基础软件相互分开，如图 2.17 所示，在参考文献［16］中进行了更详细的说明。实现功能要求的模块是在运行时环境上方，被称为应用软件组件（Ap-

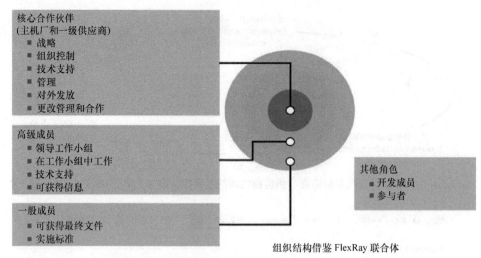

图 2.16　AUTOSAR 三层模型（参考文献［16］）

plication Software Components），在它的下面是基础软件。这种描述符合许多通用软件架构的标准。

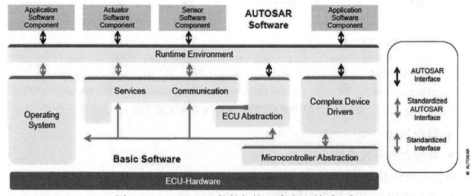

图 2.17　AUTOSAR 软件架构（参考文献［16］）

　　这意味着所有的参与者都可以使用标准化接口，并专注于各自专业和软件特性，进行其实现和营销。只要具有"AUTOSAR 一致性"，就可以进行互换和集成。除了汽车制造商实现的功能之外，这也适用于软件公司出售优化的驱动程序或操作系统。

　　除了将功能实现与基础软件分开之外，运行环境（Runtime Environment）还可从软件中抽取硬件。它能确保提供统一的数据接口，这些可适用于以下领域：

- 通信
- 设备控制
- 任务控制
- 故障反应

为此，就有了所谓虚拟功能总线（Virtual Functional Bus）的方案，如图2.18所示。这实现了各个功能之间的信息通信，确保通信连接的有效性，以及2.2节中所介绍的软件组件到控制单元的映射。此外，虚拟功能总线支持基础软件的配置，以及电气/电子架构的代码生成。虚拟功能总线的实现就是实时运行环境。

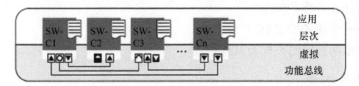

图2.18　AUTOSAR中的虚拟功能总线（参考文献［16］）

引入AUTOSAR，车辆电子软件和接口标准化迈出了重要的一步。软件制造商实现所需的软件组件，并将其商业化提供。新的功能集成到车辆中已变得更加容易。如果能够正确地持续性应用并继续扩展，AUTOSAR将会对汽车电子系统的数字化作出更大的贡献。

2.10　摘要

- 在本章中，参考整车架构和软件架构，说明了该领域中的术语和功能映射，即通过车辆架构实现所需要的功能属性。
- 还介绍了驱动程序，基础软件和实时操作系统。
- 除了对车辆进行自我诊断外，借助用闪存刷写编程叙述了车间级诊断，用于软件更新以排除故障或者扩展车辆功能。
- 还引入了网络软件概念。
- 通过几个示例，对功能软件进行了具体的说明，这包括发动机和转向控制。
- 详细阐述了业已在汽车工业中保护乘员生命和肢体以及环境的安全概念。
- 简单介绍和评估了OSEK、ASAM和AUTOSAR等软件标准。

2.11　学习检查

2.11.1　架构

- 解释控制单元架构和软件架构之间的区别。
- 什么是功能映射？

2.11.2　软件

- 从一般性和技术角度来看，什么是软件？

- 从一般性和技术角度来看，什么是硬件？
- 在汽车技术中，诊断这一概念是何意？

2.11.3 实时操作系统

- 一个任务有哪些状态？
- 解释一个任务的变更。
- 列举出两种实时架构及其优势。

2.11.4 安全概念

- 有哪些冗余概念？
- 解释所谓的三个层次概念。
- 解释问答监控机制。

2.11.5 标准

- 您对哪些应用领域的哪些软件标准有了解？
- ASAM – MDX 和 AUTOSAR 之间有何区别？
- 运行时环境（Runtime – Environment）和虚拟功能总线（Virtual Functional Bus）之间有什么区别？

第3章 汽车行业的软件开发

在前面的章节中，介绍了车载电子设备、软件产品及其相应产品技术。从现在起，在创建程序代码以实现功能要求和测试的意义上，重点将放在软件开发和测试的工作上。这里一个重要的思维就是，汽车软件始终只是机电一体化系统的一个部分，整个系统由机械、电子和软件组成，正如1.1节所叙述过的。

工业环境决定了企业经营，例如，公司结构和产品开发时间，还必须兼顾遵守行业标准和法律规范及其所产生的框架性条件。整个软件系统需要一个谨慎的软件开发和测试方法。因此，本章的重点是介绍一个结构化、定向性的方法，它代表了车辆信息技术中的一个重要学科，但并不直接影响机械、电子和软件的相关产品技术。该方法程序的严格性以及对其中必要工作步骤的理解，可以说是开发未来电动汽车产品的基础。

这里所介绍的方法和流程，从抽象的角度上描述了一个开发过程的具体规范，但并未涉及汽车制造商的自身特色，而这通常是各自企业内部机密性的业务流程，甚至会更加具体和详细。

此处的目的是概括地总结出通常性的流程，将其作为所有系统制造商的"最佳实践性"经验，这些已在自动化及测量系统标准协会（ASAM）和汽车开放系统架构（AUTOSAR）等委员会中都进行过详细的论证。当然，绝不能违反企业保密性或者泄露商业秘密。但这种保密性并不是出于要隐瞒不正当商业行为的目的。相反，深入了解日常性与安全相关的开发过程，将有助于增强对产品的信任感。将所描述的通用实践性经验，转换为日常工作中的具体说明和过程，这也是一项核心能力。

来自信息技术系统软件开发或者移动通信领域的面向对象理念，在车辆控制单元的编程中起着一个比较次要的作用。对特定的车辆软件开发工作，这里将讨论编写软件代码，例如，以 C 语言创建软件的方式，以及从基于模型的程序描述，自动地生成代码的问题。在以下的 3.1 节中，将详细地介绍软件开发中所采用的 V 模型（图3.1）。本章的重点是结构化地收集和处理客户需求，以及创建软件，以验证和实现这些客户要求。第5章将详细描述这一过程模型，测试技术的具体实现将在4.2节中进行阐述。

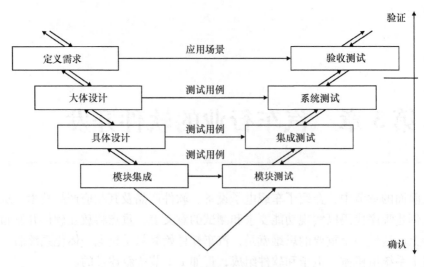

图 3.1　软件开发的 V 模型

基于功能性要求和非功能性要求的主题综合，及其在车辆体系结构中的实现，简要说明机械和电子技术的发展。这两个主题是汽车行业中进行系统软件开发的基础。

首先要探讨软件详细设计和模块实施的各个阶段，这正是因为只有在整体架构的定义、要求规范及其结构已描述之后，才能进行实际编码和测试。这还涵盖了软件开发中，所涉及的一般性项目管理的主题和相关工具，以及用于在工业环境中，软件计算时间的示例性分析过程。

在具体的描述说明中，所列出的文件和相应结果必须具备完整的可用性。同样，在描述过程时，必须按照所确定的逻辑顺序，观察软件指令的顺序式执行。

3.1　技术现状

以下有关软件开发的讲解，都假设读者已基本掌握了所使用的编程语言。对于使用 ANSI C 语言进行编程的标准，可见参考文献 [7]。针对车辆软件开发，更进一步的详细性概述可见参考文献 [3]。这些参考文献都可作为车辆信息技术中进行软件编程工作的基础知识。

在这一点上应该强调的是，在为控制单元创建代码时，并不是追随编程技术的最新趋势，而是必须采用既定且业已成熟的技术制定开发计划，这是一种切实、谨慎和认真的方法。没有一个驾驶人真正地希望面临这类情形，就是要执行与系统安全相关的紧急操作，在发生故障的情况下，尝试一个不可预知的操作，或者将已建立的流程，出于实验或时间原因被有意简化、缩短甚至被省略。这类软件的开发者无法每天都面对大量编制的代码，去评估和衡量自己工作的结果，他们要意识到，自己开发的产品应该今后多年仍需完美地运行，就必须正确地面对和处理所有正面事实和负面问题。

本章描述了开发人员如何使用逐步结构化地创建软件的方法，以及在车辆信息技术和与安全相关的开发中，应该遵循的过程和步骤。

当前，进行车辆技术中嵌入式、实时系统的软件开发，主要还是使用编程语言C（ANSI）和基于模型的 Matlab/Simulink，这已经成为成熟的标准。下面将介绍使用这些标准实施开发的过程。

3.2　需求和架构设计

这一节将要说明，如何在系统设计中系统地分解和完善软件需求，从客户调查到体系结构，再从详细规范到软件开发的特定要求，即所谓从产品规范书到最终的特定代码。这也叫作架构/框架设计。

3.2.1　收集需求

产品需求的收集过程描述了系统性地以对话形式在文档中记录客户的需求与愿望。该过程将创建产品规范说明书作为要创建和开发产品的明确出发点。

通常，客户只有在被提问到、被听到和理解问题的情况下，才能对一个对话满意。这就要引入一个"需求启发"过程，可以使双方对要开发的产品所需属性有了共识性的理解。这通常发生在对话中，甚至在客户与开发人员一起评估功能原型时。

这一过程的目的就是创建一个尽可能详细而且能明确表达客户需求的文档。该文档（称为规范书）包含：

- 文件的所有相关版本。
- 文件中主要需要关注的信息。
- 文件内容的表格式概述。
- 从文档得出的客户需求，完整记录制表。

在客户与服务商之间，做出接受和拒绝客户要求的明确决定，这也是需求收集过程的一部分，还有创建和发布规范书的基本准则（Baseline）。一个基本准则中包含了规范书所需的所有文档以及其他相关部分。为此所需的配置管理，也将稍后详细介绍。

做法

- 收集（来自客户的问题和请求）并检查（一致性）系统性的描述文件和其他文件。
- 创建一个本地文档库，列举出所有文档及其版本的发布概述。
- 商定和确定哪些部分是该项目所需要的有效文件，以便确定出的确相关的需求。

- 拟定所有客户需求，以满足其可行性、可测试性、可读性、唯一性、一致性等质量标准。
- 不被采纳的需求，将与客户协商解决，或者给予拒绝。
- 创建和发布基本准则，这包括所有的客户文档以及从中生成的其他文档。该基本准则称为规范书。

结果

规范书反映了双方商定的项目状态，即系统应具有的属性。所有项目参与者（包括客户）都将能查阅和了解规范书的当前内容。

3.2.2　系统需求分析

在系统需求分析过程中，企业组织收集、分析、分类、协商系统需求，并确定需求的优先级。其结果是一个经过审查的系统需求规范书，以此为出发点实施具体的技术实现。

从规范书中的系统需求中，推导出规范书中的客户需求。其他来源的系统需求将补充和添加到规范书中。这些系统需求可以是：

- 标准规范，法律条款。
- 测试和生产的边界条件。
- 收集到的经验。
- 管理决策。
- 协议记录。

分析

对规范书中的每个系统需求，都必须以这样的方式进行制定：

- 描述一个功能或非功能性需求。
- 本质之间没有矛盾。
- 可明确制定。
- 可以实现。
- 可以在系统级别进行测试。
- 与其他需求一致。
- 避免冗余，来源明确可考证。

分类和谈判

系统需求要分配给相应的系统功能。那些需求以及软件、硬件和机械组件，如果对其不能进行测试，将不能作为系统需求而被采纳或接受。如果有必要，可以将它们作为软件/电子模块需求以及机械类组件的规范书。要将相关的功能和技术需求分配给系统所要实现的功能。对所需开发的功能，要创建测试实例或用户案例。如有必要，可以用序列图（Sequence Diagram，来自统一建模语言）方式进行补充说明。

　　这里，目的是在于发现需求中的矛盾和缺陷，并可与客户联系澄清。要开发的系统可首先用一个序列图和用例，进行全面描述，但与系统环境分隔开来。要收集系统环境的必要属性，并将其传达给客户，还需明确地标识和记录不属于系统范围的内容，这样可以防止误解和错误性期望。

优先排序

　　每个需求的重要性要通过与客户对话给予确定。这就启用了一个初始发布计划。创建真正的发布计划（Release Plans）不是优先排序活动的部分。就此创建并分发第一个规范基准。在这种情况下，每个需求都链接到规范基准，或者另一个版本的需求来源，例如，合理性动态式面向对象的需求系统 DOOR（Rational Dynamic Object Oriented Requirements System）。

风险识别

　　寻找可能阻碍流程实现的风险。

做法

　　● 系统需求工程师以书面形式，将项目成功的风险性转告项目经理，并在必要时互相协调，商量相应的对策。

　　● 系统需求工程师通过从规范基准中，复制已被采纳的需求来创建产品规范，并在产品需求管理系统中提供一个初始链接。

　　● 将来自其他来源的边界条件添加到项目中，并链接到相应的文档版本。这些需求可以这样的方式制定：在规范基准中仅出现最少、可测试的系统属性和过程需求，或者非功能性需求。此时，需遵守需求的一致性和其他质量标准。

　　● 系统需求工程师为其他企业员工提供支持，这主要是通过维护和提供各种版本的文档（不属于规范的部分）和其介绍性概述，并检查这些文档中需求之间的相互影响联系。

　　● 将功能和系统接口层次上的需求进行组合。在此层次级别上，再次寻找可能的冲突性或矛盾性需求、定义方面的差距，与客户一起商议解决。这样就可勾画出系统的第一张草图。

　　● 相对规范准则，任何系统环境和额外需求中可能会出现的偏差，都将其传达给客户，并与客户进行商议。这就要对操作环境产生的影响进行评估。为客户创建出一个新的产品规范书，互相进行商议和协调。

　　● 对客户需求进行优先级排序，并给予确定性发布。最后，对规范基准还要进行审查。

　　● 一个基本准则贯穿在所有文档版本中，并予以分发。该基本准则也称为规范基准。

结果

　　在成功地实施了系统需求分析后，其结果为：

- 确定了系统需求和系统接口。
- 对系统需求进行了分类，并检查其正确性和可测试性。
- 系统需求对工作环境的影响是已知的。
- 确定系统中各个需求的优先级别。
- 确保了客户与系统需求之间的一致性和可追溯性。
- 针对客户需求的必要偏差，要与客户进行协调，并形成记录文件。
- 协调和完整化系统需求，提供基本准则，并发放给参与者。

3.2.3 系统架构设计

在系统架构设计中，将产品需求分配给将要具体落实这些需求的电气/电子架构。从客户需求中确定所需的系统组件。一旦将所有需求都分配给系统组件，就可以通过仿真或审核，来检查它们的交互作用和描述其完整性（黑盒子）。

做法

- 系统架构检查是否可以提供系统设计所必需的所有信息。
- 系统架构创建系统整体框架。
- 系统架构要通过人工测试，或者通过模拟仿真给予验证。
- 系统架构接受正式的审查，为创建基本准则做准备。
- 系统、基本准则和架构之间的协调。

结果

在项目中成功进行了"系统架构设计"过程之后：

- 创建了一个系统架构，用于标识和确定系统中的各个组成元素。
- 系统需求已分配给各个组成元素，并定义了组成元素的内部和外部接口。
- 系统架构已根据系统需求进行了验证。
- 确保了系统架构与需求之间的一致性和透明性。
- 系统需求、系统架构及其相互关系，被交付给所有相关参与方。

3.2.4 组件需求分析

组件需求分析过程收集、分析和区分组件需求。其结果是经过检验的组件需求规范。从上述系统架构的功能和非功能行为中，可推导出组件规范需求。来自其他领域的特定组件规范需求，也要补充添加到组件规范中。例如，这些其他领域的需求可以是：

- 标准规范与法律准则。
- 测试和生产的边界条件。
- 特定技术的可提供性。
- 系统地收集到的客户经验和设计建议。

然后，要澄清与现有组件规范的冲突矛盾，记录存档所做出的决定，并证明其正确性，组件要求规范中的每个需求都必须以以下的方式制定：

- 代表了组件的一个功能性或非功能性要求。
- 本质上自身没有矛盾。
- 要能明确地制定。
- 可以付诸实现。
- 是可测试的，与其他需求一致。
- 明确引用了相应的需求出处。

做法

- 从系统架构的体系性描述中，组件需求分析人员抽取出组件的功能性和非功能性需求，进而创建组件需求规范，并确保系统架构与组件需求之间存在双向可追溯性和一致性。
- 系统规范寻求所需的组件，提供相关的设计建议。这些对组件是否有影响，将由组件需求分析人员和组件架构设计人员共同商讨决定。如果今后要实施一个设计性建议，则要将其作为一个具体需求，纳入组件需求规范中。
- 在分析了对各个组件的需求之后，组件需求分析人员与系统架构设计人员，讨论和协调这些组件对环境（指系统环境）的影响作用。比如，如果输入值的精度不足，而无法达到组件所需的输出值精度，则要对此做出反应，然后就可能必须修改组件需求或架构结构。
- 建立并发放组件需求规格说明的基本准则。

结果

成功地进行了组件需求分析过程之后，可达到以下结果：

- 确定了组件需求。
- 对组件需求进行了分类，并检查了其正确性和可测试性。
- 确保了派生出的组件需求的内容一致性。
- 考虑了各个组件需求优先级（优先级来自系统级别）。
- 确保了组件需求与系统架构之间的一致性和可追溯性。
- 组件需求规范的基本准则被发放给产品项目参与者。

3.2.5 组件架构设计

根据上述组件需求，在此要设计一个合适的组件架构。这样设计可以作为一个初稿在 V 模型中描述。

架构的组成元素是从需求中得出的。如果将所有需求分配给组件架构，则就需要通过一个分析过程，不仅可以检查系统的行为和特征，还要观察组件之间的相互作用。在对组件架构规范进行了技术性正式检查，最终审查之后，就可交付组件架构。

做法

这个工作主要由组件架构设计人员承担，他们要：

- 检查所需要的所有需求信息是否存在，可提供使用。
- 创建组件架构。
- 使用适当的方法，对架构进行深入的分析。
- 对组件架构进行正式审查。
- 将已发布的组件架构，通知产品设计参与方。

结果

在项目中，成功地进行了组件架构设计之后：

- 相关的设计建议已被审议，可转换为需求或被拒绝。
- 创建了一个组件架构，并指定和标识了组件中的各个组成元素。
- 组件需求已分配给所属的组件元素。
- 定义了组件内部和外部接口。
- 针对组件需求，验证了组件架构。
- 确保组件架构和组件需求之间的一致性和透明性。
- 组件需求、架构及其相互关系，被交付给相关参与方，并发布了基本准则。

借用这种方式获得的工作结果，就可以完成架构草案设计，并可以进入电气/电子架构中特定的子系统，即机械、硬件/电子和软件开发阶段。在授权外部开发产品方面，可将明确的规范传递给供应商，而不是内部开发，这将在 3.6.5 小节进行叙述。

3.3 机械和硬件/电子

对于功能和非功能性需求的实现，不能仅孤立地看待汽车行业中的纯粹软件部分。这类软件始终是整个机电系统的一部分，它由机械、电子硬件和软件组成。在 1.4 节中，已对此进行了解释。从车辆信息学的系统开发角度，必须综合考虑这些方面，在这里仅对机械和电子开发做简单说明。

就机械部分的开发目的简单而言，首先是根据所要求的版本设计可运行的机械零部件，这些零部件要能满足系统架构中相应的需求。

在机械组件需求分析中，系统和组件级别的需求被分配到机械级别（具体的零件和组件）。在部件需求分析中，确定机械组件或对单个零件的需求，并将其进行功能分配。从中得出的部件规格表，就构成了机械设计的结构基础。在开发和设计期间，将勾画一个设计方案，通过它来实现机械性需求，并可以根据功能需求，检查和评估这些需求的满足程度。它是作为部件进行制造的，首先在零件级别随后在系统中进行测试。

硬件开发或电子设备开发，其目的是根据所需的原型开发可满足功能的电子元件和组件，这完全类似于机械组件开发，这些组件均要满足系统架构对其提出的所有需求。

系统架构以抽象化各个组成部分的形式来描述系统。从这一总体描述中，必须确定与硬件的组成，并将其总结为硬件需求。与此同时，必须创建或详细列出总体硬件文档（热力学方案、电磁兼容性方案等）。通过多次审查，对方案文件和接口的硬件需求进行验证。根据硬件需求，定义功能单元或模块。这些单元或模块应该尽可能没有负面反馈效应，并且彼此之间具有简单的交互界面。这是为了确保进一步的系统设计和实现功能模块化。

然后，如在 1.10 节中所说明的，用适合于物理原理的硬件设计（电子组件、电路板、电路等），在硬件架构中描述的单元实现功能，要考虑到安全相关的方面，对所创建的电路进行分析验证。硬件设计成功后，即可生成电路图。电路通过仿真、测量和审核进行验证，在功能安全性方面进行正式分析，就可被考虑作为后续流程的最终版本。然后创建电子元件的布局，甚至可以是网表（Netlist），从而创建所有生产数据。生产或原型创建将产生出一个原型，然后可以通过测试进行验证。这里，机械和电子之间必须要紧密协调。

"模块"这一术语，与软件相同，就是机械和电子部件的组合。而在实际中，这通常是可以制造和测试的最小组件。这一说法更强调了基于车辆信息技术的系统概念。

3.4　软件开发

在以下内容中，根据产品需求方案，描述了具体的功能代码和软件开发过程。

在此，比较务实性的前提是一个可运行软件的电子系统原型（Prototyp），即一个开发环境，以确保功能性软件模块的运行能力。

3.4.1　软件需求分析

软件需求分析在于从更高级别的架构或规范书中提取得出对软件的需求，并记录存档。根据系统架构和组件体系中功能和非功能行为的描述，就可得出具体的软件需求规范。当然，其他来源的软件需求，也要补充到软件需求规范中。例如，这些来源可以是：

- 标准规范与法律准则。
- 测试和生产的边界条件。
- 收集到的客户经验和设计建议。
- 偏离正式安全方案的正当理由。

要明确地澄清上述需求与现有软件需求规范之间，可能出现的冲突或矛盾，证明相关决定的合理性，并且要记录存档。

做法

更高级别的架构和其他辅助文档所派生出的软件需求都应将记录在软件需求规范中。软件需求规范要包括有功能性和非功能性软件需求，还必须对其相互依赖关系进一步明确地分析，以确保其相关一致性。

结果

成功地进行了软件需求分析之后，其结果为：

- 对软件需求进行了区别分类，并检查了其正确性和可测试性。
- 确定了软件需求实施的优先级。
- 确保高端架构与软件需求之间的一致性和可追溯性。
- 基本准则提供了软件需求的当前已检查状态，其批准部分已交付给项目管理层。

3.4.2 软件设计

软件设计，又称软件架构，就是以层次形式安排和布置所有软件组件，这在 V 模型中也称为详细设计。

就软件设计过程的目的而言，是开发一个软件设计文档，也称软件架构文档，该文档将可以实现软件需求，并可以根据需求进行相应的验证。通常，与安全相关的软件有以下目标：

- 提供一个软件架构，兼顾安全需求。
- 可根据软件需求规范，对软件架构进行验证、批准和发布。

做法

软件设计过程遵循软件需求分析过程，并在整个软件开发过程期间反复地贯彻进行。这是为了确保软件架构能够及时反映当前的软件需求，或者纠正设计中的错误。具体为以下步骤：

- 分析软件需求。
- 开发一个静态的软件架构，其中将描述软件的组成元素、行为、属性和依赖性。软件需求有双向可追溯性或可追查性，可追溯性或可追查性记录存档了架构建模决策，并根据其软件需求，再现了软件元素的安全性。
- 软件接口的设计，这包括其规范，例如其参数取值范围和变量名称。
- 根据功能和非功能性需求，开发一个动态的软件架构。
- 估计运行时间。确定时序安排方法，并将功能划分成相应的任务或者中断。
- 检查体系结构发生的变化，决定要实施的分析方法。
- 估算架构的资源消耗，计算每个任务在最坏情况下的执行时间 WCET（Worst Case Execution Time），即所谓最长计算时间，并与预定的需求进行比较。
- 基于动态软件架构，定义软件验证标准、接口和资源利用。
- 审查组织和实施，以及对软件架构形式上的检查。

- 架构的基本准则和信息通信。

结果

在项目中，成功地实施了软件设计之后：

- 软件架构根据软件需求得以定义。
- 软件的各个组成部分被赋予相应的软件需求，并且可以进行跟踪。
- 定义了软件组件的内外部接口。
- 详细描述了软件架构，可以实现和测试组件。

以下过程结果，可应用于与安全相关的软件：

- 软件架构文档，考虑了所有（与安全相关的）软件需求。
- 安全计划（修订版）。
- 软件需求规范（修订版）。

下一部分将首次引入技术测试程序。这些测试程序将在第 4 章中详细介绍。

3.4.3　功能软件开发

功能软件创建或者软件编码过程，都与安全性、功能性软件相关。它是作为所谓第 1 级别代码，即客户所要求功能的实现，例如速度控制。其目的就是创建可执行软件单元，并对其进行单独验证，以使它们能正确地反映软件设计。

做法

- 在软件设计过程之后，将实施功能性软件的开发过程。在此，将要创建在软件架构中指定的软件单元。

为了加快创建功能软件的过程，可以在检查单元方案之后，就开始创建测试用例规范和测试矢量，以及随后实施黑盒测试（Black - Box - Test）的测试用例。黑盒测试是测试软件单元的输入和输出行为，此时与软件单元的内部结构无关。相反，还有白盒测试（White - Box - Test），这是测试软件单元的内部行为，例如饱和器。为此就必须了解软件内部结构，因此只有在审查了单元规范之后，才能开始创建此测试用例规范和相应的测试矢量。在审查测试矢量和测试用例规范期间，必须再次将这些并行活动放在一起执行。

结果

在成功地进行了功能软件开发过程之后：

- 每个软件单元都有了一个初稿和一个相应的单元规范。
- 每个软件单元都是按照该单元的规范所创建的。
- 每个软件单元都有一个测试规范、一组测试数据和相关的测试脚本。
- 对应于软件单元上的每个需求，至少有一个模块测试。
- 确保了代码的正确性。
- 软件模块根据单元测试策略进行测试。
- 记录测试结果并创建测试报告。

- 测试成功后，将交付软件单元报告。

3.4.4　安全性软件开发

安全性软件开发过程描述了创建具有安全相关级别的软件单元。

就安全性软件创建过程而言，其目的是创建适用于安全相关需求的可执行软件单元，并对其进行验证是否正确地反映软件设计需求。

所创建的具有安全相关级别的软件单元可以作为所谓的监控软件，或者第 2 级软件用于控制目的使用，如果没有三级安全级别方案，一个具有安全相关等级的软件单元可以监控多个没有安全相关等级的软件单元。但是，也要必须特别注意那些没有安全相关级别的软件单元之间的交互作用。这样被监控的软件模块可具有从属的安全相关分类。

做法

- 安全软件开发过程在软件设计过程之后进行。在此过程中，创建在软件架构中所指定的各个软件单元。

为了加快安全软件设计的流程，如同创建功能软件一样，在审核单元方案之后，可以开始创建测试用例规范和测试矢量，然后实现用于黑盒测试的测试用例。在这里，不必考虑软件单元的内部结构，对此有白盒测试，这些都是测试软件单元的内部行为。由于还必须了解软件单元的内部结构，因此只有在检验了单元规范后，才能开始创建此测试用例规范和相应的测试矢量。在审查测试矢量和测试用例规范期间，还必须再次将这些并行活动集中在一起。

结果

在成功地进行了安全性软件开发过程之后：

- 每个软件单元都有一个初始版本和一个单元规范。
- 每个软件单元都是根据其单元规格创建的。
- 每个软件单元都有一个测试规范、一组测试数据和相关的测试脚本。
- 对应于软件单元上的每个需求，至少有一个模块测试。
- 确保了代码的正确性。
- 软件模块根据单元测试策略进行了测试。
- 记录了测试结果，并创建了测试报告。
- 测试成功后，将发布和交付软件单元。

3.4.5　软件集成测试

在软件集成测试中，要将各个软件单元集成在一起，并针对软件架构对集成软件进行测试。

软件集成测试过程的目的是将软件单元集成到更大的系统组合中，以能创建与软件设计匹配的集成软件，然后可测试软件组件的交互作用。

做法

● 在创建了软件之后，就可进行软件集成测试。在此就要检验所创建的软件单元是否可以集成到完整的软件系统中。

结果

在项目中，成功地进行了软件集成测试之后：

● 定义了用于集成软件的策略（集成策略）和用于验证集成的策略（集成测试策略）。

● 根据集成策略对各个软件单元进行了集成。

● 使用测试用例对集成的软件单元进行了验证。

● 集成测试的结果记录在案。

● 确保集成软件单元和软件架构之间的一致性和双向可追溯性，尤其要注意接口行为。

3.4.6　软件测试

软件测试是软件级别的最终集成级别，但仍然还没有系统化的电子设备和机械组件。它要根据软件需求进行测试，并且在所有测试成功通过之后，将发布和交付整个软件。总之，软件测试过程的目的，就是验证软件是否满足预定的需求。

做法

● 在软件集成测试过程之后，进行软件测试过程。要根据软件需求创建软件测试用例。这些测试可确保集成软件符合所制定的软件需求。

结果

在项目中，成功地进行了软件测试之后：

● 根据软件需求的优先级，创建一个软件测试策略。

● 开发了一个回归式测试策略，并将其应用于测试。

● 为软件测试创建了一个测试规范，该规范记录了软件所遵守的规则。

● 确保软件需求与测试规范，包括测试用例之间的一致性和双向可追溯性。

● 使用所创建的测试用例，对软件进行了测试。

3.5　组件和系统的集成测试

这一节将要说明，如何将软件集成到其他组件（机械部分和电子硬件）和系统中，并在其中进行测试。有关测试的具体技术实现，请参见第 4 章中有关的章节内容。

3.5.1　组件测试

在组件测试期间，将检查、发布和交付软件组件。组件测试的目的是验证和审查正确性，是否完整地实现了组件需求，是否可以批准和交付组件。

做法

● 在成功地进行了组件测试，接着进行组件集成测试，然后就可发布组件版本，这可称为一个里程碑。组件测试是直接在完全集成后的组件层次进行。这里，总体测试策略指定过程中各项测试活动的进程。

结果

成功地进行了此过程后，可获得以下结果：

● 创建了一个测试策略，该策略描述了如何按照需求，对组件进行测试。

● 为集成的组件创建了一个测试规范，该规范可以说明组件需求的满足和符合程度。

● 该组件已通过指定的测试用例，进行了验证。

● 测试结果记录在案。

● 创建了组件需求和组件测试规范之间的一致性和双向透明性。

● 定义了"回归式测试"（重复性测试）策略，并将其应用于组件元素的更改。

3.5.2 组件集成测试

在组件集成测试期间，将要检查组件架构。将机械组件、硬件和软件，根据指定的过程步骤进行集成。

组件集成测试旨在发现领域（机械、电子和软件）界面之间可能出现的不一致性。其目的是测试单个组件与其他组件在接口之间的直接交互影响。在此测试中，重要的是要试验几个具有大量公共接口但分别独立开发的组件。

做法

在每个版本中的子系统（硬件、机械、软件）发行之后，就可执行组件集成过程。这适用于将要交付的所有版本。

结果

成功进行此过程后，可获得以下结果：

● 已经开发了一个组件集成和组件集成测试策略。这还考虑了组件架构及其优先级。

● 已为组件集成测试创建了一个单元测试规范。这些测试用于验证组件子系统（硬件、软件、机械师）之间接口的一致性。

● 组件根据集成策略进行了集成。

● 验证了使用测试用例的集成子系统。

● 集成测试的结果已得到完整的记录。

● 确保了组件架构和组件集成测试规范之间的一致性和双向可追溯性。

● 开发了一个回归测试策略，该测试策略可以重复性使用（由于组件子系统的更改)。

3.5.3　系统集成测试

在系统集成测试过程中,将测试系统架构并检查系统集成。

系统集成测试过程,既包括有创建集成和测试整个系统的策略,而且还有其具体实现。系统集成测试旨在证明,彼此独立开发的组件接口与系统架构的规范中的组件功能之间的相互对应。在集成测试期间,将可发现所连接的组件之间,或在相互作用方面是否存在不一致性。

做法

- 在批准每个发行版的组件之后,即某个里程碑后,执行系统集成过程。

结果

成功地进行此过程后,可获得以下结果:

- 开发了系统集成和系统集成测试策略。
- 为系统集成测试创建了系统集成测试规范。这些测试,既可以用来验证系统组件之间接口的对应关系,也可以用来验证它们之间功能交互的正确性。
- 系统根据集成策略进行了集成。
- 使用系统集成测试用例,验证了系统架构。
- 对集成测试的结果进行了完整的记录。
- 确保了系统架构与系统集成测试规范之间的一致性和双向可追溯性。
- 开发出一个回归测试策略,可在重复性测试时使用(由于系统元素的更改)。

3.5.4　系统测试

系统测试就是检查并最终批准整个系统。系统测试的目的就是要证明已正确、完整地实现了系统需求,并且可以批准该系统投产。

做法

- 系统测试是在对要发行的版本进行系统集成测试之后进行的。系统测试直接在整个系统上执行;总体测试策略指定过程中的测试活动。

结果

在成功地进行了系统测试后,可获得以下结果:

- 创建了一个测试策略,该策略描述了如何根据软件系统需求,进行系统测试。
- 为集成系统创建了一个测试规范,该规范说明了如何评估系统需求的符合性。
- 该系统通过指定的测试案例,进行了具体的验证。
- 测试结果记录在案。

- 建立了系统需求和系统测试规范之间的一致性和双向透明性。
- 定义了回归测试（重复测试）策略，并将其用于系统元素的更改。

在完成此过程后，就完成了技术创建和软件测试。软件既可用于产品原型，也可能使用在最终产品中。

在企业特定的发布流程中，应针对不同项目阶段和安全类别的产品，确保和出具符合性证明，并由开发人员、测试人员、安全监督人员、质量保证人员，上级和项目管理人员进行多人审查，并签名给予确认。这种业务流程及其效率形式的具体实现，体现了从事经济活动的企业特点，并且能确保软件系统的质量，而且可保持数年。

3.6 软件开发的一般流程

涉及软件需求中的技术主题，通过定义框架和测试编码，可将需求更加结构化，在此之后，将讨论在工业环境中软件开发通常性的项目管理主题。

如果没有这些主题，就不可能在汽车行业中进行商业性的专业化软件开发，这使得各种形式的项目管理问题成为车辆信息学的一个重要组成部分。它确保了与安全相关的系统所需的完整和清晰性的软件开发结构，并可以兼顾软件开发的经济性，并最终确保产品的附加增值。在本书中，这一主题保持在相对抽象的描述水平上，这正与本书的技术特征相符。因为每个企业组织都有各自独特、具体的内部实践经验。

3.6.1 质量保证

在质量保证过程中，要由独立性的组织机构进行审查，以确保遵循过程，创建了定义的产品应确保满足所约定的质量标准。此外，开发过程还要确保遵守已定技术流程。以下将具体描述汽车技术环境中的软件开发规范。

除了形式和测试性方面，质量保证过程以其本身的方式支持企业目标的实现，例如：

- 顾客满意度。
- 产品质量。
- 流程质量。
- 准时交货。
- 生产率。
- 恪守财政预算。

通常，质量保证机构的独立性程度还取决于所要开发的产品。有时，仅由开发部门本身进行独立性的调查还不够，所以必须由外部进行审核或评估。这可以是开发组织所希望的，也可以由与安全相关或者与税收相关的法律规范和企业标准提出此类公共性要求。

3.6.1.1　质量管理规划

借助质量保证工作规范,质量管理规划涵盖了质量保证的整个过程。

质量管理规划的目的是制定和确认质量保证活动的计划,实施和控制规范。这当中尤其包括质量目标的确定,以及从中所得出质量保证方法。

做法

该过程的实施,可由以下具体活动定义:

- 检查参与项目的组织结构,并准备质量保证工作内容、所需的团队结构。
- 制定质量管理计划,这包括计划和实施质量保证工作的目标、规范和方法。
- 审查和批准质量管理计划。

结果

如果正确地实施了质量保证过程,则可预期得到以下结果:

- 明确了项目和产品的质量目标。
- 定义了质量保证活动中的方法。
- 颁布了质量保证活动的计划、实施和控制规范。
- 商定了质量升级渠道。
- 确定了信息反馈和产品改进周期,得到经验教训。
- 提高了项目参与者对质量问题的意识。

3.6.1.2　质量保证计划

质量保证计划涵盖了在整个项目过程中,计划具体的质量保证活动。

就质量保证计划的内容而言,它是根据质量管理计划中的规范进行的,这包括制定项目内容和时间。

做法

该过程的实施,可由以下活动定义:

- 质量保证活动的计划。
- 审查和批准质量保证计划。

结果

如果正确地执行该过程,则可以预期得到以下结果:

- 所涉及的产品,及其相应的质量保证措施。
- 在项目过程中,将质量保证措施分配给所发布的计划。
- 下一个版本的质量保证措施,包括内容和日期的详细计划。
- 确定要使用的过程。
- 将工作产品映射到能适应于汽车 SPICE 评估所需的工作产品(参考文献[5])。
- 协调地运作质量保证计划。

3.6.1.3　质量保证实施

根据质量保证计划，质量保证实施包括实施质量保证活动的所有具体步骤。这包括通过质量保证活动和报告机制，以确保所要求的过程和产品质量。这意味着，根据质量保证计划和规范，就可跟踪可能出现的质量偏差。

做法

该过程的实施，可由以下活动定义：

- 检查过程的合规性。
- 审查产品。
- 提出改进措施。
- 跟踪改进措施。
- 创建质量保证状态报告。

结果

如果正确地执行了该过程，则可以预期得到以下结果：

- 可定期评估过程的合规性水平。
- 工作产品完整性和成熟度的概述。
- 尽早发现开发过程中的薄弱环节，识别出可能阻碍项目实现的风险。
- 认识到改进和完善潜力。
- 根据需要，采取纠正和预防措施。
- 根据多人监控原理，存档记录过程中出现的偏差。
- 提高项目人员对质量问题的意识。

对软件开发所需的特定过程步骤，将在第 5 章中通过过程建模和成熟度给予详细介绍。

3.6.2　功能安全

功能安全描述了在安全生命周期内，所有阶段进行的安全工作过程。

"功能安全"过程基于乘用车电气和电子系统功能安全的 ISO 26262 标准（参考文献 [18]）。该标准所追求的目标是实现一种系统性且保持一致的方法，该方法可用于汽车行业定义的生命周期内的各个阶段。

在产品安全生命周期中，其各个阶段都要映射到产品生命周期的相应阶段。可划分为方案制定、产品开发和生产、运营、服务及回收。在这种情况下，功能安全阶段包括三个过程：

- 方案制定。
- 产品开发。
- 功能保护。

在本书重点关注车辆信息技术的过程中，所提到的过程仅考虑产品开发过程，即从开发到投产这一生命周期部分，并特别关注其中安全性相关内容。这里，安全生命周期中的所有工作是计划、协调和记录安全活动，这些正是项目中安全管理的关键任务。

3.6.2.1 概念

从功能安全的角度，概念描述了一个项目的定义阶段。

对有粗略系统架构且与安全相关的系统进行分析，主要涉及与功能安全直接相关的危害和风险。然后，从中得出功能安全要求。这些是确保功能安全所要采取的各种措施。这一过程假定，已经以系统架构形式定义了相关件或组件，即所要开发的对象。

注意：作为关键性安全开发的一部分，这一过程仅代表了作为安全生命周期中的一个部分，即 ISO 26262 第 3 部分中的"概念阶段"。

做法

该过程的执行，可分为以下活动：

- 如果相关项出现了更改或需要进一步发展，就要进行影响性分析。
- 创建安全计划，进行危害和风险分析。
- 推导出功能安全概念。
- 引导出安全性技术要求。
- 将功能安全要求细化，成为与实现相关的安全性技术要求。
- 提供验证计划。

结果

- 已针对相关项，启动了安全生命周期。
- 影响性分析的结果可用。
- 安全计划到位。
- 获得了危害分析和风险评估（Hazard Analysis and Risk Assessment，HARA）的结果。这些危害来自相关项的错误功能，并对危害和风险进行了分类，从中制定出要达到的安全目标。
- 功能安全概念出台（实现安全目标的要求）。
- 验证计划已准备就绪。

3.6.2.2 产品开发

在此阶段，将在功能安全的背景下，描述所将进行的实际工作内容。

在项目中，产品开发过程是将具体工作分配给功能安全人员进行实施，以确保其符合 ISO 26262 标准。这些工作贯穿于所有的产品开发过程，其中"项目安全经理"始终扮演着一个重要的角色。单一性工作即跟踪安全性开发活动，用于描述上述过程行为，项目安全经理将参与所有的工作。

做法

该过程实际性地反映了与功能安全相关的工作内容的贯彻执行，这一工作是针对项目安全经理制定的。

- 保证相关项目部门的时间进度要求。
- 在项目管理人员的参与下，与负责安全方面的人员、技术和进度问题进行协调。
- 协调和审查委托给供应商或承包商的外包项目。
- 参与项目会议和工作小组活动。
- 调控专业人员中与功能安全相关的活动。
- 在安全和质量保证评估中，介绍项目完成情况。
- 在安全相关方面与客户进行协商，与审查验证人员协调。

结果

在项目中协调和确保与功能安全相关的活动，这一要求将得到满足。这些将在5.13.1小节功能安全过程建模中给予详细介绍。

3.6.2.3 功能保障

这些工作是产品安全生命周期中的防护性措施。

"功能保障"过程描述了在安全生命周期中，要贯彻施行的各种保护性措施，这些都是ISO 26262所要求的，并且是功能安全所要承担的责任。有关这些措施的具体实施，将在5.13.1小节功能安全的过程建模及第4章软件测试中进行更详细的介绍。

做法

该过程的具体执行，可分为以下活动：

- 创建和检查所需的验证测试规范。
- 准备安全评估样本。
- 组织和具体实施安全评估。

结果

此过程结束后，将可获得以下结果：

- 验证测试规范。
- 安全等级。
- 安全评估的结果。

通过系统的安全等级，可明确地确定功能安全过程规范。所能实施的具体实体的独立程度还取决于所要开发的产品。在5.13节功能安全性过程建模中将详细介绍软件开发所需的特定步骤。

在一个企业内部，独立从事开发功能安全的部门所进行的运作仅能适应于产品开发过程。而最终的审核批准，以将该系统销售给最终客户，就必须通过外部审核或评估。这一程序是由立法标准给予了法律性规范。

3.6.3 项目管理

针对要实现的项目目标，软件项目管理对项目活动进行计划、管理和控制。

项目管理人员要确保在指定的时间内审批所需的项目费用，保证所要求的质量，按时完成项目。其目的是在项目的要求和条件下，识别、确定、计划、协调和监控项目的运作。

3.6.3.1　项目启动

项目开始时，将进行所有的项目准备工作和初始性活动。

其目的是要确保项目启动所需的先决条件到位，并确保提供有足够的项目信息，以定义和确认项目的范畴。

做法

项目开始时：

- 确定项目经理。
- 创建并检查项目手册，这包括参与者分析和项目风险。
- 建立项目组织。
- 计划项目结构。
- 制定并检查交付策略。
- 创建项目内容列表。

结果

项目开始后的结果：

- 确定了一个项目经理。
- 创建了初始的项目手册，其中有项目参与者和项目风险。
- 确立了项目组织。
- 计划了项目构成。
- 创建了交付策略。
- 创建了项目内容列表。

3.6.3.2　项目计划

在项目计划阶段，将在具体内容上创建解决方案，以实现给定的目标。

就项目计划的目的而言，就是通过详细的步骤，实施所选定的解决方案。在理想情况下，计划的实现精度为 ±10%，但主要取决于项目内容、企业特征和框架条件。

做法

- 为子项目和系统定义详细的目标，并在必要时可进行修改。
- 制定替代解决方案，并检查是否符合目标。
- 制定详细的解决方案，并准备实施计划。
- 审查和调整资金、费用和资源需求。
- 根据 ISO 26262 认证软件工具。
- 就计划结果与项目的所有参与者进行协调。

结果

在项目计划阶段结束后：

- 定义了项目工作内容。
- 估算了工作量和成本。
- 计算了项目的盈利能力，使流程结构化。
- 制定了产能计划、进度和资源计划。
- 协调了发布计划。
- 已启动软件工具的资格验证。
- 正式启动项目或其他相关活动。

3.6.3.3 项目实施

在整个项目执行期间，项目实施就是周期性地监控项目日期、贯彻任务、处理风险和可能出现的问题，并将其传达给所有项目参与者。

项目实施的目的是分配和跟踪必须要完成的工作，沟通所取得的进展，并启动必要的纠正措施，以使项目指标保持在项目容限内，即期限—成本—质量。目的是确保对所有工作进行监控，并控制风险和可能出现的问题。

做法

在项目的整个操作过程中，协调周期性、重复性执行的任务，其中包括以下活动：

- 协调发布计划。
- 监督工作包。
- 维护项目进度表。
- 跟踪项目风险。
- 定期性会议。
- 根据需要创建和传达项目状态。
- 更新并查看项目手册。

结果

成功地进行了项目实施以后：

- 当前的发布计划已得到批准并传达。
- 工作包列表已完成。
- 项目进度表得到维护和传达。
- 更新了风险跟踪列表，并给出了相应的措施。
- 待解问题得以记录和传达。
- 所有定期会议都将举行。
- 项目报告已创建并传达。
- 发布项目手册并传达。

3.6.3.4 项目完成

项目完成定义了一个时间点，在该时间点将达到项目的确定终点，其结果将被移交，并且可以解散项目团队。

因此，该过程的目的就是要定义这样一个时间点，在该时间点也将是确认项目的验收。这就相当于承认已经实现了项目合同中最初定义的目标（以及已批准的目标更改），因此可以将结果转交给客户，并解散项目团队。该过程的目的就是验证该项目是否可以被接受。必须确保针对所有未解决的问题和风险，都要提供有关后续工作的建议，并记录所得到的经验教训。

做法

该项目包括以下活动：

- 收集并记录项目中的正面经验和负面教训。
- 创建项目完成报告。
- 记录存档与初始项目目标的容许偏差。
- 必要时确定必需的返工。
- 移交项目结果。
- 解除项目管理。
- 重新整合项目团队。

结果

项目成功完成后：

- 记录正面和负面的项目经验。
- 创建了项目完成协议。
- 记录了与初始项目目标的容许偏差。
- 指定了必要的更改。
- 项目结果将移交给客户。
- 项目管理从工作中解脱。
- 项目团队已重新整合。
- 项目完成。

根据产品使用过程中的经验，对产品进行维护，必要时进行返工，出于这些项目后续工作需要，建议为此创建一个新项目作为持续性工作，因为企业一般不再将其计划在原项目内，员工也不再承担这类后续工作。

3.6.4 风险管理

到目前为止，风险管理尚未在总体过程中明确地提出和说明。其实，这一过程始终贯穿于整个项目管理过程。不仅在企业的财务部门，风险管理是企业合规性经营的一个重要补充，通常落实在相应的组织部门中。在这里，作者只是推荐了一些在汽车行业软件项目中，教学、文献和要求方面的抽象方案。

风险管理方法规范了风险管理项目中必要活动的内容之间的协调，所要遵循的最低标准。它为识别、分析、评估和监视，以及处理此类信息，设置了一个框架平台，就是遵守相关的规定，支持有序的工作流程。

风险管理策略，可包括以下5点内容：

- 及早（及时）识别风险。
- 将风险问题转交给专家或将其分解并落实到相应的组件或系统。
- 在组件/系统级别分析风险，并定义和实施已协调的措施。
- 持续跟踪可能出现的风险和纠正措施，并整合有关组件/系统级别的风险信息，逐步升级到专家成员和企业部门（组织和纪律形式）。
- 记录取得的经验和教训，以使其可用于后续项目。

各级项目经理要具体负责风险管理的实施。项目中的每个员工都有义务并有权利参与风险管理。

作为项目计划的一个基础部分，必须在项目开始之前，就收集、记录和评估可能出现的风险。一个完善的项目计划应考虑各种风险因素，并且不会过于乐观地制定计划，如果急于申请和启动项目，则会忽略可能存在的风险因素。

3.6.4.1 识别和评估个别性风险

首先，必须进行风险识别、收集和汇总。实践证明，以一个外部组织主持的研讨会形式，进行此项工作很有效益，项目参与者和其他受项目影响的人员均可参加这种该研讨会，主持人可以介绍一些其他企业风险管理方面的经验。为了提供风险识别支持性手段，可使用质量验证方法，比如5.13节中的FMEA、功能安全的过程建模。根据主题的优先级，以书面形式记录并组织参与者确定风险和进行分类。

对于每个识别出的风险，必须对其可能发生的概率和潜在破坏程度进行综合性评估。由此计算出所谓风险优先级（1、2或3），在一个初始性风险跟踪列表中，以文档形式记录每个风险，及其评估结果。

3.6.4.2 风险分析

至少，必须对风险优先级为1的高风险，进行更为详细的研究分析。还必须以书面形式作出以下明确说明：

- 风险发生的可能原因或情景，在什么具体情况下出现了风险？
- 风险时可能产生的后果及其影响。还会产生什么影响？
- 描述其替代方案。有哪些可选技术？哪些方案有助于减少或避免风险？

3.6.4.3 风险评估

一个风险可由以下因素组成：

- 风险明确的命名和描述。
- 其相应发生的概率，以百分比为单位，或者诸如：
  - 几乎不可能。
  - 不太可能。

　　－ 发生的可能性是 50∶50。

　　－ 发生的可能性很高。

　　－ 风险肯定会出现。

　　● 潜在的危害程度，可以欧元为单位，日期的延迟，术语（低、中、高），或者流行的红色/黄色/绿色，如同交通信号灯。

　　● 风险类型（时间 T = Time；费用 C = Cost；质量 Q = Quality）。

　　● 风险优先级。

3.6.4.4　确定优先级

　　确定优先级将设置风险评估中的重点：

　　● 主题。优先级所包含的主题，主要取决于项目类型，这还包括项目中的相关方面。例如，根据产品功能列表，一个项目中的所有组件或功能。

　　● 指标。对于每个主题都必须确定出其优先级指标，例如复杂性、创新程度、安全相关性等。

　　● 评估。必须对每个主题确定其指标的实现程度，例如，缩放比为 1 到 n 或百分之几。

　　● 评估和主题优先性。根据评估结果，必须为每个主题计算出其定量、数值型评估指标，例如，各个指标的加权。然后，可根据此指标，分配相应的优先级 Ⅰ、Ⅱ或Ⅲ。

3.6.4.5　确定措施

　　必须将相应的措施，分配给所有已识别的风险：

　　● 预防措施。

　　● 纠正措施。

　　● 风险转移。

3.6.4.6　风险跟踪列表

　　风险跟踪列表中，对每一个可能的风险，都记录和包括有以下信息：

　　● 至少要有一项有效的对策：提出减少或削弱风险的措施。

　　● 可验证的控制活动：旨在评估措施的有效性，并且要能验证是否已实施一项措施。

　　● 措施类型：预防/紧急情况。

　　● 预定的风险评估日期。

　　● 负责风险监控的人员。

　　● 注释所收集到的风险信息：

　　－ 避免风险的预防措施，包括负责人员。

　　－ 发生风险时的纠正措施（紧急计划），包括负责人员。

　　－ 从已执行的措施中获得的信息。

　　－ 记录已进行的评估和状态变更。

— 风险的实际状态（发生/未解决/已采取/正在执行的措施）。

像所有一般开发流程一样，风险管理是开发过程中的一项持续性活动。在企业的治理、风险限度和合规性原则的框架内，对此提出明确的要求和进行专门化设计。这一过程活动作为评估、审核和批准产品过程的一个组成部分，或者在调查造成损坏的原因时，本身也要受到询问和审查。

3.6.5　供应商管理

供应商管理描述了通常的买方与卖方之间，两者间关系的设计、控制和开发。供应商管理在产品开发中尤为重要。必须预先确定，并相应地设计这一该关系，究竟是劳务派遣还是生意分配。

供应商管理层与供应商一起，共同支持开发产品的工作，以便更迅速、更节省经费，而且保证质量最佳。在整体上要监控供应商，在风险管理的早期阶段就要确定供应商或承包商是否未按照标准和规范履行了其任务和责任。此外，它可以作为一种保障和证明，尽可能做到一切可以想象的事情，以避免将来在产品后续系列化投产后遇到风险、错误和异常情况，并在有疑问的情况下，可在法庭上出具证明这一点。

其目的就是与供应商建立起专业化、紧密且深入的合作，以避免合作过程中的"摩擦损失"，并节省时间、成本和资源，同时仍能达到所需的服务质量。

在此处所讨论的供应商管理涉及开发项目中，与供应商选择、控制以及在项目期间可能淘汰和更换供应商的过程。这里并不讨论社会或劳工法框架，这类框架由承包商和雇员合同起草，雇员为产品开发者或者在制造商的人员现场提供服务。

3.6.5.1　供应商选择

供应商选择旨在确定所有潜在的供应商。

意欲达到选择供应商的目的，就需要一种统一性的方法，可以对所有潜在和现有供应商进行调查，以便根据其结果作出战略决策。这意味着在具体运作层面，要能提供供应商资格的可比性，发掘其最优化的潜力，并降低采购成本。根据供应商资格和评估报告，可以为所需产品配置相应合适的供应商，从而获得最佳的性价比。

做法

供应商选择，包括以下任务活动：

- 寻找可能适合的新的或现有的供应商（内/外部）。
- 确定选择标准，根据评估进行供应商的初选。
- 评价供应商及其能力的资格。
- 供应商的深入审查。
- 委托交付给供应商。

结果

选择供应商的结果，就是从所有潜在候选者中，挑选出那些供应商，他们必须至少满足以下所要求的标准：

- 质量。
- 服务。
- 交货时间。
- 交付能力。
- 价格。

就供应商选择过程而言，既可以是发现和选择新的供应渠道，又可用于现有订单的供应商选择。

而选择本身就包括外部和内部供应商。内部供应商可以是自己的零部件厂，也可以是企业的技术开发部门。

3.6.5.2　供应商监督

如果供应商未能按照合同要求，提供合同服务款项或未进行约定的产品改进，则供应商管理工作就要持续地观察和敦促这类供应商并采取相应的预防措施。

供应商监督要始终确保客户能够明确地了解整个项目的进行情况，供应商的运作现状，供应商所提供的产品内容或者服务的成熟度。具体讲，旨在要能尽早地确认供应商的产品和服务是否符合质量、数量、成本和期限要求。如果这些无法保证，则供应商管理层要采取一定的控制性措施，确保供应商具有能力及时进行改进、精确而严格地遵守约定的订单合同。

做法

供应商管理工作，主要包括以下活动：

- 确切定义与供应商之间的沟通来往路径、实际内容、商业规则和升级机制。
- 对供应商的实际控制。
- 要定期监督和调节供应商及其功能。
- 检验供应商的所有交付产品和服务。
- 在整个项目生命周期中进行整体索赔管理（出现偏差时，需要改进或赔偿的要求）。

在整个过程中，供应商控制要在供应商共同参与下进行。定期在某些主题上实施进行，有时还可在供应商处。审查、评估和审核步骤是对供应商控制的补充，并构成了客户控制措施的信息基础。

结果

供应商控制的结果，必须是确保供应商至少能符合以下项目基本目标：

- 产品和服务质量目标。
- 费用支出目标。
- 交付截止日期。

如果不是这种情况，供应商管理层要尽早发现供应商的任何违约行为，以便在必要时能够采取相应的对策，减少对后续运作过程的风险，或者启动索赔流程。

3.6.5.3 供应商淘汰

供应商淘汰就是逐步地终止相互间业务关系，前提是如果供应商不能按照合同，满足所约定的产品性能要求，或者进行适当的改进。

淘汰供应商的目的就是有计划地逐步停止与相关供应商的业务关系，还应确保不再生成新的订单。

做法

逐步淘汰供应商，主要是这一活动：

- 逐步地终止与供应商的业务关系。

结果

逐步淘汰供应商的结果，应至少包括：

- 确切的进程和时间表。
- 订单量减少到"0"。
- 确保供应商对该项目不再具有任何战略意义。
- 与供应商正式终止业务关系的通知。
- 供应商合同的终止。
- 从企业运作系统中移除供应商。

3.6.6 软件变更管理

在软件项目或具体过程中，软件变更管理描述了从对软件的技术要求到组织框架的修改调整，还包括这期间对产品和过程本身所做的任何修改。

3.6.6.1 变更管理的准备

这一过程开始，首先是要描述变更管理的初始性准备活动。其目的是要创建一个可用于跟踪更改状态的功能环境。

做法

- 变更管理的负责人员创建和颁布变更管理策略。然后用选定的管理系统来具体实施和测试该系统，其实在软件市场上，很多开发工具制造商都可提供这种系统。
- 测试成功后，该系统即可投入使用，用来解决变更管理问题。
- 此外，项目团队还可以使用特定于更改方法的用户指南。

结果

- 定义并实施了变更管理策略。
- 变更管理系统已建立，并批准授权使用。
- 系统用户可以参照用户指南使用系统。

3.6.6.2　实施软件更改

这一过程描述了变更管理的实际操作活动。该过程的目标是以可追溯的方式记录和实施更改工作。

做法

- 变更要由项目负责人记录在系统中。
- 对变更进行分析，并决定其实施方式。通常要建立一个组织机构，即所谓的"变更控制委员会"，以确保多人监管原则，而实际更改是在开发过程或项目组织中给予实施。
- 有必要对变更进行测试，这取决于相关的开发过程。在组织变更中，就必须通过基于多人监管原则，进行运作来验证这一点。
- 检查是否已完成所有变更手续。

结果

- 更改已清楚确认。
- 更改已给予计划。
- 实施更改，并已检查审核。

3.6.7　软件配置管理

配置管理是所有产品开发活动中的一个支持性过程。它确定了在不同项目阶段中，哪些版本的软件、文档和产品，相对于所确定的基本准则。此外，它为分布式、并行开发和一致性的结果合并，提供了各种相应的选项。本书重点介绍一个项目中的具体过程。

在项目开始时，必须建立一个具有配置管理工具和规则的环境。一个配置工作完成后，配置管理仍将通过周期性、重复性活动，可持续性地支持开发过程。

3.6.7.1　配置管理的结构

配置过程以管理工具的形式，通常为一个信息技术系统和相关的数据库，描述了配置管理环境的构建，在商业软件市场上，开发制造商也可提供一些用于此目的的系统，它们通常与变更管理集成在一起。

这一过程的目的就是根据项目要求建立配置管理系统。所创建的框架可确保配置管理目标的落实，例如产品的完整性。

做法

配置管理员直接负责对新软件项目、配置管理环境进行创建和初始设置：

- 首先，创建一个简化的配置管理环境，以进行项目管理和系统分析。配置管理人员必须确保能维护配置管理环境、分配访问和控制权限，以及进行数据备份。
- 具备有系统架构的大体知识，就可以对配置管理过程进行更为详细的计划，从而可以确定和计划最终的配置管理结构、对象、发布和交付关系。

- 配置管理人员请求必要的信息技术资源，相应地扩展系统内容和功能，并将其确定和记录在配置管理计划中。
- 还要为配置管理使用者创建使用说明和提供业务培训。

结果

- 定义、确定并记录了对配置管理系统的要求。
- 配置管理工具所需的结构和版本已设置。
- 对所建立的产品结构，进行数据备份和访问权限控制，并确定和描述配置管理对象。
- 描述并在必要时实施项目中的供应商管理。
- 描述并实现了自动过程，可用于生成软件代码或编程对象。
- 配置管理计划已创建并获得批准。
- 描述了必要的配置管理过程，并告知和传达给项目团队。
- 根据要求审查配置管理环境，并获得批准运行权，可确保数据备份。

3.6.7.2 配置管理操作

该过程描述了配置管理活动的具体性实施。

这一过程的目的是综合所有项目参与者的工作结果，并以正确和完整的方式，提供给进一步的项目。这里重要的是在特定的项目时间点，描述工作的结果和内容。

做法

- 流程配置管理，在操作方面主要是在配置管理建立后，定期进行配置管理活动。
- 所有的配置任务可由配置管理员进行组织和检查。实施工作是由项目团队组建管理员（Build Manager）或配置经理本人负责，具体取决于相应的工作内容。配置工作的顺序由企业上级项目流程控制，因此实际顺序可以与此处介绍的有所不同。各项具体工作的启动由开发过程驱动，并且主要是由变更请求（Change Requests）触发，这是变更管理的一部分。比如，从数据库检入软件文件，创建基本准则或相应产品版本，以及完成测试。因此，"更改"工作是一个简单性、可操作的工作订单，产生具体的产品内容。
- 在此过程中，要由项目管理人员作出各项决定，启动各项具体工作，例如，一个软件的发放计划修改，或者一个软件发布的后续声明。
- 软件产品配置及其软件产品的创建，都可由组建管理员进行。
- 如果软件产品的配置需要由在不同环境下，或者不同团队组织开发的组件，则可引入一个集成管理员（Integration Manager）或测试员，辅助和支持组建管理员，为配置管理提供技术支持。
- 无论软件开发进度如何，可定期进行一些审查和督促性活动，比如创建配置管理报告。

结果

- 维护和描述的配置组成元素（文件、基本准则、产品）。
- 配置管理计划。

3.6.8　解决问题过程管理

问题管理描述了由于技术原因跨越项目组织框架，直至一般性参与开发的组织和供应商问题，而引起的任何产品更改。解决这类问题就需要一个所谓相关的升级策略，即不受企业组织结构限制、非依赖性的向上报告形式，比较具有积极性的例子，可以是匿名举报人或者项目监察员。下面介绍的重点更多地放在项目的具体工作步骤上，这样的问题管理被理解为企业正常的工作。

3.6.8.1　准备待解问题

此过程描述了待解问题管理中的准备活动。该过程的目的是创建一个可跟踪、可能出现问题的功能性环境。

做法

- 问题管理层要创建一个解决问题的管理策略。
- 问题的管理策略由所选择的系统给予实施和测试。
- 测试成功后，该系统即可使用，用来解决问题。
- 要为项目人员提供解决问题的方法手册。

结果

- 定义并实施了解决问题的管理策略。
- 解决问题管理系统已建立并批准使用。
- 系统用户可以使用问题解决方法手册。

3.6.8.2　解决问题

此过程描述了问题管理的具体操作活动。该过程的目的是协助项目人员解决所涉及的问题，使其满足相应的标准：

- 问题不能仅由一个项目成员自己解决。
- 问题需要在一个项目计划中给予安排和处理。
- 问题解决之后，必须由所负责的管理层给予记录备案。
- 解决问题可能需要大量企业资源，并且必须得到（子）项目经理的授权。
- 问题或其解决方案都应该记录在案。

做法

对一个问题就需要采取相应的行动，例如，可以是较为困难或悬而未决的任务，还可以是难以回答的和复杂的问题，以及通常性的错误。通常，可将问题简单分为"结构不良的问题"和"结构良好的问题"。为了能够更好地解决问题，可将其再分解为多个更为简单的子问题，或者对某些问题已存在有解决答案。这里是一个不涉及个人，更是一个具"经验教训"性的学习过程，在项目结束时非常有帮助。

具体的问题解决可能在两个极端之间：

- 尝试和疏忽。
- 通过洞察学习。

一个项目成员注意到了一个问题。这些可能是属于企业组织问题、产品开发的技术问题或信息技术问题。因此，员工首先必须评估问题所在。

对于组织性问题，可以口头或书面形式报告给项目管理人员，作为常规项目运作的一部分或者采取特殊措施，把问题放下。尚没解决的组织性问题，可记录在案，在项目进行中再尝试解决，然后告终。信息技术问题呈报给相应的信息技术主管部门（如果有），并在那里记录备案。他将委托有关负责部门，提出问题解决的方案，并给予实施和结果跟踪。

此外，问题解决过程仅仅涉及解除要开发产品中的技术问题。如果发现一个技术问题，通常的报告方法是将其明确描述和记录入问题管理工具中。但是，如果预计该问题会威胁到人的生命和健康，或对企业造成巨大经济损害，则必须立即以口头或书面形式，通报给项目管理层。为此，如上所述，必须事先商定升级策略和机制，使项目员工的报告不会因其合规性，被误解更改而导致不正确的决策。

一个待解决问题要由项目人员填写和记录在问题管理工具中。然后对问题展开分析，并在分析后决定下一步如何操作。如果决定要真正解决一个问题，则必须根据相关的开发流程，对其采取解决措施和进行结果测试，如果结果令人不满意且难以接受，则必须在进一步的开发周期中，对其继续进行处理。如果在这一解决方案测试阶段，认为结果可以被接受，则在解决过程结束时，根据该过程检查中所有活动的完整实施情况，最后生成问题完成报告。

结果

- 已确定了待解问题和其严重性。
- 如有必要，立即采取了行动。
- 问题已得到明确的识别和分析。
- 定义了解决方案。
- 已针对该问题，实施了解决方案。
- 对解决了的问题进行了测试，并记录了测试结果。

3.6.8.3 发展趋势报告

该过程描述一个通过多方协商、定期性创建软件发展趋势报告的过程。

这种发展趋势报告可用于项目管理。目的是探讨和识别软件开发问题的趋势。将其作为软件开发度量标准，提供给项目管理人员，以进行进一步的判断分析。

做法

- 相关数据信息由具体负责的管理人员以报告的形式提供。
- 这些数据信息将由项目监督人员进一步整理并传达给项目管理人员，例如，可轻松识别经常出现的软件问题。

结果

- 问题发展趋势报告已创建。

3.6.9　软件发布管理

软件发布管理流程覆盖了软件产品审批工作的基本内容，这些工作嵌入在流程模型的计划、开发和确认过程中。

3.6.9.1　版本发布前准备

在准备发布时，将存档发布所需的所有工作记录和相关文档。

这一准备过程的目的是清楚地列出所有与准备发布有关的文件。

发布策略必须适合于项目内容或其特征，这包括与项目相关的发行类型和级别的概述，也意味着要对文档格局进行调整。此外，在发布文档中必须定义在项目框架内进行软件变更后的处理活动。对于与供应商合作的项目，文档指定了与何人以及如何审查了供应商要发布的文档。

做法

根据发放相关工作中描述的内容，进行相应的发放准备工作。

结果

- 准备工作一旦完成，便可以进入发布过程。

3.6.9.2　版本发布实施

产品发放后，还要存档所有与发放相关的文件。这一过程的目的就是清楚地列举出与交付相关的所有活动和文件。

要创建软件发布报告，在保证完整性和正确性前提下，列举和记录该次发布工作所涉及的软件内容，例如，软件测试状态列表、软件集成、软件单元发布报告和应用说明。通过相应的软件发行报告，就是书面确认了所创建的软件，已按照约定的测试内容，进行了开发、具体实现和存档记录。如果发布报告中有任何限制性内容，都要详细地记录在案。

做法

- 发布过程主要是进行各项与产品交付相关的活动。

结果

- "执行交付"过程的结果就是最终批准了产品的发布。

所谓摘要性的产品发布文档主要在于开发活动和产品的一致性，这也包括针对该产品的流程。

要用多人监督原理对产品进行审查、签署和交付。与签名授权相关的法律规范在《德国产品责任法》中有具体规定，在此不作为本书的内容部分。

通过发放，从组织角度就可以说软件开发工作已结束。

需要再次强调的是，本书内容基于多年的工作经验，所谓"最佳实践"知识，而不是具体特定的业务流程。每个企业都可衍生出自身的流程，并将与其企业结构、文化和安全等级结合，调整适应项目中要开发的产品。

3.7 基于 C 语言的人工编码

在软件开发技术方面，人工编码多是使用一种高级语言，例如 C 语言，下面将着重讨论基于模型的开发。

对车辆中的控制单元进行编程时，很少使用面向对象的方法。在本质上，是使用"ANSI – C"（参考文献［7］），其功能范围在开发与安全性相关的系统［例如，汽车工业软件可靠性协会（MISRA）规则］时，在某种意义上受到了一定的限制。针对车辆信息技术进行编程，还有一些其他特殊性的框架条件，这是前面多次提到的系统安全性所致。

这里，一方面是编码标准或指南。鉴于软件的复杂性不断增加，要考虑具有不同知识背景、专业经验和编程方法的不同开发团队，他们必须在一个项目中共同协作，有时在全球化和网络化的世界中，不同的思维理念甚至文化背景都无法使团队合作变得更加简单，并且有可能会导致项目的失败。

在此，如果所有开发人员使用共同的编码标准，这将会大有帮助。它使代码更加同构和统一，易于在项目中进行代码互换、互相理解和共识。无论员工属于哪个组织团队，都可以适用。对客户的任务而言，就要定义或者使用统一的编码标准。如果客户本身希望实现自己的某些功能，并将这作为开发过程的一部分，则尤其应该如此。如果与外部合作伙伴达成协议，交付源代码，则按客户要求所标准化的源代码至关重要，这可确保可维护性或满足验收标准。这也使供应商的管理工作更加简单化。

编码标准可导致：
- 提高代码的可读性、可维护性和可重复使用性。
- 减少编码阶段中的错误。
- 特别是为新员工提供支持。
- 辅助外部开发伙伴。

编码标准不是永久固定不变的。它是在新的开发环境、技术和其他辅助源代码条件下，不断地更新发展而来。这里也吸收了以前项目所积累的经验。当然，如果没有多重控制机制、版本发布和变更规则的批准，也就无法对编码标准进行更改。

C 语言可用于实现功能和模块。它的代码是可移植的、高效的，具有实时能力且面向硬件机器的。但仅有在考虑了一定的规则情况下，才可以在与安全相关的软件中使用。因此，必须使用一定的规则，来限制 C 语言提供的过多可能性。

可适用的具体规则或编码标准：
- 指标限制。

- 符合汽车工业软件可靠性协会（MISRA）的规则。
- 防御性编程。
- 创建新模块时的代码模板。
- 布局和源代码格式指南。
- 遵守命名约定。

可以使用软件工具 Logiscope（法国 Telelogic 公司推出，专用于软件质量保证和软件测试的产品）和 PCLint（GIMPEL SOFTWARE 公司开发的 C/C＋＋软件代码静态分析工具）来检查指标，以及符合 MISRA 规则的程度。还有，Polyspace 工具（MathWorks 开发的静态程序分析的工具）可用于验证，是否已使用了防御性编程。经常是编程的早期审核阶段，参照检验清单对源代码，检验其编码标准实施情况。

3.8　基于模型的开发

本节将介绍基于模型的开发。这里，一方面必须要区分系统的纯建模是用于描述和在仿真系统或 PC 上执行，而另一方面则是基于模型的软件开发。这第二个方面的目标，就是根据图形描述，生成可执行的控制单元代码。

3.8.1　电子组件模型

电子技术中的建模和基于模型的开发，都是业已成熟的技术和过程。现在，已不再人工进行电子元件接线，而是使用技术解决方案的插图，即一个模型中的电路，例如，电路板布局或逻辑电路的布线。这种电路的一个模型，如图 3.2 所示。

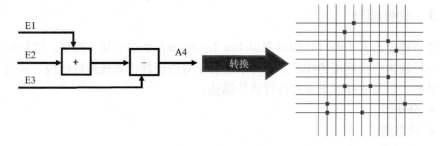

图 3.2　电子组件模型

这一模型抽象化了复杂的半导体和电路技术，可以尽快地了解电路或控制设备的功能。这一模型和相关的开发工具，还允许可简单地以图形方式"组合单击"复杂的功能，可在一个模型库中收集和重用经过验证的组件时，提供广泛的技术性支持。这些模型的实现可以通过代码生成器或自动创建硬件网表进行，如 1.11 节所述。在某些情况下，也可使用所谓已商业化且优化的黑匣子模块构建元件库，它们是在目标硬件上使用特定的电路模块。

除了更好的代码可读性之外，模型还更容易切换到不同的量化方式（8 位、16 位、32 位等），但是这在布线层面上很困难。因此在当今的软件开发中，几乎始终使用具有高度抽象性、基于模型的开发系统。

3.8.2 控制电路模型

在许多电子技术开发领域中，要对控制单元所控制的物理系统（受控系统）进行建模，这就是进行设备仿真，也是控制单元设计的基础。这种受控系统的模型可以在个人计算机、大型仿真计算机上实现和执行，在某些情况下可以是实时计算机和实际零部件。在第 4 章中，有关软件测试的"硬件在环技术"中将对此进行详细说明。其目的是收集控制单元对控制对象的影响，而不必完全创建目标系统。

通常，以 Matlab/Simulink 用作建模语言。例如，创建传动系统或整车的大致模型。这类模型具有多种级别的准确性和抽象性，可以以多种方式使用。在模型中，它具有以下优点：

- 错误更容易被发现。
- 错误更容易被理解。
- 错误更容易被纠正。
- 替代方案易于审核。

还可以从复杂仿真模型中，利用其简化和优化版本生成控制单元代码，预测在操作期间受控系统的运作行为。另一种可能性，就是通过仿真生成数值表，然后可以将其作为参数，存储在控制单元的数据区域中，正如 1.7.5 小节所述，无需更改软件，就可发布启用。

3.8.3 软件模型

统一建模语言 UML（Unified Modeling Language）是用于基于模型，进行软件开发的一种较为广泛使用的技术。它特别适合于对逻辑软件系统进行建模，通过用例描述系统，以及通过以下方式进行软件描述：

- 分布图。
- 状态图。
- 序列图。

功能网络是系统架构种抽象模型的另一个代表。它主要用于对逻辑系统架构进行建模，并为 2.9.4 小节中所介绍的 AUTOSAR 方法提供技术支持。

3.8.4 基于模型的代码生成

到目前为止，除了纯粹为了描述现有系统，而显示模型内容之外，现在还可从控制单元的模型中生成软件代码。这也可以包括为受控系统，实现一个简化的模型，以便能够预测其控制单元的行为。

所谓模型驱动，或基于模型的软件开发（Model – driven Software Development）就是从描述性模型自动生成可执行的软件代码。这里关键在于尽可能地避免在开发软件系统时进行重复性的工作。因为无法仅通过编程语言，查找到描述软件系统中基于不同事实的适当抽象描述，进而无论目标代码如何，都可以使用某个特定领域中模型形式的适当抽象。其生成步骤如图 3.3 所示。

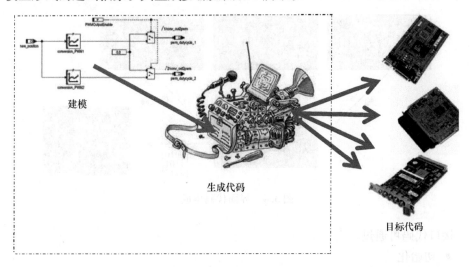

建模

生成代码

目标代码

图 3.3　基于模型的软件开发

由于抽象度的提高，对问题的描述将更加清晰化、简单化和冗余减少。这不仅可以提高开发速度，而且可以确保在项目中，更清楚地理解其方案和文档内容。此外，通过将技术映像和业务模型分离，就大大简化了软件的开发过程。测试也更加容易，因为不再需要测试每行代码，而是进行示例性和代表性的测试模型。由于测试是使用开发工具执行的，因此可以快速、轻松地验证模型功能。

类似于手动编程中 C 语言的编码准则，还可以创建和绑定建模准则，以确保在开发人员之间或者建模工具之间模型的互换性和可移植性。但是，这些都特定于一定的范畴，并且难以概括性说明，在此将不进行详细讨论。当然，一方面是控制单元外部的受控系统模型，另一方面是要实施的控制单元代码，这两个建模准则之间尚存在有某些差异。

3.8.5　接口代码的生成

虽然仅有少数软件制造商，他们具备了从复杂模型中生成功能软件系统代码的能力，而生成接口代码，相对就很容易。这既适用于第 2.9.3 节中的标准，所描述的软件模块的接口，也适用于汽车制造商或者供应商软件中的任何专用接口。对重复性专用接口的编码，软件工具制造商并不提供这类功能。所以，解决方案就是自己编写代码生成器，实现此类简单规则，即从接口描述到接口代码生成。另一方面，这类特定代码生成器是可以自动进行 ECU 代码中，测试用例的生成（所谓仪表化），这将在 4.3.3 小节和 3.11.7 小节中叙述。

图 3.4 示意性地显示了，如何生成控制单元软件中的各种组件，这些都是以不同的方式，通过商业代码生成的，具有复杂功能的专用代码，可用于接口代码和测试代码，都可通过直接性地用已完工的基本软件来实现。

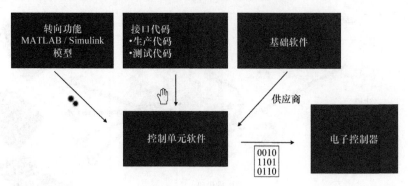

图 3.4　界面代码生成

接口代码可通过

- 初始化
- 定期调用
- 终止

生成接口，也可在测试代码中设置测试值。比如在图 3.5 的示例中，就描述了功能如何访问基础软件。如图 3.6 所示，可以使用领域特定语言 DSL（Domain – Specific Language）描述接口文本，因此可以形式化，并且可检查语法和语义（参考文献［11］）。

除了接口编码准则的标准外，这还可以

- 紧凑的描述
- 消除冗余
- 与规范需求的明确相链接

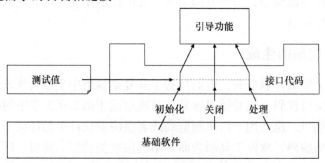

图 3.5　接口代码的功能

```
001 /* file: Exx.c            001 envelope Exx {
... ...                       ... ...
230 void Exx_Process(void){   011   init {
... ...                       ... ...
328 void Exx_Init(void){      015   shutdown {
... ...                       ... ...
356 void Exx_Shutdown(void){  019   process {
... ...                       ... ...
370 end of file Exx.c*/       072 }
```

图 3.6　领域特定语言的界面

通过这种方式，与 C 接口和测试代码的手动编码相比，这就可以大大节省开发人员的手动输入工作（图 3.7）。在经常性的局部性更改，或者调整接口的情况下，自动化的全部性潜力就尤为明显。

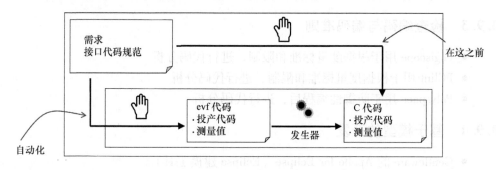

图 3.7　接口更改

- 该步骤以前只能人工执行，现已部分自动化。
- 规范被人工转换为模型中的所谓信封代码（Envelope – Code/evf – Code）。
- 然后，从信封代码自动生成 C 代码。

3.9　开发工具

为了支持所描述的软件开发过程和方法，使用了各种辅助工具，软件工具或开发工具。这里将示例性说明，哪些工具可应用在具有当今技术现状的，以及哪些不同领域。在此并不要所求应用领域的结构性、完整性、专有性，也不能保证其当前性。这些纯粹是从编写本书时，从工作实践中抽取得出的，在此且不对这些工具进行任何评估。

3.9.1　安全分析

- APIS，德国联邦信息安全局负责为德国政府管理计算机和通信安全。其专业知识和责任领域包括计算机应用安全、关键基础设施保护、互联网安全、安全产品认证和安全检测实验认证。

● Medini，该软件可以将主要的安全分析方法（风险与可操作性分析、故障树分析、失效模式与影响分析、失效模式、影响与诊断分析）全部整合到一款集成工具中。它支持一致、高效地执行安全标准所要求的相关活动。

3.9.2 控制单元软件的人工编码

● 代码模板（Code – Templates，即已经指定标准后缀的 . c 和 . h 的 C 语言文件）

● 合适的编辑器，以支持编程工作（Code – Warrior）

● 来自编译器制造商，带有调试器（Debugger）的工具库

● 来自处理器制造商，带有调试器（Debugger）的工具库

● 带有目标处理器和 PC 连接的评估板

3.9.3 检查编码与编码准则

● Logiscope 用于根据度量标准和限制，进行代码分析

● PClint 用于根据度量标准和限制，进行代码分析

● Polyspace 用于防御性编程后，进行代码分析

3.9.4 基于模型的开发

● Gentleware 的 Apollo for Eclipse（Eclipse 建模工具）

● Artisan 软件工具中的 Artisan Studio

● ETAS 的 ASCET（／SD）

● Elektrobit Corporation 的 GUIDE Studio

● DELTA 软件技术公司的 HyperSenses 和 ANGIE

● Esterel Technologies 的 SCADE Suite（用于安全关键性应用程序的 MDSD 工具）

● MathWorks 的 Simulink（扩展到 Matlab）

● dSPACE 的 TargetLink

● TOPCASEDEnterprise Architect（开源工具）

● MathWorks 开发的 Stateflow

3.9.5 用于测试的开发工具

● CTC 覆盖测试（Test Coverage）

● SYMTA/S 和 AbsINT 用于软件计算时间分析

● 制造商的特定软件在环工具

● 制造商的特定硬件在环工具

3.9.6 用于通信的开发工具

- Vector 的 CAN 工具库：与控制单元的通信
- dSPACE 工具库
- 车间级别的 VAS – Tester/ODIS

3.9.7 其他/信息技术基础设施

- 需求管理：DOOR
- 配置管理：CMSynergy/MKS/ClearCASE
- 变更管理：IBM Change
- 跨越企业的数据库系统中管理现有的软件

3.10 平台软件的模块套件

软件开发和标准化的一个目标，就是尽可能地一次性开发而多次应用。在此，直观的方法就是直接式重用，而无需更改已成型的模块。这与市场上销售的模块（比如 CAN 驱动程序）的区别在于，即使是很复杂的客户功能，比如，泊车助手也可得以应用，并加入到其模型库中。

但是，经常需要或存在这类可能性，即希望所开发的模块可更改，可参数化，甚至可配置，以使其适合更多的应用场合。2.9.4 小节中的 AUTOSAR 标准，或者 2.9.2 小节中的 OSEK 模块都在追求这一目的。此外，可以在自己的开发环境中创建一个平台软件方案，从而可以提取已完成的模块，从而更有效地提高软件开发效率。

使用模块化套件或平台软件，其目标和应用就在于：

- 编码一次。
- 测试一次。
- 发放一次。
- 参数化并配置多次。

下面将通过一个简单的示例，介绍一个特殊的软件项目的平台软件，它是采用通用模块化套件进行产品配置。可以自由选择图 3.8 所示的模块化套件制造商，其中字母类比对模块化套件的配置非常重要，并且这也可以在日常生活中的许多领域中找到。

重点是在一个套件（Construction Set）中存储软件的基本模块，通过配置可以从中直接生成项目所需的控制单元代码。该套件应在数据库基础上实现，以便在最大程度上利用工具支持模块化套件管理和控制单元代码的生成。通常，这类模块化套件的内容由先前项目中，成功部署的模块给予填充，它们不必具备全部功能。

图 3.9 所示的模块化套件，它显示了软件架构中，如何由类似的单元字母构成模块或单元。

该软件架构中的一个软件单元经过了完全编码，测试和批准。一个字母对应于软件架构中的一个模块或一个单元。每个模块都最好采用 C 语言编程，并包含有操作（功能、函数）。每个模块可以有一个变化部分。模块中功能 B 的变化，可由 "B" 或 "b" 体现。在此示例中，这就是使用了字母，仅限于两个变体。当然，在 "真实" 数据库中，不必使用字母进行标记，而可以使用更多的抽象标记，来实现更多的变体。

将模块构成模块数据库，可由图 3.10 所示的字母描述。

图 3.8 模块化结构套件：Maggi 和 Maggi 徽标是雀巢公司的注册商标（图片来源：Maggi）

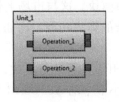

对应于

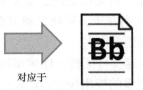

• 功能: 字符 "B"
• 变量: B, b

来自软件架构的单元

模块

图 3.9 软件架构中的模块

模块

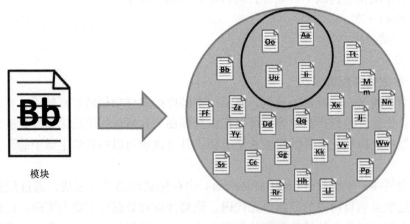

模块数据库

图 3.10 模块数据库中的模块

- 在示例中，模块数据库包含有 25 个模块，这些模块都具有功能的变体，在这种情况下，由大写或小写字母标识。模块化构造工具包中的字母不必是完整的，这在后面叙述。

- 每个模块只能使用一次。

- 根据一定的规则将模块分组。在这一示例中，就是一组可以形成元音变化的字母。

从模块数据库中提取出与产品相关，可构成功能组的字母。如图 3.11 所示，该图显示了从模块数据库派生出平台数据库。

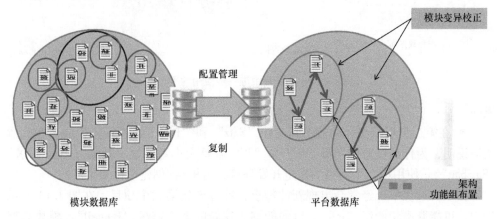

图 3.11　平台软件

- 模块数据库现在是并且仍然是通用性的，它与具体要开发的某个产品没有关系。从物理意义上讲，它最好是数据库，而不是文件系统。

- 在模块数据库中，字母组通过配置管理 CM（Configuration Management）复制到平台数据库，这仍不是文件系统。在功能组中对模块变体进行校正，这些功能组定义在项目特定的架构中。类似的字母，这意味着大写字母、小写字母或两者组合，都可以作为具体的特定于产品的模块变体出现。

- 在平台数据库中汇总了模块的现成变体，以形成特定于项目的功能组。

在此示例中，作为客户的需求，术语"Bausatz"和"Satzbau"是软件功能。提取出所需的字母，校正其大小写，构成功能组"Bbau"和"Ssatz"作为基础。很显然，数据库中的这种形式还不能用作在项目中生成功能。为此，还需要执行一个步骤。

在下一步中，应在开发环境的硬盘上创建用于项目（所谓构建/创建可执行软件）所需的文件。图 3.12 显示了具有功能组"Bbau"和"Ssatz"的平台数据库。

- 为这两个项目创建了配置描述。

- 在第一个项目中，通过校正生成功能组和文件"Bau"和"satz"，"Bausatz"功能（客户需求）是使用第一个项目的特定开发环境，由构建/创建软件生

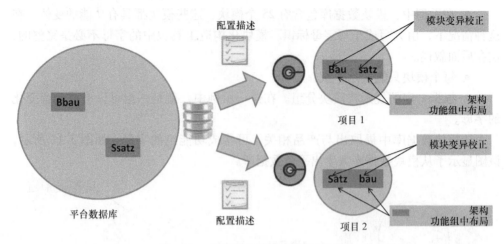

图 3.12 在项目中进一步使用的平台

成的。

● 在第二个项目中，功能组和文件"Satz"和"bau"通过校正生成。在此清楚地说明，为什么仅对于字母"S"和"B"需要大小写。这一功能（客户需求）"Satzbau"是使用第二个项目的特定开发环境，由构建/创建软件来生成的。

在项目过程中，经常会出现新的需求，就可创建第三个项目。在图 3.13 的示例中，可能取出功能组"teil"，以便能够实现新的客户需求"Bauteil"。模块数据库当前包含有 25 个模块，"E"功能尚不存在。

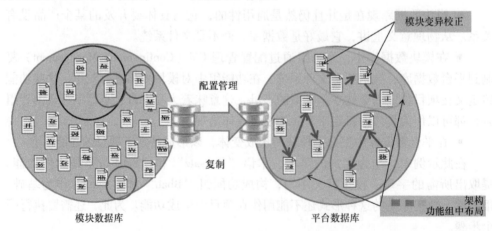

图 3.13 从模块化套件衍生出新平台

第一步，将所有先前在模块数据库中的功能进行分组，这可借助配置管理，如同前面一样，再将这些功能复制到平台数据库中，在那里进行校正，并形成功能组。使用占位符"_"留给尚缺少的字母"E"。

在下一步，像以前一样将平台，连同占位符"_"和第三个项目的规范配置说明，从平台数据库复制到硬盘，并在那里进行校正。

- 硬盘驱动器上的新平台，如图 3. 14 所示，创建了"Baut_il"。
- 必须在项目中重新开发功能"E"。
- 仅根据需要开发变体"e"。

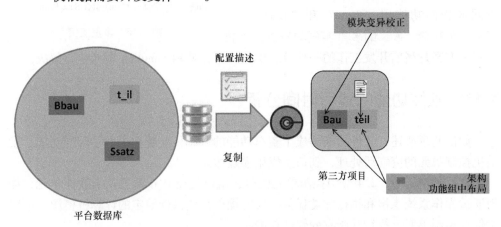

图 3. 14　硬盘驱动器上的新平台

这意味着可以根据"Bauteil"功能构建/创建第三个项目中的客户需求。变体"e"仅可用于第三个项目，尚不属于数据库的一部分。但是，目标是让这一发布的模块可用于所有项目。

实现此方法，其目标就是将新功能写回到平台数据库。为此，首先检查模块在所有项目中的可适用性。写回模块"e"时，新功能将被写入平台数据库，然后可将其转移到模块数据库。写回过程，如图 3. 15 所示。

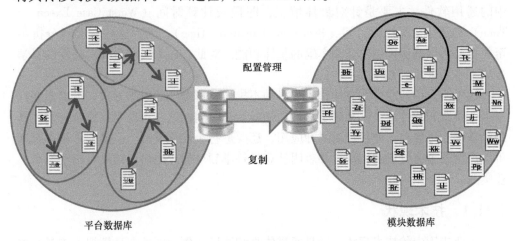

图 3. 15　基础写回

由于在第三个项目中，仅开发了变体"e"而不是"E"，因此"E"仍然还不能用。这一变体可以以相同的方式开发和写回到另一个项目。通过这种方式，平台数据库得以发展，并为企业后续项目提高经济效益作出贡献。

在这种情况下，多重实例（Multi - Instance）是一个特殊的挑战。图 3.16 显示了在不同或相同功能组"Ssatz"和"Bbau"中，同样一个功能"A"的多重实例的概念。所需

功能实例：字符 A 在功能组合 Satz 和 Bau 中

图 3.16　多重实例

的解决方案是当前开发工作的一部分，例如，可以使用 Simulink 等元语言解决。

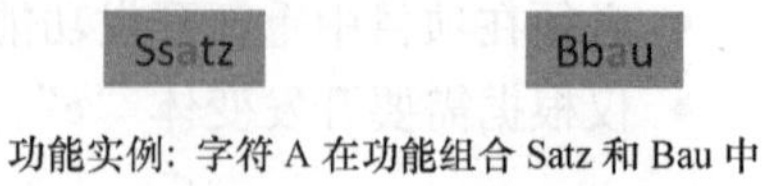

3.11　软件功能的运行时间分析

如前几章所述，软件功能构成了整车功能的基础，这覆盖了电子转向功能，发动机控制单元的废气后处理，到信息娱乐多媒体。

在这种情况下，2.4 节中控制单元内容，就已提及和介绍了几个软件单元，如何通过操作系统承担和执行此类任务。实时操作系统借助给定的计算机资源，可以确保在控制单元上执行其所有的软件功能。

对此，作为基础性工作，除了确定存储器要求之外，还要确定一个软件功能的计算时间。通常，为控制单元所分配的所谓计算时间，其目的是要确保总体系统的时序，因此就必须确定所集成的每个软件功能的最长计算时间。这也是汽车工业中分布式开发的技术保障基础（参考文献 [16]），其中汇集了各种来自不同部门、服务提供商或者模块化套件的软件功能。

在本节中，将提出一种具体性的混合式方法，用于分析和测量车辆中各类软件功能的计算时间。该方法适用于车辆中的所有软件功能，也可用于嵌入式实时系统中的通用软件。主要是针对最坏情况，即最长计算时间（Worst Case Execution Time）和最佳情况执行时间（Best Case Execution Time），因为这些在实时分析中至关重要，以确保控制单元和车辆的整体功能。对此，还有很多更为广泛性的科学方法（参考文献 [12]）。

这里所介绍的混合式方法代表了一种不排斥其可能性的思维方式，可以根据汽车工业实践和软件测试，来确定软件功能的计算时间。这并不说明它完全有效。其理论基础亦可修改，而且针对每种应用，还要进行个性化设置。但是，其基本原理可以提供若干有价值的信息，并表明计算机科学领域的应用研究结果可用于汽车工业实践。

3.11.1　技术现状

工业应用中的技术现状，就是通过仿真和测试，例如硬件在环模拟器或者所测试车辆，以获得对实时操作中系统行为的评估。这些检查可用于单一领域的技术分析，因为它们仅涵盖一个或几个案例，并未考虑所有可能的案例，而这通常是要验

证的范围。

对于这一领域而言，分析性工具可实时性地确定功能软件的运行时间和中断服务程序。因此，这些工具适用于各任务级别，观察实时系统行为。但是，在过程级别进行基于程序路径，进行计算时间分析时，它们在分析准确性方面存在一些缺点，因此在单独考虑组件时要将其排除在外。这是基于以下事实：这些工具是为嵌入式实时系统广泛性应用而开发的，因此无法在分析中考虑所有不同架构的独特性。

尽管存在这种现实情况，但在汽车领域，认识和了解硬件和软件是可靠地确定运行时间的前提。因此，以下部分将概述性确定计算时间的主要特征。在文献和以下内容中，运行时间和计算时间是同义词，但并不总是统一或一致地使用。

3.11.2　影响计算时间的因素

程序的计算时间取决于许多因素，可以与硬件或软件相关。这里将仅讨论以下因素。

- 输入数据依赖性

根据程序的输入数据，运行不同的程序路径（参考文献［12］），例如"if/else"语句，或者"switch/case"语句。同样，循环的执行次数通常也取决于输入数据。因此，运行时间的确定必须基于一个明确定义的状态。

- 计算机架构

目标系统的架构对运行有重要影响。这包括处理器的速度和其他功能，例如，指令流水线结构、缓存、内存和协处理器。还必须知道缓存的大小、类型、关联性、缓存大小和替换策略。有了这些知识和数据，就可以测试最坏和最佳运行情况。流程更改和中断可能会导致运行时的更改。在参考文献［6］中介绍了计算机架构及其量化处理。

- 编译器选项

高级编程语言生成的代码，要依赖于编译器进行优化（参考文献［11］）。比如，编译器的不同地址计算或者寄存器分配策略。这就意味着只能针对各自特殊的编译器，编写程序运行的语句。

- 对运行环境的影响

为了进行测量，软件程序还必须配备其他一些命令，例如，描述计时器或端口。但是，这些功能会移动代码的地址空间，占用资源，并消耗计算时间，进而它们本身影响了缓存和占用了指令流水线。因此，还必须考虑插入测量指令，会导致高速缓存的更改，进而高速缓存预分配中的相关更改。再有，将运行测量数据传输到应用程序的内存，这也需要额外的运行时间。这意味着，必须考虑存储器或总线的等待时间。使用校正值，或者将其作为测量开销，就可兼顾到难以实现的系统状态。因此，直接性测量就需要对架构有精确的了解。只有从外部可访问的，才可以直接测量。再有，设置硬件需要很多工作。根据测量方法不同，测量结果也会受到不同程度的影响。

3.11.3 测量方法要求

在工业流程中，对软件功能运行时间的基本要求，可总结为以下 3 点：

- 如第 4 章所述，应将运行分析过程集成到功能或软件测试中，因为无论如何都要进行此分析。
- 运行分析的工作量应尽可能少。
- 运行分析应尽可能精确，即应将分析结果的不准确性降至最低。

按照工业实践，这就导致必须进行以下形式性的验证：

- 运行分析必须在真实硬件上进行。
- 检测应该有具体意义，例如无冗余。
- 如果在测量后，运行行为基本保持不变，则仪器设备的费用应较低。这意味着最终产品代码和测量代码在验证意义上必须是相同的。
- 检测不得更改代码的功能。
- 运行分析应快速，费用低廉。

已在 3.8.5 小节，生成接口代码的内容中，实例性地介绍了一种用于代码自动检测的方法。

3.11.4 混合式计算时间分析

在图 3.17 中，T_{min} 和 T_{max} 定义了一个时间段，这是一个实时系统能保证其实时能力的时间长度。这种时间期限必须得到满足。分析性计算时间由 t_{BC} 和 t_{WC} 定义。排除掉分析的不准确性，实际计算时间为 t_{min} 和 t_{max}。下面将案例性地介绍分析和静态方法组合，确定最佳案例（t_{BC}）和最坏案例（t_{WC}）运行情况。

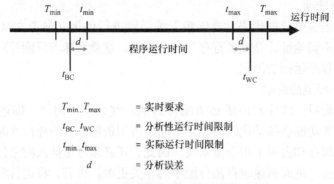

$T_{min...}T_{max}$	= 实时要求
$t_{BC...}t_{WC}$	= 分析性运行时间限制
$t_{min...}t_{max}$	= 实际运行时间限制
d	= 分析误差

图 3.17 程序的实时要求和计算时间

这一案例分析通过所选择的输入数据启动计算程序。这种方式可直接测量运行时间，在实际硬件上确定运行中的程序路径。就静态分析而言，无需选择用于最坏/最佳情况的输入数据，就可以确定整个程序的运行时间，这与具有复杂控制过程结构，个别情况相反。分析性方法在准确性、实施性和针对复杂程序工具的适用性方面，都有其局限性。尽管数学计算总是有效的，但是如果在计算机协助下进行，运行的终止时间通常不太合理。

3.11.5　软件环境

为了能够确定实时操作系统（Real – Time Operating System，RTOS）对软件执行时间的影响，就必须清楚地了解 RTOS 的机制。一方面，要知道所谓中断（Interrupt）处理，即在何时，以何种方式，将测量步骤从中断服务程序（Interrupt Service Routine）中切断，以及何时再重新恢复该步骤。还必须考虑到，一个任务被另一个任务从缓存中移出的影响。

这里最重要的是所谓最长惩罚时间或加载时间，而这是由于测量过程引发缓存内容改变而导致的。对于中断的处理而言，这就意味着首先在程序运行期间中断测量过程，然后从运行时间段中扣除。这一假定的前提就要求单独记录中断时间，或者其持续时间是已知的。另外，可以选择在程序运行期间取消中断。但是，在此就必须检查，在安全相关软件开发的背景下，使用编程指南规范以及经过认证的工具，在多大程度上仍然可以进行修改，并且可以在实际产品中应用这些修改。

3.11.6　对软件功能的分析考虑

对软件组件进行代码分析，以便大致获得程序运行结构和特性。必须确定程序的运行状态，以及这些运行状态之间的转换。另一方面，还必须分析源代码，并创建相关的控制流程图。而模型检验是基于人工编码，或者生成的源代码，所谓的产品代码。

目的是利用所获得的知识，来估算运行分析中的成本，并确定其中的各个软件部分，以及运行分析中的测量段。一个有效的运行时间测量，其前提条件是软件已达到一定的成熟度。假定是功能正确的 C 语言代码，原则上必须是无循环的，即所谓的"直线性代码"，这是一个嵌入式控制单元软件标准，在汽车行业建议用在防御性编程，以保证对程序的不可预见部分的使用，不会造成程序功能上的破坏。通过相应的实时操作系统配置，就可在算法上，实现重复性调用代码段。

3.11.6.1　控制流程图

为了大致了解软件结构，可检验 C 语言代码的控制流程图（Control diagram）。可以在个别情况下，也可使用语法图（Syntax diagram）。对此，只需对跳转指令（goto），选择指令（if–else，switch）和测量代码的仪表信息（测量代码），在 C 代码级别上进行评估。基于控制流程图，可以清楚地再现所有的程序路径。如果能完整地显示所有程序路径，这就使运行时分析变得更加容易，且更易于管理。但是，控制流程图应仅用于初步检测或检查测量程序的分段。

通过将代码分析仅针对程序基本信息，限制在控制流结构内就可以，更轻松地处理测量段代码划分。从测量仪器信息中，可将基本模块或测量段，分配给相应的路径和运行时间点，进而分配给 C 语言代码，并且可以限制分析的复杂性。

3.11.6.2　代码分析

要对代码进行分析，就必须要确定软件的运行状态，因为这对于运行时间估算至关重要。程序的内在状态很难受到外部影响，因此必须在真实路径中作出某些折中。在此，可以通过强制性程序运行状态，来确定运行时间。

可以考虑的过程主要是控制指令和对仪表读数的评估。有了这些就可去实现影响程序的输入，例如，实现输入信号的抖动。各个程序分支中的指令数量，主要限于一条指令，其中单一位的条件状态将被改变。也就是说，基本块只有一个或两个语句。

在许多情况下，一个层次结构化的状态机可确定过程中的流程控制。它由一系列函数调用组成。通常，这些被调用的函数仅包含一两个语句。反过来，这意味着基本块在此处仅具有一两个指令。在功能级别上，进一步细分为测量块，似乎也是明智的。

3.11.6.3　基于运行时分析的代码划分

对程序代码进行分析，其初步结果可以表明，对于每个基本块而言，运行时测量似乎都没有意义的。通过插入测量点，可以更改指令流水线分配，当每个基本块通常只测量一条指令时，这会导致相对较大的错误。由此可见，测量较大程序段的运行时间才更有意义。一个程序段应理解为一系列基本块，这些基本块在一个起点处进入控制流，而仅在一个终点离开流程。将代码进一步细分为度量块，对于调用层次结构和层次级别，就似乎很有意义。

3.11.7　软件代码运行时间的测量

图 3.18 显示了用于计算时间分析的工具链。基于从代码分析（3）中获得的知识，检测继续由代码生成器（2）接管。这意味着，如同 ASCET 模型（1），当从基于模型的软件中实现生成 C 代码时，可以自动为测量流程提供调用。这一工具链也可以用于分析人工 C 语言代码。

这就为用户提供了一定的自由度，可以自行决定如何以及在何处插入代码。例如，以下替代方法可用于检测：

- 在任务的开始和结束时。
- 在流程的开始和结束时。
- 在函数的开头和结尾。
- 在代码分支的开头和/或结尾。
- 在基本块的开头和结尾。

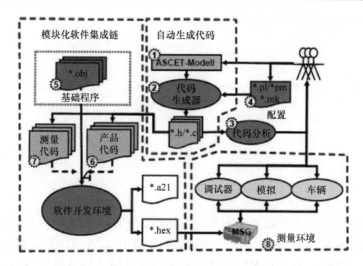

图 3. 18 计算时间分析工具链

为了实现上述测量要求，就必须检测源代码，将其他测量指令将插入进代码中。这样，从产品代码（6）生成了测量代码（7），这将集成到基本程序版本（5）。在确定程序运行时间时，附加指令的数量必须最少，以便出于决定运行时间的原因，使这些指令对"实际"运行时间的影响尽可能小。除了运行时间测量点外，还必须添加其他指令，以便确定程序通过所要检查的运行路径。这样，就可以就有所谓程序的最长路径，又称最坏情况执行时间 WCET（Worst – Case Execution Time），将运行分配到各个程序部分。

该测量方法基于处理器的周期性测量。这些周期计数器可以在通用的处理器上找到。为此，测量流程包含一条指令，用于读取处理器的系统计时器。系统计时器的值被写入应用程序的存储器，将其分配给每个测量点。

起始时间是一个时间戳，或者测量流程的调用，这时测量段开始运行。而停止时间同样是一个时间戳，标记该测量段的运行结束时间。这两个时间戳之间的差异就表示该测量段的运行时间。因此，可以将几个测量段的运行时间值累积，添加到总的运行时间中。这些测量是通过一个应用媒体，诸如通用校准协议 XCP，经由控制器局域网由控制单元提供，并且被所测试的控制单元接受，然后可以进行进一步处理。

3. 11. 7. 1 源代码的运行时间测量

当从模型生成源代码，又称测量代码时，就可自动对其进行检测。为此，如 3. 8. 5 小节所述，要对代码生成器的配置进行了调整（参考文献 [4]）。一方面进行运行期分析，另一方面用于程序路径分析，这两个部分可以分别启动。

3. 11. 7. 2 功能代码的运行时间检测

对所有过程和方法，在其开始和结束时，都要对所有功能进行检测。在具体的结构中，功能开始处的指令具有以下结构：

```
#ifdef DO_RT_ANALYSIS
    /* Generated TIME INSTRUMENT */
    tmpVWMP_GEN[MP_INDEX++] = -38;
    tmpVWMP_GEN[MP_INDEX++] = DELTA_TIME;
    /* for Codegraph: tmpVWMP_GEN[38] */
    #ifdef DO_PATH_ANALYSIS
            /* function begin */
            tmpVWPATH_GEN[PATH_INDEX++] = -38;
            PATH_POINT(39);
    #endif // DO_PATH_ANALYSIS
#endif // DO_RT_ANALYSIS
```

为运行时分析，必须设置 DO_RT_ANALYSIS 宏（Makro）。为了测量运行时间，首先赋给测量点负数值（ID），然后再将值 DELTA_TIME 存储在一个向量（Array）中。变量 DELTA_TIME 可以定义为绝对时间（默认值），或者相对时间，即自调用相关函数的过程开始到此时此刻之间的时间差。还要定义相应的头文件。此外，在路径分析数组中，对相同的测量点编号赋负数值，以便在运行时和路径分析之间，建立一个简单的关联。调用 PATH_POINT（INDEX）函数，在测量点编号之后，将用于路径识别的当前索引（Index）添加到路径分析数组中：

```
#define PATH_POINT(INDEX) (tmpVWPATH_GEN[PATH_INDEX++] = INDEX)
```

退出该函数后，类似于函数启动时，将在此时检测代码的运行时行为。对于路径分析，运行时分析的当前测量点的负值形式，已足以建立与运行时分析的连接。

3.11.7.3　条件分支代码的运行时间检测

在条件分支的情况下，原始表达式将转换为一个函数调用。比如，一个条件

```
if (CRCTL_STATEMACHINE_ShutOff_rev ()|| CRCTL_STATEMACHINE_Cancel ())
```

被转换为

```
if (PATH_POINT(40, 41, (int)(CRCTL_STATEMACHINE_ShutOff_rev ()
    || CRCTL_STATEMACHINE_Cancel ())
```

宏 PATH_POINT 被映射到一个同名的 Path_Point 函数，该函数在一个 C 语言文件中定义：

```
int Path_Point(unsigned int t, unsigned int f, int condition) {
        extern uint32 tmpVWPATH_GEN[VWPATH_LENGTH];
    if (condition) {
            tmpVWPATH_GEN[PATH_INDEX++] = t;
            return 1;
    }
        else {
            tmpVWPATH_GEN[PATH_INDEX++] = f;
            return 0;
    }
}
```

该函数将可执行的分支数添加到路径分析数组中，并且返回计算条件的结果，而其他程序部分的运行序列保持不变。

3.11.7.4 生成测量启动数据

在实际测量之前，必须准备启动数据，即必须选择输入数据，以触发软件的功能。一方面，输入数据记录可能是未知的，而在遵循该程序路径之前，用户不知道要遍历该路径；另一方面，可以检查一个由用户以人机交互方式，指定的输入数据集。这样，即使在执行该路径之前，该路径也是已知的。

第一种方法基于未知数据的记录，可以通过相应的测试工具，在车辆行驶过程中记录实际过程来获得数据，也就是记录来自控制单元的输入信号。在测试车辆上，按照特定的行驶路线（实际行驶状况）进行。记录来自各个车辆组件的信号，例如，控制面板信号或选定的档位。在此，应将一个测量数据集理解为表示在一个时间点，同时采集的信号数据。

3.11.7.5 组建测量设备

图 3.19 中的测量设备包括三个组成部分。第一个组件是控制单元，其中编写或创建有所要测试的软件，并在此处执行、测量需要检查的程序。这里，测量方法能发挥其巨大的优势。

程序完全是在硬件条件下执行的，并且在实际条件下也可以运行。第二个组件是控制系统（控制计算机和模拟器）。例如，它通过控制器局域网和传感器/执行器接口，连接到控制单元。而且，目标硬件的控制也由该组件管理。例如，控制系统可以是一台个人计算机。第三部分就是实际的测量设备，测量设备用于采集和记录测量数据。

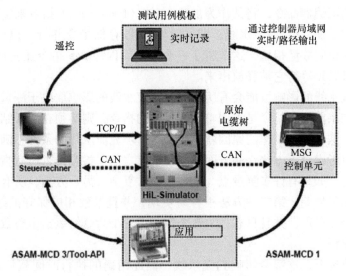

图 3.19　用于计算时间分析的测量设备

3.11.7.6 测量实施

测量数组变量通过应用程序，即控制器局域网，读取其值。测量在时间网格内周期性地进行，这里时间网格可以是 ASCET 模块的过程，ASCET（高级仿真和控制工程工具，以前 ASCET – SD）在汽车软件领域，它是一个嵌入式，基于模型开发的软件工具。因此，每个测试循环将运行时间定义为，过程中最后一个条目的执行时间减去第一个条目的执行时间，从而还定义了路径数组中，已执行路径的相应编号。这意味着，必须在每次过程开始时，重置初始化数组内的变量。

要存储程序中的变量，可利用控制单元上的应用程序存储器。该内存是一个双端口随机存取存储器（Dual Ported RAM），可在运行时进行读取。测量的时间和路径被缓冲在数组变量中。数组变量由应用程序接受，并存储在文件中，以进一步处理。为了使应用程序能够识别这些数组变量，可以通过应用文件使它们可标识。两个文件的同步，通过路径记录的输入、输出和内部状态变量，以及时间测量点标识来实现。

3.11.7.7 测量方法的准确性

对于计算时间测量，还必须知道测量方法的准确性，以使其误差尽可能小。可以根据以下原理，进行测量精度分析。就是，一个人工测量程序应具有预定的指令数量。使用预定的处理器，在一个时钟周期内，完整地执行指令进行测量。仅使用所谓整数流水线和加载/存储流水线的指令。所有测量均在同一存储区中进行，以保证结果的可对比性。

在添加（add）指令和无操作（nop）指令之间，周期数（或测量的时间）要具有一个周期差。add 指令比相应的 nop 指令数量短一个周期。原则上，读取系统计时器所需的汇编器命令，将其作为加载/存储（Load/Store）指令来实现。这意味着，它们占用了加载/存储流水线，即可以与加载/存储指令并行，执行添加指令。与 nop 指令的相应数量相比，这节省了一个周期，因为 nop 指令还占用了加载/存储单元，并且必须等待它被释放出来。

对指令流水线的影响可能会有所不同。对流水线的影响取决于测量指令之前发出的指令。如果前一条指令是占用整数流水线的指令，则必须在测量结果中添加这样一个周期。这一添加工作的原因就是因为平行填充流水线的条件不满足。作为解决方案，可以考虑以下方法：一方面，在测量点之前，检查是否所有指令获取了整数流水线分配，如果有许多测量点，这将是非常复杂。另一方面，所有测量值都可以赋给一个循环周期。第二种方法很容易实现，并且导致相应保守的结果。但是，如果使用多个测量点，并且只有很少几个像最后一个命令给赋给了整数流水线，则错误会迅速累积。

在任何情况下，这都会影响到流水线，因此精确的执行时间就伴随有测量错误，因为流水线的预分配会随测量过程而发生改变。可以确定由测量指令引起的额外消耗。必须从所测量的程序段运行时中减去该测量指令的额外消耗。由指令流水线预分配引起的测量误差，无法通过简单的实验来证明。为此，必须为插入要检查的程序中的每个测量点，都要考虑指令流水线的预分配。即使对于简单的运行时间测量，这也需要大量的精力。

因此提出了这样一种测量方法，在该方法中，在指令流水线加入要测量的基础包，或者程序段之前，将其首先清空。这种测量方法应被认为是比较保守的，因为它总是从最坏的情况考虑，即空流水线。这里，一个优点就是这种测量方法更容易实现自动化。这意味着，该方法描述了测量过程中，一个已定义的输入和一个相应可定义的输出状态。插入的汇编指令可确保清空指令流水线。在每个测量段，读取计数器之前和之后，都清空指令流水线。

总之，可以得出以下认识：

- 必须考虑测量指令之前的指令（对于整数流水线指令，测量结果必须经历了一个周期）。

- 在测量运行时间时，必须考虑测量方法由于测量点指令增加，所产生的费用开销。

- 通过测量点指令并不能防止流水线的预赋值的修改，但可将其转换一个可定义的状态（在测量之前清空管线）。

3. 11. 8　最坏和最佳情况的静态分析

一个过程级别的路径覆盖在可接受的时间内是无法实现。4. 3. 4 小节对此进行了说明。因此，就用静态分析方法扩展了这类个别性情况分析的方法。而使用静态分析方法，就不再需要实现过程的路径覆盖，在测量级别实现路径覆盖就足够了，所谓的分层式局部路径覆盖。

对于这种程序段，这种类型的分析是个别性分析，但静态分析是用于整个系统，在程序段级别以上。但是应该注意，程序段不要过大。否则，这种单一分析要产生某些负面影响。通常，只有当付出很大的努力，才能实现路径覆盖。针对程序段的大小，必须在检查准确性和费用支出之间，找到一个折中方案。

- 第一边界条件，其特征在于将具有最高精度的程序代码，作为一个程序段进行测量（个别情况分析）。

- 第二个边界条件，就是简单地划分出基本块，因此这可能是误差最大。在此，折中方案允许将所有程序段，在层次结构级别上进行划分。

借助所获得的数据，可以确定一个过程在最坏和最佳情况下的执行时间。这里是程序段运行时间的总和。在最坏的情况下，总是执行时间最长的程序段路径的总和，而在最好的情况下，则是程序段执行时间最短的路径之和。以这种方式所获得的最坏和最好情况执行时间，其中还包含在每个程序段之前，插入一个空管道而附加的额外时间。这里，可以进行个别案例分析，并用来检查其结果。为此，必须根据最坏和最佳情况的结果，设置测试输入数据。

3. 11. 9　测量方法概述

　　本小节描述与状态相关的运行时间分析过程，并提出若干实现建议。这里可以使用一种记录处理器循环周期，以确定运行时间的测量方法。在复杂的处理器上的执行程序，常受到处理器本身架构特性的影响，比如缓存和指令流水线，而且很难对这些影响进行分析。为了以一种可理解的方式，来综合考虑入这些影响，建议在执行测量时，将它们设置为初始状态。通过这种方式，可以停止对缓存的测量。然后可在模拟器上计算缓存效应，并相对于测量结果进行补偿。

　　总之，可以说，对于个别情况分析，仅针对非常简短的软件程序，才建议基于最坏或最佳情况的方法。这正是要遍历每个可能的程序路径，必须付出巨大的努力。而且，这通常仅带来很少的新型见解和系统知识。如果真要有针对性地运行所有程序路径，则需要对可确定路径的输入变量进行大量分析。

　　但是，此方法仍适合于结合实际行驶特征数据，一起用于运行时测量。除了过程的运行时间之外，假设使用了适当的统计性工具，还可以确定在实际驾驶操作中，经由了哪些程序路径，多少次，或者哪些路径根本不被利用。通过评估运行时间数据和从实际驾驶中获得的路径，可以对尚未考虑的程序路径，进行有针对性的检查，甚至可以发现某些错误。

　　原则上，采用真实的行驶路线，就节省了分析路径相关性（或数据相关性）的时间，因为只需要检查尚未经过的路径。最好的情况是，所有路径都包含在真实的行驶路线中。这样在实际的行驶过程中，就会自动考虑数据相关性，因为车辆的实际性因素，始终要决定在行驶过程中，具体运行哪个程序路径。与此相反，由用户所指定的输入数据集，取决于用户的分析能力，依赖于能否正确地识别数据。

　　可通过评估路径路线，来显示数据间的依存关系。此外，可以针对在行驶过程中，频繁或少有出现的行驶情况进行运行时间测量，但这取决于所选择的行驶周期。重点在于确定运行时间，尤其是程序中的运行时间限制。为此，提出了在实时环境中分析性地确定软件运行时间。因为与功能测试相关，这里的一个重点是自动化确定运行时间。另一个目的是通过直接测量运行时间技术，提高测量结果的准确性。

　　本书为软件开发人员提供了一种测量方法，可作为一个可靠的理论基础，以在功能测试期中确定程序运行时间。为了使测量误差尽可能小，就在测量方法中考虑了有关硬件的基本信息。

　　此外，扩展测量方法也可以提高测量可靠性，以便兼顾硬件影响（缓存和指令流水线）。但仍然需要通过对测量数据，进行统计性评估来扩展运行时间分析。通常，此过程也可以在汽车行业之外使用。它其实显示了组合科学分析和工业测量方法的具体实施。

　　一个扩展可能性就是填补对组件功耗的测量，而其余的过程功能仍保持不变。以此方式，功率消耗可以被用作优化功率的基础，并且最终也可用作测量燃料消耗和排放。

3.12　摘要

- 本章介绍了软件开发中，有关需求唯一性和一致性的通用概念。
- 详细叙述了软件开发的具体步骤。
- 从质量保证、项目管理以及变更和配置管理等方面，列举出了工业化开发软件所必需的中间过程。
- 描述了从软件规范到使用特定编程语言，到进行具体编码的整个过程。主要地侧重于编码准则和基于模型的开发。
- 举例说明了一些可实际应用的开发工具和信息技术基础框架。
- 详细地讨论了使用模块化系统生成平台软件的情况。
- 作为结论，在分析和测量中以确定软件的计算时间出发，具体描述了一个工业用混合流程。

3.13　学习检查

3.13.1　软件开发

- 列举软件开发的各个阶段。
- 软件开发中有哪些总体过程？
- 与开发相关的软件测试有哪些？

3.13.2　编程

- 为什么要使用编码标准？
- 与传统软件开发相比，基于模型的软件开发有哪些优势？
- 模拟和代码生成之间有什么区别？

3.13.3　模块化

- 模块化系统中存储了软件架构的哪一部分？
- 基本软件和模块化系统有什么区别？
- 哪个总体过程是模块化系统的基础？

3.13.4　计算时间分析

- 什么因素会对软件的计算时间有影响？
- 按照实时要求，分析真实的运行时限制，分析其不准确性，综合描述运行时测试。
- 静态和动态分析方法有什么区别？

第4章 软件测试

本章介绍了汽车行业中软件测试的基础知识。在第3章中讨论了汽车行业的软件开发，这里将通过相关的软件测试问题，从软件测试的一般性主题，直到针对汽车行业的特定系统测试，均给出了详细地介绍。要理解车辆信息技术的总体概念，本书中的软件测试内容将作为一个重要支柱。

4.1 软件错误

在汽车行业中，可能的软件错误，特定反应机制，以及要采取的措施，及其引起的进一步的影响作用，这些都已在2.5.2小节中的"诊断"部分中进行了详细说明。除了前面介绍过的系统错误之外，本章首先将重点放在纯软件错误，或者编码错误形式的编程错误上。因为如果没有物理性原因（比如，这类错误的症状可能是简单地打开车辆中的警告灯），就不会生成任何其他反应或影响。

4.1.1 软件错误的原因

软件错误的原因是多种多样的。这里涉及的主要是人为失误作为错误原因。而不考虑技术问题，例如，编译器不正确执行代码。考虑此类系统性错误是制定功能安全技术方案的一部分。

人为失误可以是错误、误解或不明的形式，但不仅限于这些。通常，很难避免犯错的可能性，也不易确定。所造成的损失通常由错误的连锁反应而造成，因为系统通常可以及时识别出单个错误。对通常难以描述的错误可以进行以下分类。

- 架构设计师，开发人员和测试人员之间的交流错误
- 身份错误
- 解释错误
- 传输错误
- 解密错误
- 内容错误
- 记忆性问题
- 复杂性问题

- 缺乏对问题的正确理解

显然，这些错误的原因可能在于人类思维与相互作用的本质，因此很难形式化地给予避免。这就是为什么本文的重点必须放在发现所犯过的错误。

4.1.2 由软件错误引起的损失

系统经常会面对需求能发现不可避免错误。有缺陷的产品对用户和供应商而言，不仅会引发系统性故障，而且还会造成重大损失。在产品责任范围内，赔偿的金额数量可能就会直接威胁到企业的生存，当然这具体取决于企业规模，合同内容和企业特性。

- 形象损失
- 经济损失
- 物质损失
- 人身伤害

这就有必要考查软件的特性，即要进行测试以确定损失的程度。因为在实践中很难完全避免错误出现。

4.1.3 著名案例

下面列出了一些著名的软件错误案例，最初都是些一般性的，然后再专注于汽车领域。

- 战斗机

1984 年，一架战斗机在赤道上空飞行时，自动驾驶仪造成飞机绕自身轴线旋转，机身上下颠倒。原因在于软件编程中，不能将地球的"负"纬度视为输入数据。在很晚以后，这一错误在利用模拟器辅助进行的研发中，才被发现并消除。

- 火箭坠毁

1996 年，一枚火箭的机载计算机系统在发射 36.7 秒后失灵，当时它试图将水平飞行速度，从 64 位浮点表示形式，转换为带符号的 16 位整数形式：$-/+$ $b1$ $b2$ $\cdots b15$。这一相应的整数值大于 $2^{15} = 32768$，因此产生了计算溢出（Overflow）。由于该软件是旧版本，因此没有进行溢出检验，或者说根本没考虑到限制输出值超出界限的问题。系统将操作控制权移交给了另一个相同的计算单元。其结果是自毁机制被触发，因为在此刻发动机有可能发生解体。

- 飞机坠毁

1993 年 9 月 14 日，一架汉莎公司的客机从法兰克福起飞后进入航程。抵达波兰华沙机场，当时天气不好，有轻度暴风雨，天空乌云密布，尽管如此，但仍足以安全着陆。机长准备开始降落。他例行地将飞机下降到跑道上。但当他试图降低滑行速度时，其制动系统却没有能正常工作，而是在与地面接触 13 秒后，才发挥出了全部制动力，可惜太晚了。其原因是线控操纵系统（Fly – by – Wire）软件因未考虑天气气压错误，不能对轮胎着陆压力进行合理性检查。后来，对装有这类型软件系统的所有客机系列进行了修改，并将所必需的着陆压力从 12 吨降低到 2 吨。

- 汽车行业

在汽车发动机管理系统中，最明显的错误就是即使没有踩下加速踏板，车辆仍出现所不希望的加速运动。另外还有一个软件错误，会导致车辆的静态电流需求增加，从而导致在闲置几天后蓄电池完全放电。

本书内容不考虑有意引入的缺陷性软件，掩盖技术问题或者已知限制因素，因为"错误"这一术语，在其意义上并不涉及疏忽失误。它所涉及的项目管理方法，已在 3.6.4 小节中重点介绍过。

即使在今天，由于错误性地诊断了组件缺陷，这也会导致许多软件错误，进而需要启动紧急运行程序，或者激活错误显示机制。这样有时就会导致车辆瘫痪或者不必要的车间维修。在这种情况下，要根据错误影响的严重程度，在有关机构参与和评估的前提下，通过主动召回车辆进行软件更新，或者把更新作为日常维修工作的一部分。

4.2　软件测试的基础

测试是一个过程，一个有意识执行的程序，用以发现错误。

格伦福德·迈尔斯，1991 年

4.2.1　测试定义

在实质上，测试这一术语是定义测试过程。就是在已知正确结果，且可以与该结果进行比较的条件下，实施执行这一过程，如果两者的结果不匹配，就是出现错误了。测试作为过程，可用它静态和动态规划、准备和评估一个软件，以及工作结果。其目的为：

- 运行软件以发现错误的影响性。
- 运行软件以确定软件的质量。
- 运行软件以增强对软件的信任感。
- 分析软件或文档以防止发生错误。

4.2.2　测试流程

通常，测试流程可以分为几个阶段，而这基本上与所需的测试人员和方法无关。

- 测试计划

确定测试标准、人员配备、预算、基础设施和截止日期。

- 测试创建

选择输入数据（测试数据）和输出数据的测试方法。

- 测试实施

用选定的输入数据执行测试程序。

● 测试评估

将输出数据与预期结果进行比较。

● 测试维护

尽管软件正确，但如果调整测试用例，仍会导致错误的测试结果（错误的期望值）。

4.2.3 错误概念

在软件测试范畴内，错误这一概念，可以理解为：

● 人为疏忽。

● 作为可能的结果，该软件有一个缺陷。如果通过检查软件发现了它，则可以做出断定。

● 当运行有一个有缺陷的软件时，运行程序的相关部分就会出现错误。

● 实际结果与预期/正确的结果不同。

这可能会导致一个基于软件的系统出现停运。在不太严重的情况下，这可表现为纯粹的被动性或完全停运，而在更为严重的情况下，可以是不期望的系统反应，例如，车辆自加速。

4.2.4 测试的目的

测试的目的就是要发现错误。因此，除了可能重复出现的疏忽性错误以外，比较成问题的是，当开发人员测试自己的软件时也可能出错。这与功能软件的开发目标不符。因此，无法保证毫无错误地进行测试。至于人为因素的影响上面已经提到了。

● 如果发现一个错误，则测试成功。

● 虽然测试失败，但永远不能证明软件程序的正确，仅是仍未发现错误。

● 程序的正确性无法通过测试来证明（这点非常重要）。能证明软件没有错误只是在其功能，而不是错误行为。

● 考虑到软件质量和成熟度，可以讨论能否接受某些错误。

为了能证明测试方法的正确性，或者发现可能出现的错误，就必须测试输入数据的所有组合的可能性。这不仅包括纯功能部分，还包括以编程语言或基于模型实现程序变量的方式，如图 4.1 所示。

一个简单的加法计算就将导致有 40 亿个测试实施方式。这当然

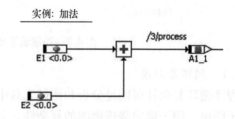

实例: 加法

E1,E2 → 16Bit Eingänge; → E1(2^{16}) ADD E2(2^{16}) = A1_1

→ 2^{32} = 4.000.000.000 Testfälle

(基于2个输入，考虑到所有输入组合可能性)

图 4.1 加法计算测试用例

既不经济，也不明智，还不可行。因此，测试的目的就是要找到具有相同形式，但正确结果的简化策略。为此，对程序中变量的取值范围创建了所谓的等效类。等效类测试将在本章后面介绍。

4.2.5　软件代码的衡量尺度

对软件代码的衡量尺度，有一种评估其复杂性的方法，从而可以在有限的时间内，评估得出软件的可测试性。即使在编程的早期阶段，也可使用某些简单的衡量尺度。这可以是以下内容：

- 编码程序所需的打孔卡数量
- 程序文件的大小
- 程序行数（代码行 – Lines of Code）
- 函数数量

这些简单的参数既不完整也不明确，使用应慎重。针对软件的复杂性，必须采取更清晰、更有意义的衡量尺度，例如范围性尺度。首先，就必须找到一个程序代码的合适表现形式。在这里，图 4.2 中的控制流程图就是比较理想的。

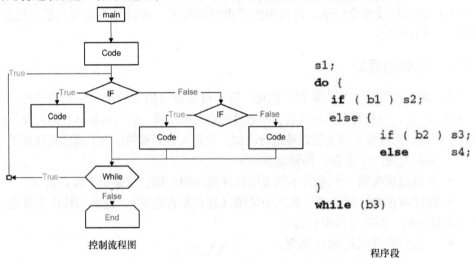

控制流程图

```
s1;
do {
    if ( b1 ) s2;
    else {
        if ( b2 ) s3;
        else        s4;
    }
}
while (b3)
```

程序段

图 4.2　控制流程图和程序段

4.2.5.1　循环复杂度

程序循环复杂性可能是分析和测试工具中，最为广泛使用的软件度量尺度。它起源于图论，用于确定强连通图的复杂性。另外一个是修改后的控制流程图，可以在软件测试中使用它。但是，通常不是通过控制流程图确定的，而是根据一个图中的决策进行计数。

一个图 G 的循环复杂度为：

$$Z(G) = e - n + 2$$

其中 e 是图中的边数，n 是节点数。对于控制流程图，环数总是比决策数大 1。

4.2.5.2 霍尔斯特德 Halstead 复杂度测量

霍尔斯特德复杂度量或者称霍尔斯特德复杂尺度，是对一个程序段中的运算符和操作数进行计数，可见图 4.3 中的示例。

```
public void writeSoftware()
{
//Hat Tux schon das SE-Seminar besucht?
if ( isProfi )
{
 //Tux weiß, wie es richtig geht
 useSoftwareMetrics();
}
else
{
 //Da hat noch jemand Nachholbedarf
 quickAndDirty();
}

//Die fertige Software wird ausgeliefert
sendSoftwareToKonqi();
```

操作符	数量
public	1
void	1
if	1
else	1
( )	5
{ }	3
;	3
操作数	数量
writeSoftware	1
isProfi	1
useSoftwareMetrics	1
quickAndDirty	1
sendSoftwareToKonqi	1

图 4.3　软件的霍尔斯特德复杂度量（图片版权：Henning Sievert，德国汉诺威大学）

其中有如下规定：

- N_1：运算符总数
- N_2：操作数总数
- η_1：运算符数量
- η_2：操作数数量
- 长度 $L = N_1 + N_2$
- 程序容量 $V = L \cdot \log_2(\eta_1 + \eta_2)$
- 估计出错误数量 $F = V : 3000$

计算霍尔斯特德复杂度量的实例，如图 4.4 所示。

$N_1 = 15$
$N_2 = 5$

$\eta_1 = 7$
$\eta_2 = 5$

$L = N_1 + N_2 = 20$

$V = L \cdot \log_2(\eta_1 + \eta_2)$
　$= 20 \cdot \log_2(12) = 71,7$

$F = V : 3000$
　$= 0,02$
（也可能没有错误）

操作符	数量
public	1
void	1
if	1
else	1
( )	5
{ }	3
;	3
操作数	数量
writeSoftware	1
isProfi	1
useSoftwareMetrics	1
quickAndDirty	1
sendSoftwareToKonqi	1

图 4.4　计算霍尔斯特德复杂度量的实例

4.2.5.3 实时变量

引用编译器构造（见参考文献［11］）中的实时变量度量，也用于度量软件的复杂性。它是基于变量对指令的依赖性假设。一个变量在一个模块中的第一次引用与最后一次引用之间是"有效的"，并且在此期间可能会影响其中的指令。这样一个指标就是实时变量总数与可以执行指令数量之比。图4.5展示了一个简单的软件功能，用于交换两个变量的内容。

实时变量实例：

```
Void MinMax (int& Min, int & Max){
int hilf;
if (Min > Max)          /*1*/
{hilf = Min;            /*2*/
Min = Max;             /*3*/
Max = hilf;}}  /*4*/
```

行	实时变量	数量
1	Min;Max	2
2	Min;Max;hilf	3
3	Min;Max;hilf	3
4	Max,hilf	2
4 Zeilen	10	→ Ø2,5 LV

图4.5 软件中的实时变量

4.2.6 软件测试方法和策略

在抽象级别开始进行软件开发时，如果能够尽早就发现错误，这对软件测试来讲是"最为简单"的。目的就是要避免错误，或者能尽早发现所存在的错误，因为在后续的软件集成和其他项目阶段中，错误会造成进一步的负面影响效果，这时再修改和更正不正确代码，其成本费用范围，会变得越来越大。在图4.6所示的简化型过程模型中，通过建设性的质量保证措施，在软件生成过程中引入审查机制，以及在测试过程中采取进一步的分析性质量保证措施，就可在一定程度上确保软件质量。

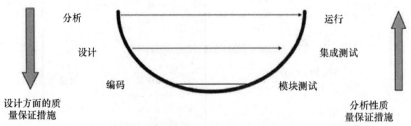

图4.6 测试过程中的质量保证措施

这就必须遵守以下原则：

- 切勿在默认没有错误的假设下，安排任何测试活动。
- 测试过程要有增值性，富有创造力的和智力上的挑战。测试人员要恪守职责。
- 测试中的一个必要部分，就是基于一个尽可能完整的功能描述，进行期望值（有效和无效）的确定工作。

从人类心理学和认知理论考虑，程序开发人员不应该尝试去测试自己编写的程序。在车辆信息学软件测试的工业实践中，主要要确保以下几点：

- 创建测试用例的成本很高，因此应该记录并保留测试用例。
- 实际上，错误通常是累积性的，并不会均匀地分布在整个代码中。
- 在一个软件模块中发现的错误越多，则在此模块中进一步发现更多错误的可能性就越大。

4.2.7 测试活动成本

通常，至少出于经济性原因，就会出现这样的问题：对一个给定的安全等级和必要的系统质量要求，要达到相应的测试目标，需要进行多少测试工作。在这里，就是要找到一个很好的折中方案。有两个基本观点可以采用：

- 只要发现并消除测试中的错误的成本，低于在使用中因错误所造成的损失，测试工作就具有其经济意义。
- 一个好的测试就如同责任保险：虽然要花很多钱，但可让项目经理和客户安然入睡。所以，想睡个安稳觉，就要有一个良好的保险，让保险涉及所有可能的风险。要想对软件产生信心，就需要经过一个良好的测试，它要能覆盖生产的所有真实情况。

成功的测试最终将降低成本费用，在与安全相关的系统中，保护人的生命和健康始终是首要任务。在汽车行业中，有时正如所假设的那样，道德上无法接受的保险金额和赔偿费用，完全能够平衡和抵销测试费用。

4.2.8 其他术语和定义

4.2.8.1 验证和确认

在软件测试中，正如已在前所描述的那样，要在验证与确认之间进行区分。

- 验证

验证是检验一个开发阶段的结果是否满足该阶段需求文档中的各个需求，即是否在这一阶段正确地实现了系统功能。

- 确认

确认是检查一个开发结果是否满足了预期所特定的个别性需求，系统是否正确地给予了具体实现。

在软件流程模型中，确认是在最高级别层次，而且是在定义系统架构之前。而验证则在下面的所有层次中进行。在确认中，由于形式上的不确定性，常说这是一种不精确的"霰弹枪哲学"。

4.2.8.2　分析方法

在测试分析方法范畴，有多个可能性以确定非传统性软件测试程序：

- 非正式方法：检查，审核，演练……
- 分析性方法：指标，编码标准……
- 正式性方法：模型检查……
- 动态式测试：黑盒，白盒，回归测试……

为了能够在运行中评估软件行为，就应执行软件中的相应程序。形式化方法通常非常繁琐、耗时，或者说非常复杂。此外，汽车行业开发和测试工程师很少有这方面的经验，因此不愿意使用它们。

4.2.8.3　静态和动态测试

出于上述原因，在测试时要全面执行程序，还是仅出于分析目的，这之间存在有本质性区别。在这种情况下，就需要进行所谓的软件静态和动态分析。

静态分析

- 不执行要测试的软件。
- 原则上讲，所有静态分析都可在没有计算机支持的情况下进行。
- 并没有定义测试用例。
- 在运行过程中，不能对程序的正确性或可靠性做出完整说明。
- 控制单元和系统环境的影响很难仅通过预测澄清。

动态分析

- 编译后的可执行软件具有特定的输入值，并在测试环境或在目标系统上执行。
- 可以在实际操作环境中进行测试。
- 动态测试技术是随机抽样性，或者个别案例分析。
- 动态测试技术并无法证明所测试软件的正确性。
- 对边缘性测试案例的覆盖很难实施。

4.2.8.4　测试环境和测试用例

测试环境

测试环境是一组支持测试执行的设备工具。它包括计划工具、模拟器、生成器、测量和检测设备，以及其他的仪器装置，均为测试流程提供数据信息服务。但必须确保可以连接和访问要测试的系统。

测试用例

测试用例是可能用于特定目的的数据信息组合，它由输入日期、条件和预期输出值组成。例如，检查软件是否遵循了规范文档，或者程序执行序列是否对应于所预期的制定。测试用例不包含如何进行操作或执行的任何信息。而这可以在相应的测试脚本中找到。

4.2.8.5 汽车行业的测试类型

在本节中，将具体针对汽车行业说明一些不同类型的测试方法。即使在其他工业行业中，也可找到其以修改形式应用，但其重点都多是机电系统和组件生产，而不是纯软件形式。具体示例将在本章后面给予阐述。

车辆强化测试

- 在电气/电子功能范围进行强化测试，以确定当前软件运作状态。这也可在驾驶试验中进行。
- 当进入下一个项目或投产阶段时，一般将进行车辆强化测试。
- 根据企业和项目的不同，可使用 5～10 辆车，测试时间为 1～2 周。

整体集成测试

整体集合又称组装测试，即对程序模块采用一次性或增值方式组装起来，对系统的接口进行正确性检验的测试工作。整合测试一般在单元测试之后、系统测试之前进行。

- 测试电气/电子元件构成的子系统，以及随后整合入整个系统。
- 其范围包括电气整体性功能的强化测试，这将是批准组件投产的基础。
- 测试是在协议级别、功能级别，在各种测试平台上针对分布式功能进行测试。
- 在过渡到下一个项目阶段或投产阶段时，要完成整体集成测试。
- 测试时间为 2～6 周，具体取决于企业和项目要求。

模型在环

模型在环是用模型驱动进行嵌入式系统的开发时，在开发阶段初期及建模阶段中进行的仿真方式。模型在环是较为节省成本的嵌入式系统测试方式。

- 必须有一个控制单元环境的模型，以便可以模拟测试对象。
- 无需在计算机系统或仿真平台上安装硬件，即可进行测试。通常，这样的系统可商业提供，并且可以根据需要，修改适应特定的环境。

软件在环

在软件在环测试中，将已编译的生产源代码集成到数学模型仿真中，提供一个实用的虚拟仿真环境，直接进行迭代测试并修改源代码。

- 这是一种没有物理目标系统，以纯软件为基础，支持控制单元功能开发和测试的方法。
- 模拟控制单元的硬件和软件，及其目标系统，例如，驱动行为。
- 与硬件在环相比，软件在环不使用任何特殊性硬件。
- 所创建的软件模型仅转换为目标硬件可以理解的代码（C 代码中的模型）。
- 该代码与仿真模型一起在开发计算机上执行，而不是像硬件在环那样在目标硬件上运行。

- 与"模型在环"的区别在于，软件或环境的模型被转换为目标系统的代码，而不是基于抽象环境模型的执行。

硬件在环

硬件在环是一种用于实时嵌入式系统的开发和测试技术。硬件在环仿真提供动态系统模型，可以模拟真实的系统环境，加入相关动态系统的数学表示法，并通过嵌入式系统的输入输出，将其与仿真系统平台相连。

- 这是在测试台上对控制单元和组件进行实验室测试的方法。

- 借助硬件在环仿真器和相应的数学仿真模型，可以使用实时仿真对所缺少的车辆单元或组件进行仿真。

- 可在没有实际装置，例如，带有发动机的测试台，在实验室中进行控制单元功能的测试。

硬件在环测试将在本章结尾，以驱动和转向电子设备为例加以说明。它的适用范围可以从单个组件到系统，乃至网络连接，在汽车电子产品的测试领域都已非常完善。一些软件制造商可专门提供这种模拟器。

4.3 软件测试的特征空间

如图 4.7 所示，下面将介绍软件测试的特征空间。这其中包括开发阶段的测试级别、检测标准的内容、测试用例设计构建。

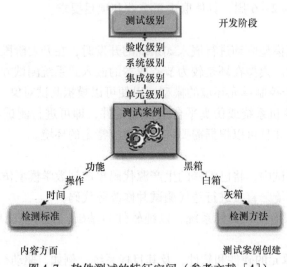

图 4.7 软件测试的特征空间（参考文献［4］）

4.3.1 测试级别

测试级别也是基于 V 模型，如图 4.8 所示。模型中将相应的级别分配给开发和测试的不同阶段。

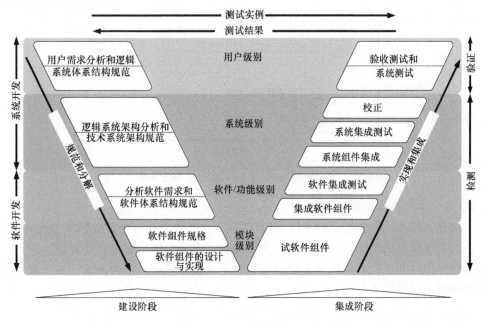

图 4.8　测试级别的 V 模型

跨越等级的测试过程和测试对象演变进步，如图 4.9 所示。其进展是自下而上的，即首先进行较低级别的测试和评估，然后再过渡到较高级别的测试。

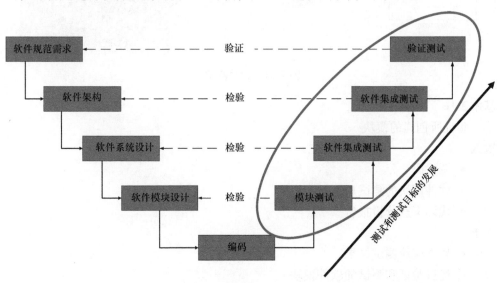

图 4.9　测试和测试对象的演变

之所以划分出测试级别，一方面是基于所要检测的软件系统程序结构，另一方面基于测试项目过程中的进展阶段，如图 4.10 所示。

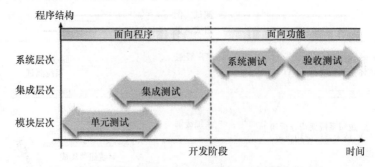

图 4.10　测试级别所对应的进展阶段（参考文献 [4]）

4.3.1.1　单元测试和模块测试

单元（Unit）或模块（Modul）用于描述一个最微小且不可再分割的程序单位，但是该程序单位仍足够大，可以单独进行测试。单元测试也称为模块测试，或者称通用软件组件测试。其目的是验证是否满足了对软件模块提出的需求。一个基于模型的测试示例如图 4.11 所示。

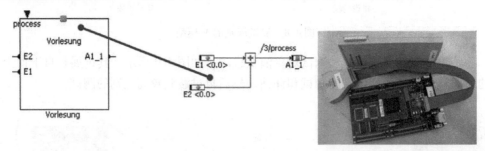

图 4.11　模块测试

基本工作

验证所创建的模块

输入

- 源代码
- 软件模块的测试规范
- 代码审查分析报告

输出

- 软件模块测试结果
- 经过验证和测试的软件模块

一个模块测试过程（示例）

- 例 1：数值创建：　{极限值（最小/最大），正常值}：例如，32767/−32768/0/1 的 16 位值。

● 例2：测试参数的可适用性。｛任何有效值｝，极限值，测试参数，应用参数（"开关"）。

● 例3：代码考虑。数据传输到主机系统。测试结束。

4.3.1.2 软件集成测试

在单元或模块测试之后，软件集成测试将在更高的抽象级别，将单个程序模块组合在一起，以形成更大的软件组件。软件集成测试可确保即使单独测试程序组件组合，也能形成功能系统。比如，一个基于模型的例子如图4.12所示。

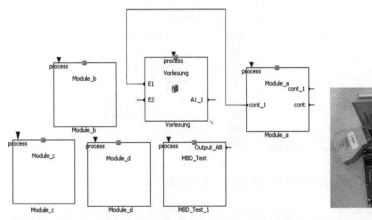

图 4.12　软件集成测试

此阶段的目标是将模块集成到更大的单元中，并验证它们组合在一起是否满足软件需求。另一方面，此测试仅执行所定义的功能，而不能执行其他功能。

基本工作

验证所创建的软件系统

输入

● 软件集成测试的规范

输出

● 软件集成测试结果

● 验证所要测试的软件系统

软件集成测试的策略

● Big – Bang 整合

● 如图4.13所示，面向结构的集成：自下而上，自上而下，由内而外，由内而外

● 根据日期、风险、测试，以及用户或客户，进行面向功能的集成

4.3.1.3 系统集成测试

一旦成功地集成了软件系统的所有组件，便可开始系统集成测试。与单元测试或集成测试相反，这是对软件系统进行全面性整体测试，并检验其是否符合规范中

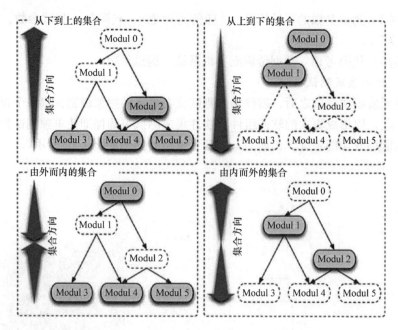

图 4.13　面向结构的软件集成（参考文献 [4]）

指定的系统属性。系统测试几乎都是从功能角度，考察要接受检测的软件。与单元测试或集成测试相比，这时，内部代码结构几乎不再起作用。

在图 4.14 所示的实例中，系统测试通常分几个阶段进行。特别是对安全至关重要的系统，这种测试是逐步进行。每次进入下一个阶段，不仅测试费用，而且出现的风险，都会逐渐地增加。

图 4.14　阶段性进行系统集成测试（参考文献 [4]）

这一测试的目的，就是考虑到将软件架构和程序，集成到目标硬件中，并验证它们一起，是否能满足针对安全相关系统的软件配置需求，并且满足所定义的功能，仅此而已。

基本工作

验证所创建的软件架构和目标硬件上的软件

输入

- 硬件架构集成测试规范

- 目标硬件上软件集成测试规范

输出

- 软件架构集成测试的结果
- 目标硬件上软件的集成测试结果
- 集成、验证和测试目标硬件以及软件

4.3.1.4 验收测试

就车辆验收测试的目的而言，就是将所创建的软件系统性能参数与事先给定的规范进行比较。与前面所述测试方法的区别，主要体现在两个方面：

1）如果系统测试仍完全由（汽车）制造商负责，则验收测试将在客户的领导下进行。

2）验收测试将在客户的实际运行环境中进行。从现在开始，使用来自客户的真实现场数据来执行程序。

现场测试还分为 Alpha 和 Beta 测试：

- Alpha 测试是在制造商的测试环境中进行的。车辆由具有代表性的、有资格的客户进行实际测试，并将测试结果返回到制造商的开发或质量保证部门。

- 与 Alpha 测试相反，Beta 测试在客户的环境中进行。由于该产品现在可以在真实目标环境中运行，因此故障排除将变得更加困难。在测试软件时，基本上仅是客户本人参与，所以只能提供错误和故障的症状，而不对错误的整体和上下文关系进行分析或分类。

4.3.2 测试准则

在图 4.15 所示的软件测试特征空间中，确定了测试准则的地位。

这主要分为三类：

① 功能性
② 操作性
③ 时间性

功能性包括有以下测试：

- 功能测试
- 日常测试
- 撞击测试
- 兼容性测试
- 随机测试

4.3.2.1 功能测试

功能测试可确保一个软件系统针对给定的输入变量，正确地计算输出变量。主要是针对功能要求对系统进行测试，检验系统行为以及相关的反证：还有什么没能起作用？

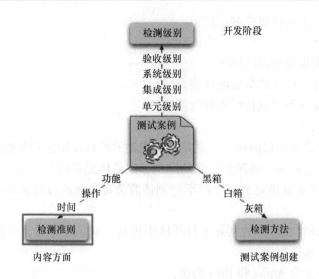

图 4.15　特征空间中的测试准则（参考文献［4］）

4.3.2.2　日常测试

作为日常测试的一部分，使用特别简单的输入参数，来运行程序，这在实际上，通常就会引发错误，而且有较高的统计性概率。

范例：

- 对一个空表进行排序
- 将一个物体旋转 0°
- 将一个向量扩大 1 倍

从技术角度来看，日常测试仅是一种极限值测试，这类极限值测试，并不明确地反映在功能要求中，因此通常可不予考虑。

4.3.2.3　撞击测试

在汽车工业中，撞击测试不仅意味着有针对性的破坏车身，在软件领域亦是如此。撞击测试只是一种特殊的功能测试，试图针对引起软件系统崩溃或锁死的可能性进行测试。

通过有针对性地寻找薄弱环节及其错误引发源，可以显著地提高软件系统的鲁棒性。撞击测试在考虑关键性安全系统上就特别重要。

生成撞击测试用例的方法，通常来自于与安全相关的产品开发分析方法。一方面，可以生成所谓的顶级事件，另一方面可以有意地"攻击"软件系统。例如，通过数值除以零，就可以检查其软件程序鲁棒性。在此下面将要提到的随机测试也起着一个重要的作用，因为它打破了根深蒂固于产品属性和可能使用场景的禁隔，超出了开发和测试人员的思维范围。

4.3.2.4　兼容性测试

这类软件测试的目的就是检查所创建产品的各种兼容特征。借助于兼容性测试，以确保软件系统可以在移植到不同的硬件或软件平台，而仍能保证正常运行，遵守所约定的接口和数据格式标准，并且不会对其他并行运行的程序产生任何负面影响。

兼容性测试对于软件模块的标准化，以及在 3.13.3 小节中介绍过的重复性使用模块化组件，都起着一个至关重要的作用。对此，为确保软件能在尽可能多的目标架构上运行，就必须进行这类测试。

4.3.2.5 随机测试

在随机测试中，软件系统不使用预先构造的输入数据运行，而是使用随机生成的特征值进行。这样，由于所生成的测试用例很少有重复可能性，可有效地扩大测试数据范围，而无需有意系统性地生成测试用例。

通过在内容上，有意与开发和测试人员思维方式脱钩，就可以发现某些错误情况，而这些错误对于常规性测试而言，多少是较为隐藏，难以识别发现的。

由于缺乏系统性和验证性，随机方式生成的测试，仅是作为对常规测试用例的补充。例如，可以借助一个自动化机制，取代平时人工操作的测试设备，而在正常工作时间之外或在后台，运行这种测试操作。再有，随机测试是对上述撞击测试的一个有益补充。

测试运作形式可以为：

- 安装测试
- 人机工程学测试
- 安全测试

4.3.2.6 安装测试

这类测试的目的是要确保所创建的产品，在其生命周期的各个阶段都能顺利进行拆装调试。它可在以下几个方面起到一定的作用：

- 开发

必须确保不同成熟度软件原型的可更新性，可能某些原型根本没有软件接口。

- 试验

必须确保在测试操作中，针对不同的测试场景，软件都具有可互换性。

- 工业化

在调试生产设备时，必须检查软件的可更新性。

- 生产

在大批量生产中，软件的更新性不能影响产品生产周期。

- 维护

要进行检验，以确定可对软件正常地进行更新。

4.3.2.7 人体工学测试

作为人机工程学测试的一部分，就是检查一个软件系统的可操作性。这包括以下方面：

- 信息技术系统的屏幕设计和键盘操作。
- 智能手机上的触屏显示和操作功能。
- 在车辆或其他嵌入式软件的产品中，操作单元使用功能，例如，开关和按钮。
- 特别是在车辆中，某些特定组件的反馈信息，例如，电动转向的恢复力，声音和光学信号，以及车辆特定的加速行为。

4.3.2.8 安全测试

通过安全性测试验证软件系统的无损伤性。这就包括可以确保所存储数据信息的保密性，或者审查软件系统是否存在安全性漏洞。

这些安全性测试实际上是与信息技术安全性（数据安全性）有关，而与开发安全相关系统中的安全概念不同。这些都是由相应专业领域标准指定的。

时间性或非功能性方案包括以下测试：

- 复杂性测试
- 运行测试
- 加载测试
- 极限测试

4.3.2.9 复杂性测试

复杂性测试要证明，所实现的算法符合先前指定的复杂性类别。

- 对一个软件系统而言，算法复杂性是渐近性运算行为的一个抽象度量，它从本质上确定了算法在处理大量输入数据时的表现行为。
- 复杂性分析就此够成了确保软件系统可伸缩性的理论基础。
- 如果能尽早开始开展这类测试，则可以事先避免许多可能在运行时才出现的软件问题。

在此，Kolmogorow 复杂性（柯式复杂性）是衡量字符串结构性的一个指标，并由生成该字符串的最短程序长度给出。因此，这一程序可以对字符串进行最佳的压缩，而不会丢失任何信息。

如果一个字符串的柯式复杂性至少与字符串本身一样长，则该字符串被描述为不可压缩，随机式，甚至是无结构的。一个字符串的长度越接近柯式复杂性，则该字符串就越"随机"，并且包含的信息量越多。

4.3.2.10 运行测试

在运行测试中，将针对约定的测试时间要求，进行特定的测量检查。实际上，运行测量可在所有软件级别上进行。可测试每个单个功能，模块或流程的执行速度，比如，更为典型性的可以是完整的流程时间。

如已经说明的，程序运行时间或计算时间，都是根据给定的硬件条件和输入数据，软件程序内部逻辑运行所要花费的时间。为了能确定运行时间的上限，就必须运行程序内所有可能的逻辑路径，通常，对复杂的软件和计算机架构，仍存在有些问题。

前一章中的第 3.13.4 小节已以实际示例详细介绍了，如何确定工业环境中软件的运行时间或者计算时间。这适用于一个应用的特殊目标架构，或是为一个特殊的目标系统设置的。就确定运行时间而言，一般性的挑战是仿真模型的可用性：

- 硬件组件。
- 黑盒型软件组件。例如，模块化组件或者供应商组件。
- 实时操作系统。
- 计算机组件。例如，内存、高速缓存、管道和寄存器。

另外，在软件市场上对工业用能分析软件计算时间的工具的要求也很高。这里的主要问题是计算分析的准确性，确定与逻辑路径相关的运行时间，以及覆盖未知边界情况的能力。通常，这种软件的可用性，如果不能深入了解其基础理论，则是很神秘模糊的，并且由于这类市场规模很有限，进而这些工具非常昂贵。

4.3.2.11　加载测试

加载测试是一种检验，以确定一个软件系统在其规定的极限范围内的行为表现。在汽车行业，通常将处理器的最大加载极限，例如，定为 90%。作为非功能性验证的一部分，加载测试必须表明软件系统未超过该预定值。

- 为了进行一个加载测试，首先要创建一个合适的测试环境，通过该环境就可再现和生成各种加载曲线。
- 然后，使用各种加载曲线，检查软件系统是否仍在加载范围内，其功能始终仅在所规定的运行框架内变化。

4.3.2.12　极限测试

极限测试基本上对应于加载测试。只是有意识地，超出了预定的参数限制范围。这即可以通过增大要处理的数据量（过载测试），或者通过取消某些所需的系统资源（缺陷测试），来人为地生成相应的极限负载。

极限测试的目的：

- 实验性地探索软件的承受极限。
- 观察返回正常操作后，软件的行为表现。例如，实时操作系统在"看门狗"复位（Watchdog – Reset），或者恢复过程（Recovery – Prozedurdes）之后的运行情况。

4.3.3　测试方法和技术：黑箱测试

在图 4.16 的软件测试特征空间中，列举了具体的测试方法和技术。这里测试用例的创建起着重要作用。

创建测试用例的方法和技术可以分为黑箱测试（Black – Box – Tests）、白箱测试（White – Box – Tests）和灰箱测试（GrayBox Tests），如图 4.17 所示。

在图 4.18 中，将黑箱测试和白箱测试，以及迄今为止说明的 V 模型中的测试，将它们的测试级别互相给予对应。

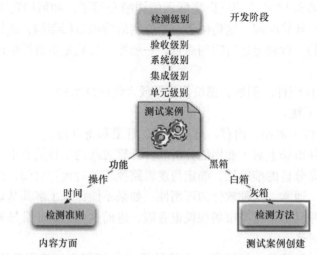

图 4.16　特征空间中的测试方法（参考文献［4］）

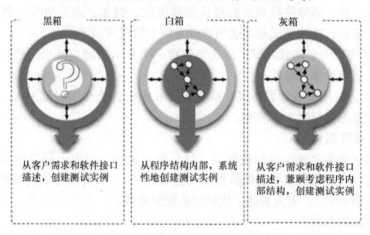

图 4.17　黑箱，白箱和灰箱测试（参考文献［4］）

对于黑盒方法，除其他内容以外，还指定了以下测试工作：

- 等效分区测试和极限值分析
- 基于状态的软件测试
- 用例测试（Use‑Case‑Test）
- 基于决策表的测试
- 多样化测试技术
- 背对背，回归测试，变异测试

这些将在下面详细介绍。

	功能测试	平凡测试	撞击测试	兼容性测试	偶然性测试	安装测试	人机工学测试	安装测试	复+杂性测试	运行测试	承载测试	极限测试
单元级别	✗	✗		✗					✗			
集成级别	✗	✗		✗					✗			
系统级别	✗	✗	✗	✗		✗		✗		✗	✗	✗
验收级别	✗	✗		✗		✗	✗	✗		✗	✗	✗
黑箱技术	✗	✗	✗	✗	✗	✗	✗	✗		✗	✗	✗
白箱技术	✗								✗			

图 4.18　测试级别与测试类型的对应关系

4.3.3.1 等效分区测试

正如前面已经指出的，这里主要的问题是从一组测试用例中，确定出一个最能代表软件组件操作行为的测试用例，而不去过于考虑所有单独用例，这就是所谓等效级分区测试（Equivalence Class Partitioning）。这是一个精心挑选出的测试用例，可作为所有测试用例的最佳代表，而且必须可靠地识别所存在的错误。

在这种情况下，这一概念直接地从英文 divide and conquer 翻译而来，其真正的原理就是分而治之，即将复杂的测试问题分解为若干个子问题，然后对所获得的子结果进行汇总。最终的结果是一组等效类，它们代表了所有测试用例的总体。具体实现和方法就是形成功能等效类。

对此，一种基本方法是进行持续的案例区分，并兼顾到输入和输出条件。等价类测试相同的程序功能，已达到限制测试用例数量的目的。这样的创建过程会生成有效和无效的等效类，即必须对所有定义的等效类进行极限值分析。该方法基于这样的经验，就是错误特别频繁地发生在等效类的边界处，因为程序员和测试人员通常只考虑更具"典型性"的功能情况。

等效类分区的构成规则

- 如果输入条件指定了取值范围，则必须创建一个有效等效类和两个无效等效类，比如

输入范围：$1 \leqslant$ 取值 $\leqslant 1024$

一个有效等效类：$1 \leqslant$ 取值 $\leqslant 1024$

两个无效等效类：取值 <1，取值 >1024

- 如果输入条件指定了一个取值，则也必须创建一个有效等效类和两个无效等效类

比如，1 辆汽车可以拥有 1 至 3 名车主。

一个有效等效类：一个到三个所有者

第一个无效等效类：没有任何所有者

第二个无效等效类：超过三个以上的所有者

- 如果输入条件指定了一组值，但必须以不同的方式进行处理，则必须创建一个有效等效类，还必须为所有这些值，创建一个无效等效类，但有效值除外。比如

水果：苹果，梨，香蕉，橙

四个有效类：苹果，梨，香蕉，橙

一个无效类：所有其他 ... 肉

- 如果输入条件定义了一个必须满足的条件，则必须创建一个有效等效类和一个无效等效类。比如，第一个字符必须是字母，那么

有效等效类：第一个字符是字母

无效等效类：第一个字符是数字

如图 4.19 所示，还可以对极限情况进行多维度观察。

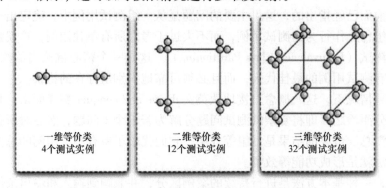

一维等价类
4个测试实例

二维等价类
12个测试实例

三维等价类
32个测试实例

图 4.19　多维等价类的形成（参考文献 [4]）

因此，等价类构成就是一种普遍性适用的测试技术，旨在减小问题的尺度。例如，在模块测试中以及在软件集成测试界面交互中，进行相应的区别对待处理。该方法便于使用，并且在必要时，还可在测试时隐含性地省略掉冗余。因此，可以轻松地将其引入日常开发和测试中。其中，功能性多维等效类非常适合于测试软件，这时软件不是基于状态的，也不依赖于复杂的输入数据。

4.3.3.2　基于状态的软件测试

到目前为止，所考虑的功能和方法是如此建立，就是计算结果值仅由输入参数的当前分配确定。所考虑的功能和方法都是无记忆的，即没有存储器。

然而，在实践中许多程序功能由于要使用内存，因而与记忆性密切相关，即计算出的输出值还取决于程序的先前执行历史记录。

在计算机结构理论中，对交换网络和交换机制进行了区分，如图 4.20 所示。

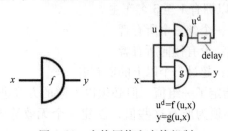

$u^d = f(u, x)$
$y = g(u, x)$

图 4.20　交换网络和交换机制

图 4.21 中的环形缓冲存储器就是一个例子。可以将环形缓冲区看作是一个特殊形式的队列存储器，其存储单元排列成一个圆圈。此方法有两个主要优点，即始终可以写入环形缓冲区，并且可以特别简单且有效地实现数据结构。

图 4.22 所谓的有限自动机，它描述了一种对这类系统建模的方法。这种基于状态的软件测试，其基本思想就是至少检查一次两个状态之间的所有转换。

为了确定测试用例，这里可以清楚地从图 4.23 的一个状态树中推出其自动机。在此状态树中，状态更改只有一个方向，没有返回跳转。这就是为什么可以导出测

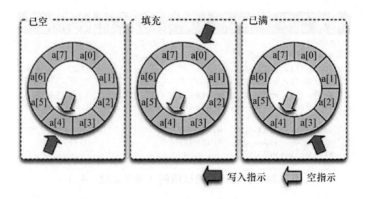

图 4.21 环形缓冲存储器（参考文献 [4]）

试用例的原因。

对从 1 到 6 的每个编号的最终状态，都分配了必要的测试输入顺序，以实现图 4.24 中的状态和预定结果。

这些状态自动机（State Machines）在实践中经常使用。测试这种状态机时，应同时测试正常情况和错误情况。尽可能考虑到所有不会导致错误的状态转换和事件。还必须测试不会导致状态改变的事件。

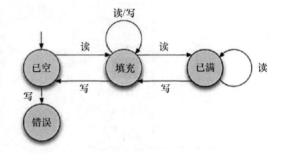

图 4.22 有限自动机（参考文献 [4]）

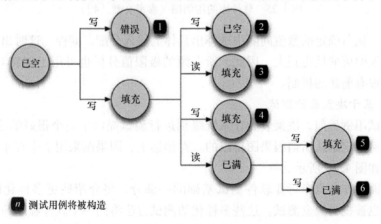

图 4.23 将自动机展开到状态树（参考文献 [4]）

4.3.3.3 测试用例

在测试用例（Use Case Test）中，所确定的输入值会触发一个过程序列，这可见图 4.25。在此步骤结束时，将对输入进行分区，这已在等价类形成过程中进行

Nr	测试输入	期望结果 （已读）	期望结果 （缓冲内容）
1	read()	Fehler	{}
2	write(1), read()	{1}	{}
3	write(1), write(2)	{}	{1,2}
4	write(1), write(2), read()	{1}	{2}
5	write(1), write(2), write(3) write(4), write(5), write(6) write(7), read()	{1}	{2,3,4,5,6,7}
6	write(1), write(2), write(3) write(4), write(5), write(6) write(7), write(8)	{}	{2,3,4,5,6,7,8}

图 4.24　自动机的测试用例（参考文献［4］）

了说明。这就创建了有效和无效类的输入分配。

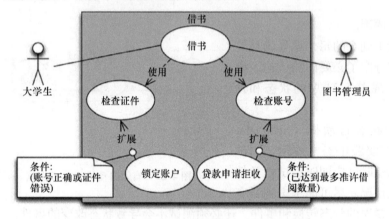

图 4.25　软件库的用例图（参考文献［4］）

　　然后，从所确定的数值间隔中选择出具体的输入分配。同样，这时出现极限式等价类错误的可能性也很大。因此，所介绍的极限值分析也可用于创建测试用例，这是一个很有前途的机制。

4.3.3.4　基于决策表的测试

　　与测试用例类似，决策表为在系统级别进行测试提供了一个很好的测试选项。这里的用例决定是从所谓因果图得出的。在描述上，因果图采用了带有布尔运算符的连接，如图 4.26 所示。

　　在下面，作为汽车行业软件测试基础的一部分，将介绍些更多样化的测试技术。这些也被视为黑盒测试。这些多样化的测试方法将同一个软件程序的多个版本相互比较。这是一种新的方法：它不是针对一次性规范或需求的测试，而是参照旧的软件实现，对新的实现进行测试。这些方法是：

- 背对背测试
- 回归测试
- 错误注入测试

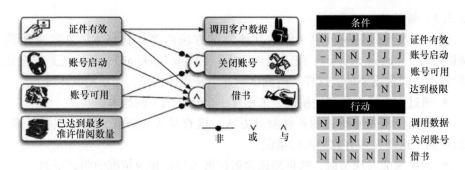

图 4.26 库函数的决策表（参考文献［4］）

4.3.3.5 背对背测试

在所谓背对背测试中，将对一个软件的多个不同实现，进行相互间对比测试，如图 4.27 所示。

- 所有版本均基于相同的要求。
- 相互独立的团队实现软件。
- 希望团队之间具有异质性（多样性）。
- 特别适用于要求严格的安全性环境，或难以测试的要求，例如，数字信号处理。

4.3.3.6 回归测试

在实践中，局部受限的软件进一步开发，或者错误纠正，都会导致软件的修订版本与前任版本有所不同，但这也仅是在很小的程度上的不同。通过回归测试，就可将其与软件的原始版本进行比较，来确认和确保其功能。

除了要证明更改对软件的其余部分没有影响之外，还因为测试用例的重复使用程度很高，因此采用通用的软件产品开发线，就可以使测试成本最低。测试费用通常随着软件寿命的增长而增长。这一过程如图 4.28 所示。

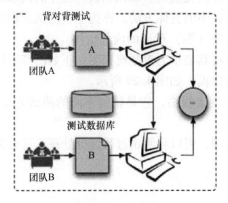

图 4.27 背对背测试（参考文献［4］）

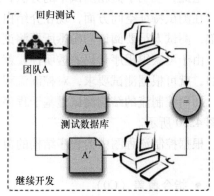

图 4.28 回归测试

4.3.3.7 错误注入测试

错误注入测试是一种用于评估其他测试方法的多样化技术。它实现所谓的"错误播种"（Error Seeding）或"错误注入"（Error Injektion），而这正是安全相关开发指南中通常需要的。这样，所测试的并不是程序代码，而是测试环境。

- 通过人为插入典型性错误，来创建一个软件的不同版本。
- 然后使用先前所述的各种测试方法，检查是否在所获得测试数据结果中，重新找到了这些人为有意加入的错误。
- 如果未能发现错误，则将测试数据扩展为包括相应情况的测试用例。
- 该技术基于这一经验，即一个程序员大多数情况下，只会犯些典型性的错误。

错误注入测试基于两个假设：

- 合格的程序员（Competent programmer hypothesis）

软件开发人员能够创建几乎完全正确的程序，这些程序的表现行为与预期的行为（规范）仅是略有不同。

- 耦合效应（Coupling effect）

复杂性错误是以某种方式和形式，连接到简单性错误。

而在实践中，错误注入测试在计算上非常耗时间，这是因为错误要按照 3.8.5 小节所描述的，编写和插入到要测试的整个程序中，并且还需要反复地进行测试。但是，仍必须手动完成对所获得原始数据（偏差）的分析，这可能非常繁琐且单调。就一个进行错误注入测试的软件而言，测试用例越不成熟，测试就变得越发复杂，因为用例越来越多，缺少测试用例将会出现所谓的"突变型"发现，这就需要进行新的一轮测试，以及重复性的人工评估。

4.3.4 测试方法和技术：白盒测试

至此，说明了黑箱测试中的方法，这种方法无法观察和识别软件程序的内部结构。在测试特征空间方面，现在介绍白盒测试中的具体方法。作为这些测试的理论基础，测试人员要阅读和洞悉所要测试的程序（源）代码的内部结构。

由于可获得程序代码的透明性，就可以将其表示为控制流程图，正如已经所说明的，就可根据测试要求，对控制流程进行建模，如图 4.29 所示。

面向控制流的结构测试是基于程序的控制流程图，它是较为不同的测试方法，如图 4.30 所示。

根据控制流程图中的程序结构的覆盖范围，可以将测试过程区分处理，可分类如下：

- 指令覆盖（C0）
- 分支覆盖（C1）
- 条件覆盖（C2，C3）

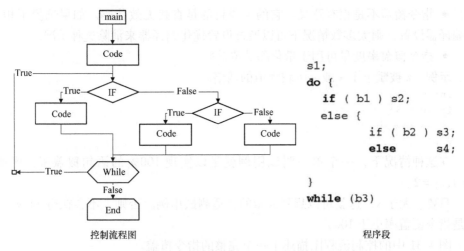

控制流程图   程序段

图4.29 从程序段导出控制流程图

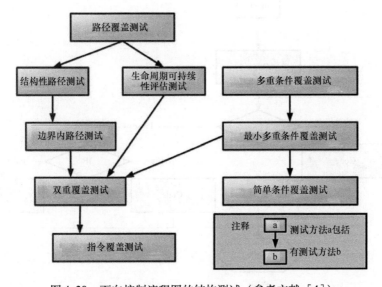

图4.30 面向控制流程图的结构测试（参考文献［4］）

- 路径覆盖（C4）

在此，覆盖概念是软件测试中的一种度量，描述程序中源代码被测试的比例和程度，所得比例称为代码覆盖率。

4.3.4.1 指令覆盖（C0）

方法：定义一个测试，可执行测试程序对象中的所有语句。

- 定义指令覆盖率作为测试度量。这表示了所执行的语句与现有语句之间的关系。

- 如果所有语句均至少执行了一次，则说明这是一个完整覆盖。

- 指令覆盖不是很有意义。它的主要目的是查找无效代码。如果选择了相应的编译器设置，则大多数情况下可以通过设置优化编译器来消除这种情况。

- 指令覆盖率度量可用于量化测试覆盖率。

示例 z 被赋予了 x 或 y 中较大值的两倍。

```
int z = x;
if (y > x)
        z = y;
z *= 2;
```

在这种情况下，一个单一测试用例就足以实现 100% 的语句覆盖率：比如，x = 0，y = 2。

只要 y 大于 x，这就可以想到大量的合适测试用例。否则，不会执行 z = y，结果是指令覆盖率小于 100%。

图 4.31 中的控制流程图描述了一个完整的指令覆盖。

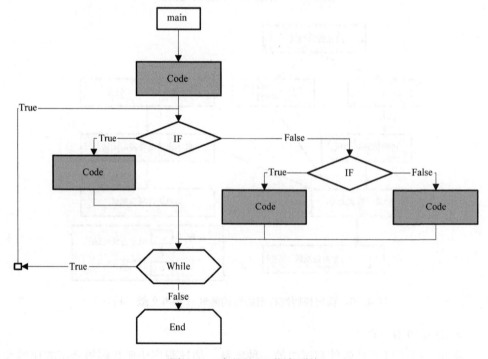

图 4.31　完整的 C0 指令覆盖

4.3.4.2　判断覆盖（C1）

方法：定义一个测试，可执行测试程序对象中所有指令分支。

- C1 测试包括有 C0 测试，例如，作为机载系统和设备合格审定中的软件（RTCA DO - 178B）的一部分，如要获得 B 级别批准时，就需要进行判断覆盖测试。

- 建立所执行的原始分支与所有可能的原始分支的比率，这就是判断覆盖率的测试指标。
- 判断覆盖率测试提供了查找到尚未运行的程序分支的可能性。
- 除其之外，该测试还可用于优化代码中的热点 Hot – Points，这通常是代码执行位置。
- 判断测试并不适合于测试复合性和循环条件。

示例　z 被赋予了 x 或 y 中较大值的两倍。

```
int z = x;
if (y > x)
        z = y;
z *= 2;
```

与指令覆盖率测试相反，要实现 100% 的判断覆盖率，就需要多个测试用例，因为必须既要检查执行了的 if 分支，也要检查没能执行的 if 分支的情况：

测试用例 1：x = 0，y = 2

测试用例 2：x = 2，y = 0

在图 4.32 的控制流程图中，描述了一个完整的 C1 覆盖。

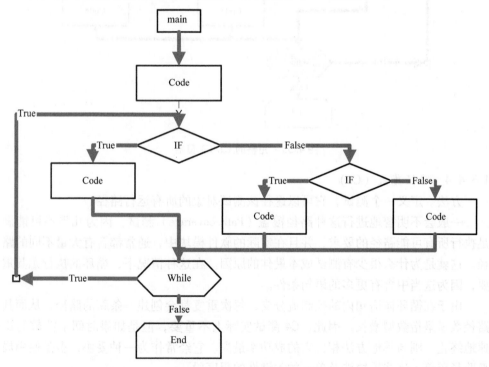

图 4.32　完整的 C1 覆盖

4.3.4.3　条件覆盖（C2，C3）

方法：定义一个测试，它可检查测试对象中的所有执行条件。

● 条件覆盖（Condition coverage）范围 C2 测试检查所有最小的且不可再分割的局部性决策，是正确还是错误。

● 附加的多重条件覆盖测试 C3 还可检查复合性指令中的决策。

在顺序性（不完全）分配的情况下，C2 测试包括了 C1 测试、C3 测试中的完全性分配。如果与一个条件中部分公式的数量相比，这会导致测试用例的数量呈指数形式增长。当存在有可导致复杂决策的处理逻辑时，条件覆盖测试尤其有意义。

图 4.33 的控制流程图显示了所谓完整的 C2/C3 覆盖。

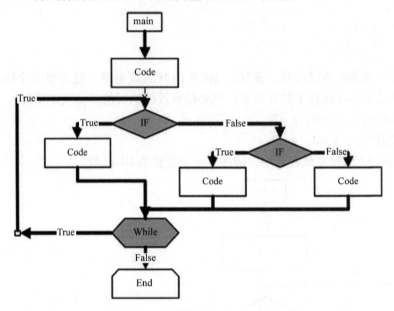

图 4.33　完整的 C2/C3 覆盖

4.3.4.4　路径覆盖（C4）

方法　定义一个测试，它可以途径该测试对象的所有运行路径。

一般会不明智地进行这种路径覆盖（Path coverage）测试，因为几乎不可能满足执行所有可能路径的要求，并且在实际的软件模块中，通常都含有大量不同的路径。这就是为什么很少有测试成本最佳的原因。在这种情况下，循环的执行尤其重要，因为这当中含有更多的语句条件。

由于在循环体语句内的控制流分支，每次重复都会创建一条新的路径，从而其路径数量呈指数型增长。因此，C4 测试实际上不重要，但是如果时间上能较为迅速地终止，则与其他方法相比它的成功率最高。它经常作为一种妥协，多是使用局部路径覆盖，这些妥协涉及单一的关键性的程序段。

在与安全相关的开发标准中，对于不同的部分或者在软件成熟度级别上，一般建议（甚至明确规定了）各种代码重叠的程度。

4.3.5 测试指标和软件测试限制

测试指标用于定量性地确定软件测试的属性。因此，测试用例或者测试程序的质量就成为一个切实性的尺度。通过测试指标的使用，就可做出以下判断和声明：

- 模块测试已足够
- 程序中未检测到的错误数量
- 测试方法的效率

覆盖率指标如图4.34所示。

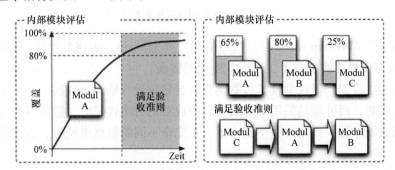

图 4.34 覆盖率指标（参考文献 [4]）

通常，还会在软件发布报告中，提供各个开发阶段的度量标准，以证明软件成熟度和质量，并且可以采用3.6.5小节所述的，关于供应商管理的验收标准。软件测试限制的确仅是基于这一事实，即无法可靠地识别出错误。否则它们将可以被避免。其原因可以是下面一个或多个原因：

- 需求不清楚或缺少
- 程序复杂度
- 缺乏工具支持
- 缺乏组织支持
- 职业教育或培训不足
- 时间问题

软件测试只能是显示错误的存在，而始终不能表明程序的正确性或者没有错误。一个例子如图4.35所示。除了所传输的参数数据类型外，这两段程序在算法上是相同的。但是，这两个程序并不会执行相同的操作。

- 左边的程序将8位整数值，成功地除以2，在6次迭代循环后中断。
- 返回值" 1/(parameter - (cnt))"（整数除法，因此圆整，取整数值）
- 该程序对所有256个可能的输入值，其计算没有任何问题。
- 将参数"parameter"的数据类型更改为16位，就可以将输入值范围扩展到65536个。
- 如果正好将402赋值给"parameter"，则该程序将要崩溃，并显示出错误消

```
float funktion_a (unsigned char parameter);

int main(int argc, char *argv[])
{
  printf("\nRueckgabe der Funktion %d\n",funktion_a(255));
  system("PAUSE");
  return 0;
}
float funktion_a (unsigned char parameter)
{   char cnt = 0;
    while (cnt < 6)
      { printf("Parameter hat den Wert:%d \n",parameter);
        cnt++;
        parameter /= 2; }
  return 1 / (parameter - (cnt));
}
```

```
float funktion_a (unsigned short int parameter);

int main(int argc, char *argv[])
{
  printf("\nRueckgabe der Funktion %d\n",funktion_a(255));
  system("PAUSE");
  return 0;
}
float funktion_a (unsigned short int parameter)
{   char cnt = 0;
    while (cnt < 6)
      { printf("Parameter hat den Wert:%d \n",parameter);
        cnt++;
        parameter /= 2; }
  return 1 / (parameter - (cnt));
}
```

图 4.35　软件测试的局限性

息"除以零"（Division by zero），这样的话，改为 64 位，也将发生这一情况。

　　● 没有传统的测试技术，可以找到此类错误。

　　这就可以看到，仅仅更改了数据类型就会导致运行错误。这甚至不一定是由开发人员造成的，而可能是采用了过去项目中成功运行的代码时，通常当引入一个新的编译器或处理器，代码编写中使用了一个完全不同的数据类型时，也会发生这类情况。

4.4　汽车电子中的硬件在环

　　一方面，上面仅介绍了常规性的软件测试，并非针对汽车电子系统，另一方面，汽车行业已流行的测试方法，并未检查代码功能或编码，所以这两者之间存在着一个很大的隔阂。就软件中的各个功能测试而言，它只能在没有整体环境的模块测试中进行测试，而实际路测并不测试这些功能，而是要确保系统的实际使用性。

　　针对这种情况，就推出了所谓硬件在环 HiL（Hardware – in – the – Loop）仿真，就是在接近车辆实际使用的条件下，在测试台上测试软件的功能。在前几章中，对硬件在环仿真进行了分类，并说明了它与软件在环（SiL）仿真的区别。在此，将介绍若干在驱动和转向电子设备环境中，进行自动化测试的具体示例。对许多控制单元而言，重要的是通过其相互连接和与之相关的信号，运行真实驾驶情况，因为如果输入信息不一致，则控制单元不会切换到与测试相关的操作模式。为此，这通常就需要非常复杂的调节电路系统。

4.4.1　发展历史

　　早在 1985 年，就已在发动机控制单元中进行了硬件在环仿真，而且连接到整体仿真系统，该仿真系统使用发动机和车辆仿真模型，尝试为控制单元提供运行环境。它的控制是通过一个台式计算机进行的。

　　除了在车辆驱动领域的飞速发展外，硬件在环仿真也已进入到其他领域。在这里由于涉及测试的复杂操作，因此完整的组件通常要经过电子测试，而不是像内燃机那样用仿真模型代替。

4.4.2 测试自动化

在车辆驱动领域，自动化测试很早就已建立。比如，图 4.36 列举出了其必要的组件。因为在驱动区域是对内燃机进行了仿真，并且考虑到仿真的复杂性，仅将一些难以仿真的电子组件（喷射阀，节气门）集成为真实性零件，进而试验台尺寸可以很紧凑。

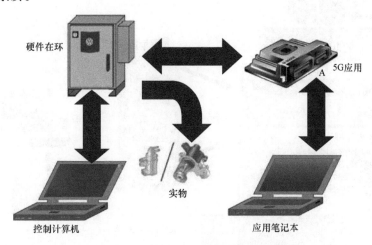

硬件在环

A 5G应用

实物

控制计算机

应用笔记本

图 4.36　驱动领域中的硬件在环模拟器

从本质上讲，硬件在环测试的重点是测试控制单元上的软件，而不是电子或机械组件。而对于这些组件的测试，还有其他更为广泛的测试内容，其中包含有针对组件，在特别具有挑战性的环境条件下（例如，电流和温度波动、振动、甚至模拟盐雾以及冬季行驶状况）进行测试。但是，这些都不是软件功能的测试用例，因此不是硬件在环测试的重点。硬件在环测试平台的另一个重点，则是在软件级别上对控制单元的网络功能进行测试。

数据交换借助一个笔记本或者另一台计算机进行，以设置测试过程参数，这还需要一个带有仿真器探头的特殊控制设备。借助于这些终端设备上的一个所谓工作和参考页面，就可提供了一个测量存储器副本，创建一个快速参数更改存储区域。这之间可以直接切换，以能确定两个测量参数的数据集之间的差异。这项技术来自实际车辆行驶试验，在这当中，可快速并直接地比较不同的测量参数集，及其对行驶行为的影响。对此，在参考文献［3］中有更详细的介绍。

将要测试的软件以全通滤波器方式装入控制单元，即该软件可整体进行更改。在早期开发阶段，还可以在一个附加模拟计算机上，与控制单元并行实现某些计算功能，并通过特殊的内存模拟 ETK 接口输出结果，ETK 是博世的子公司 ETAS 公司的专利，这是一种内存模拟技术，通过安装在控制器 ECU 中的一块特殊用途的电路模块，提供基于并行通信的应用。ETK 通过直接同 ECU 处理器的总线进行连接，从而提供高速数据通信。这也被称为旁路/分流（Bypass）。两种方案都可用于快速原型（RapidPrototyping）制作。

  自动化测量操作过程的具体步骤如图 4.37 所示，这当中有应用系统，控制计算机和模拟器，测量设备之间的信息和数据交互。

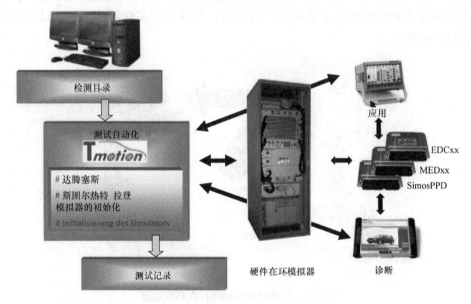

图 4.37　自动化仿真步骤

  作为测试自动化的一部分，现在就可以定义各种测试流程。测试步骤的顺序存储在一个测试脚本中，用于控制模拟器。也可以实现自动化比较目标值与测量值，测试人员仅在出现偏差的情况下，才人工参与结果评估。每个新的测试功能的开发，都要计划入自动化测试的费用支出中。完善的测试脚本可用于将来的所有测试用例，这将可创建一个大规模，具有丰富内容的测试数据库。

4.5　摘要

- 介绍了若干著名的软件错误，原因和影响性。
- 引入了软件错误的概念，可能的引发原因，以及发现和避免它们的可能性。
- 指定出了测试的基本流程、测试标准、特征空间，以及验证和确认之间的差异。
- 作为衡量软件测试复杂性的基础，引入了软件度量概念，来定量地描述软件的复杂性。
- 提出了明确的测试流程，从纯软件测试级别开始，经由系统测试，到车辆开发的特殊型测试示例。

4.6　学习检查

4.6.1　错误概念

- 列举出软件错误的可能原因。
- 列举出测试准则。
- 解释验证和确认之间的区别。

4.6.2　衡量代码

- 列举出过去比较重要的软件尺度。
- 解释软件的循环复杂性。
- 什么是霍尔斯特德 Halstead 方法？

4.6.3　测试方法

- 列举出构建测试用例的方法
- 列举出面向控制流程的结构性测试程序。
- 描述和评估 C0 至 C4 测试。

第5章 过程建模

在本书的前两章中，就其技术内容而言，讲解的重点是作为汽车信息学基础的汽车电子和软件。如果在所确定的客户功能或者安全相关的开发框架内，重点则是验证客户的质量要求，

从一个客户需求或者产品构想，到其电子设备和软件实现，这都需有很长的路要走。在第5章中，介绍了如何在工业环境中创建软件的过程，并给出了详细的及通用化的说明，而第4章则着重介绍了如何对所创建软件产品进行测试。本章将要介绍行业中业已成熟的软件开发过程模型，在项目进行中的开发过程成熟度，从而从整体意义上对车辆信息技术进行概括性梳理。

从行业标准，法律规范和客户需求到产品实施，这是一个开发人员的创新过程。通常，创造性过程中无法避免人为错误，因为它们无法自动性，贯彻执行到最后一个细节。在这种情况下，最好是将开发人员由自动化工具来代替。实际上，希望能尽可能地减少人为错误，明确地规定所适用的标准化，指定和记录过程，这些工作对软件开发，都是很有帮助的且是必要的，但它们并不限制与产品相关的创造性过程。

如同3.4节中有关软件开发的详细过程，以及4.3.1小节中的软件测试内容所述，必须尽可能在早期设计出错误防护性措施。一个错误发现或避免地越早，所造成的经济损失就越低。在理想情况下，在进入后续开发阶段，甚至测试成品之前，都应该查找错误可能出现的地方。如上述建设性意见所述，伴随开发过程的质量保证措施必须位于一个V模型的左侧，并以代码审查的形式进行衡量，甚至是在代码集成和测试之前就进行。

在汽车工业中，业已经建立了各种这类过程，将开发和测试阶段，进行区分和结构化，并设立其各个阶段性的里程碑。这些里程碑可用来传递阶段性结果，这还包括相关的记录文档，而为了监督相应项目的执行，每个步骤都需进行审核和验收，比如，通过"多人原理"进行早期错误纠正。这些都是分布式开发和测试的一个重要基础，超出了团队本身的界限、场所、文化，甚至在一定框架内的企业界线。通过相互沟通和对解决方案提出质疑，多方审查就是最好的方法之一，这就可以从业已成熟且固有的思维方式中摆脱出来，迅速地寻找出形成错误的原因。特别是，在这里要鼓励初入职者或者转业员工积极地参与入熟悉工作阶段。一方面，他

们可以提问和质疑解决方案，另一方面可由专家解释技术，从而不用再花费额外的时间和精力。

另一方面，严格的程序以及所有相关方法，实施手续，如果劳动法允许，还可以在一定细致程度上，更具体地指定说明。但这可能，甚至在某种程度上限制了创造性过程。因此，必须决定如何尽可能地实施产品创意，或者重点放在形式性的验证上。这里除了其他框架条件，在某些情况下甚至是企业内部的文化问题，包括员工的专业资格、个人适合性和职业倾向，甚至企业的经营条件，以及工会组织的参与。不论所使用的科学技术，这里的重点是人，不仅是开发人员，还有测试人员和产品用户。

在错误症状仍不明确的情况下，进行技术故障排除，这就具有很特殊的意义，借助电话热线提供指导性建议，这只能提供非常有限的支持。因此，错误排除是一个即具有高度创造性，又基于以往经验的过程，在此过程中，还必须使用多人审查原理来质疑个人的思维模式。从错误的表现症状中找出错误的引发原因之后，纠错过程又从校正开始，通过所描述的实际过程，可给出具体的纠错前提和更正步骤。例如，这也在 3.6.8 小节中，通过周期性循环问题管理给予了确定。

以下介绍的过程模型部分来源于纯学术性观点，所谓结构化开发过程，或者行业标准，甚至法律规范。因此，它们通常非常抽象化和正式化。其实这本身就是一个创作过程，要使所描述的模型能适合自己的应用领域，确保安全措施能够避免错误，并符合行业标准和法律规范，还仍能继续务实性和创造性地发展。本章在介绍了有关过程模型的最新技术状态之后，将讲解一个务实性遵循规范要求的示例，以及在实践中运营项目管理，以此来控制整个软件开发活动。

5.1 软件开发过程

在软件开发之初，对于实习性，个人学习，或者高校领域中的小型项目，通常可使用如图 5.1 所示的直观性，试错代码或修复模型（或尝试和错误）。它的优点是管理工作量少，但其缺点亦很明显：

- 均不具备代码的可靠性，可维护性和清晰性
- 整个过程极度依赖于程序员本人
- 在功能范围方面，可能存在开发人员和用户观点间的差异
- 没有确定性的文档创建或归档，以及测试案例

因此，此模型仅适用于小型软件项目，"家庭使用"或者实习用途，作为所谓面向内容的项目。

可能只有开发人员本人，及其直接环境群体，能感受到软件使用效果和错误造成的影响作用，开发者必须尽快进行更正，或者忍受这类错误。而涉及专业性的软件开发，就需要一个用于软件开发的过程模型，这导致和出现了软件开发过程。这

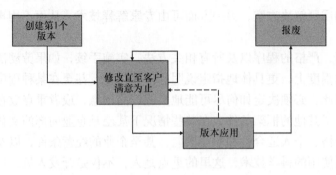

图 5.1　代码和确定模型（Code & Fix Model）

一过程有助于化解软件开发的复杂性，使其更加清晰化，并具有可计划和可管理性。

如果没有良好的辅助性措施，就很难创建和维护复杂的软件产品，这就是软件开发人员为什么，必须按计划或过程来进行软件开发的原因。这种计划性过程基于过去项目所积累的经验，将开发过程直观性地划分各个时间段，相应的内容确定且有限，易于进行控制管理。

通常，实际的技术开发过程都伴随有诸如项目管理，质量保证等辅助性过程。这已在第 3 章中，对此进行了详细讨论。过程模型具有不同的详细程度，将整个开发流程划分成不同阶段。这些阶段将可能运行一次或迭代多次，使相应的各个软件组件不断完善。

如图 5.2 所示，软件开发过程描述了一系列完全结构化的活动。这些是将用户需求转换为软件系统所必需的。一个过程模型描述了如何系统性地计划和贯彻软件开发项目。它确定了开发工作流程的时间顺序，即开发阶段等级，阶段概念和方案，以及软件设计结构。

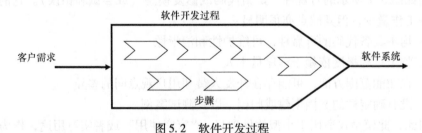

图 5.2　软件开发过程

过程模型将定义：

- 项目框架和里程碑
- 工作顺序和产品组件

- 产品验收标准（完工标准，验收标准）
- 责任分配和能力
- 所需的员工专业资格
- 行业标准，指南和工具

而就软件生命周期管理而言，它定义了软件整个生命周期的各个不同阶段。而过程模型描述了对操作流程的要求，并定义了要实施的特定技术和组织流程，换句话说，过程模型是分析一个企业的经营过程和标准规范。根据标准化程度，可以配置不同的过程成熟度。企业可以将这些成熟度级别由外部机构给予认证，这将作为评估的一部分，将在 5.12.1 小节中详细介绍。

各种传统式，规范化和更新性的过程模型，将在本章后面详细叙述。应该注意的是，这些模型的组成部分可以有局部性的重叠，并且可根据具体应用和企业组织进行适当修改调整。而这些模型所映射的主要是实例性、组合、抽象和描述所能提供的企业资源。

5.2　瀑布模型

图 5.3 中所示的瀑布模型是一个顺序性、线性化，且非迭代，并自上而下的过程模型，在连续性的项目阶段中进行经营组织。就如同瀑布一样，阶段性结果始终作为下一个阶段的约束性准则，每项活动均以预定的顺序进行，并在最后附加有完整的项目文档。

在瀑布模型中，每个阶段都有预定义的起点和终点，并明确定义了其结果。该模型描述了为创建结果而必须进行的个别性工作，在所确定的里程碑，亦在每个阶段的末期，以所计划的开发文件形式，作为项目管理的一部分给予总结告终。

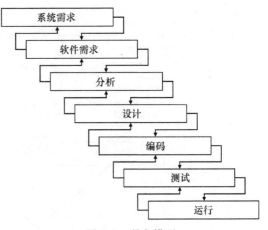

图 5.3　瀑布模型

"瀑布"的名称的确被用来选择性的、图形化的表现了阶梯式排列的项目阶段，如同水只能向下流。在实际操作中，传统意义上它是一个广泛流行的过程模型，拥有许多不同的变体。如果在计划阶段可以相对精确地描述需求，能力和过程，使用瀑布模型就具有一定的优势。

对这一简单模型（带返回的瀑布模型）的扩展，仅是引入了两个相连阶段之间的迭代，并允许向上运行，所谓返回到先前过程。如果在当前阶段明显地需要采取些行动，而且真有必要，可以稍有偏离这一"前任－继任原则"。基本上讲，可以将其转移到较早的一个阶段。例如，在测试期间或者发现某种偏差和错误，要对系统设计或者用户手册进行调整。

这个模型的优点就是其极其简单，所需的管理工作较少，可视为是一个规范性，可控制和可视性的流程。这就是瀑布模型在高层管理中非常普遍采用，且广为流行的原因。但就复杂的软件或系统开发而言，其缺点是过于严格的顺序，通常却行不通，另外反馈的可能性低。经常，项目后期时才意识到所存在的问题，客户也仅参与了商定需求和运行阶段，以及过于严格的文档编制风险，这些都不在符合当今软件和系统开发的要求。尤其是在进入数字化时，迭代式，更敏捷，更面向客户的软件开发技术就显得非常有必要。

5.3　V 模型

图 5.4 和图 5.5 中均为 V 模型，这种模型阶段性地构造了系统开发过程（图的左侧）和测试过程（图的右侧）。左侧以功能规范开始，然后将其更愈发详细地扩展，从初步规划，到详细设计技术规范，直至模块化实现。这里，具体实现位于最下部，然后在右侧，将针对左侧的相应规范进行测试。

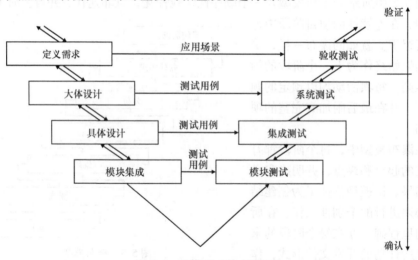

图 5.4　V 模型（技术层面）

某个阶段性的结果对下一个后续项目阶段，具有规范性约束力。箭头指向下的连接确定了过程分支，以模块实现结束。在检查需求时，就需要验证非正式的应用场景，通常称为用例（Use－Cases）或用户案例（User－Stories）。而通过正式测试用例检验技术规范，被称之为验证。

如果在迭代开发的测试中，在软件模块或集成级别中发现了错误，就从 V 模型的右侧跳回相应左侧，这相对比较容易实施。然后在更高级别，即集成到机电一

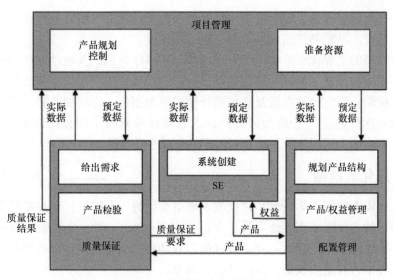

图 5.5 V 模型（组织层面）

体化系统中之前，将再次贯彻执行各个阶段。

V 模型自称是通用的，它还明确定义了管理工作的角色。作为一个整体系统的开发模型，它可以适应特定需求，并且以 V – Modell XT 的形式，作为军用项目和联邦当局的标准。它还可分离出多个子模型，诸如系统创建（SE），质量保证（QA），配置管理（KM）和项目管理（PM）。

5.4 与应用相关的过程模型

尽管瀑布模型和 V 模型，二者均涉及整个系统或直至最终产品的软件开发，但仍有许多模型更专注于某些具体的产品阶段，或者一个特定的用途，或者开发过程中的某个子阶段。下面给出一些示例。

5.4.1 原型式模型

原型式模型的目的，如图 5.6 所示，这种方法主要是解决客户需求的定义尚不完整的问题。它有助于选择其他替代解决方案，并允许用户同时参与开发过程。在原型式模型的帮助下，可确保产品的可行性，以及尽早

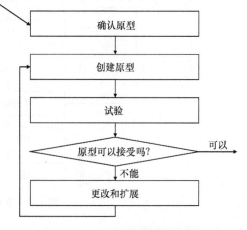

图 5.6 原型式模型

打入市场成为可能。这一解决方法是尽早地创建可执行的测试原型，并澄清可能会

存在的产品问题。通常，先有一个单纯简单性的产品定义，然后是专业性的系列条件下进行开发。早期的产品版本可用于进一步开发。

这一模型的主要优点是降低了开发风险，还可以集成到其他过程模型的早期阶段。使用相应的开发工具可快速创建原型，就能在最终用户和制造商之间产生持续性的信息反馈。而它的缺点就是这种额外性的原型制作，将增加产品开发费用，所谓将"仅一次性原型"转换为最终产品，通常会带来的一部分难以预知的风险。此外，可能会因为错误地使用原型替换了实际缺少的文档。

5.4.2 进化式模型

进化式模型如图 5.7 所示，它代表了原型模型的一个扩展，而并非是实现整个产品。客户的主要需求直接地导致了交付的"零版本"。对一个新版本所提出的新需求就可导致逐步性地开发，就是通过模型和调整，用户经验。产品维护活动直接集成到流程中，其重点仅是开发产品的一部分。

进化式模型的优势在于，可以在短时间内为客户提供产品，整合用户体验，项目规模易于控制管理，易于修改的工作内容，不会仅仅关注项目截止日期。而其缺点可能是对更高版本中的架构，如果要进行了完全性的更改，由于零版本缺乏适应产品的不可预测性，就不能保证项目进行中的灵活性。如果客户尚未完全分析并确定其产品需求，这种模型较为合适。但在汽车工业甚为严格的开发过程中，该模型目前还难以得以应用。

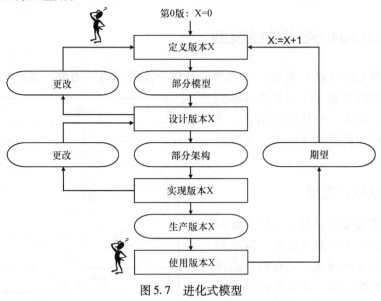

图 5.7 进化式模型

5.4.3 增量式模型

在增量式模型中，将尽可能完整地收集对产品的需求，并对产品建模。作为一个示例如图 5.8 所示。在较短时间内，它就可以为客户提供一个产品原型，或者系列性的产品。而在下一个扩展阶段的实施中，就要考虑和采纳当前版本客户的体验和反馈。

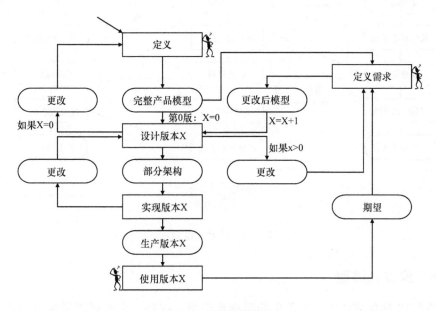

图 5.8　增量式模型

　　增量扩展能适应先前的系统，就弥补了进化式模型的缺点。但是，并非总是可能有完整的规范。由于与面向对象范例之间的紧密联系，就很难转移到其他模型范例，这种模型在汽车行业中并不常见使用。

5.4.4　并发式模型

　　在图 5.9 中，并发式模型是尽可能抽象的，组合初始顺序式的进程，将模型转换成能并行化进行。

　　除了核心系统之外，进行扩展方面的工作。通过尽可能地减少即兴创造和无方向性的尝试，这就要在组织方面，促进各个群体之间的合作，从而减少空闲时间和时间推延。

　　其目的是交付完整的产品。除了希望最佳地利用项目时间外，还要根据多人审查原则，使所有相关团队参与，尽可能在早期阶段就可识别所存在的问题，并避免了错误发生。但是，最重大目标是避免在核心系统中出错误，以引发作出基本决策为时过晚的风险。由于存在多个并行工作的团队，因此人员和费用支出较高，这通常使第二个并行运作难以保证其经济性。

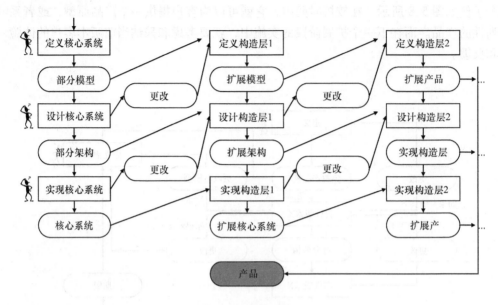

图 5.9　并发式模型

5.4.5　螺旋式模型

图 5.10 抽象描述了一个简单的螺旋式模型，这是一个所谓以风险最小化为主要目标的元模型。

这当中开发与维护并没有分离。它的特点是，对于每个过程细分级别，每个成熟度（例如原型或最终产品）和每个部分产品，都要经历四个循环阶段。一个循环周期的结果将用作下一个周期的目标。如有必要，可以为不同的阶段，各自设置单独的螺旋循环。

该模型非常灵活，还可以考虑替代性方案，能够定期对流程进行风险审查，而且并不需要固定流程模型。如能尽早取消不合适的替代方案和排除所出现的错误，就可以用

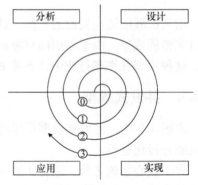

图 5.10　螺旋式模型

来评估大量的可能性解决方案，但也会导致高昂的管理成本。因此，它不太适合于中小规模的软件开发项目。

5.5　传统开发流程概述

图 5.11 是各种传统型过程模型的概述性介绍，包括各自的功能特点。

过程模型	初始目的	驱动因素	客户参与	特性
瀑布模型	管理费用最低	文件	很少	顺序性，广泛性
V 模型		文件	很少	顺序性，广泛性，测试，验证
原型模型	风险最低	代码	很多	仅部分系统
进化性模型		代码	适当	仅核心系统
增量式模型	开发时间最短，风险最低	代码	适当	全部定义，仅对核心系统
并发式模型	开发时间最短	时间	很多	广泛性，伴随性
螺旋式模型	风险最低	风险	适当	在整个过程中，每个周期都做出决定

图 5.11 传统型过程模型概述

在汽车工业的传统性迭代式系统开发中，本质上对 V 模型进行了一定程度的适应性改变，其中针对地方和联邦政府的特定要求，已引入了他们自己的方法，进行了一些取代。这些开发领域都由具有成熟度理念和与安全相关的过程和方法给予了补充。软件开发的具体步骤已在第 3.4 节中进行了详细的描述。每个商业性公司企业都将根据其自身的框架条件，调整这些通用性的流程规范，从而最佳优化流程的一致性，业务流程和开发实践。

5.6 传统过程模型的替代方案

除了到目前为止，已经讲解的传统过程模型，它们都已经在汽车工业中确立了其地位，至少能适应于特定应用领域和某些项目阶段，当然还有其他可选的过程模型。这些可以用于信息技术基础架构开发或作为一种补充。通常，它们非常适合于纯粹的软件开发，但是仅在有限的范围内，兼顾考虑了机电系统开发的特定要求。

5.6.1 统一软件开发过程

统一软件开发过程 RUP（Rational Unified Process）是软件公司 Rational Software 的商业性产品，该公司在 2003 年由 IBM 收购。它不仅包含一个用于软件开发的过程模型，还有相关的软件开发工具。该过程模型考虑了诸如工作流（Workflow）和所涉及学科的静态特性方面，以及阶段性的动态方面。这是一个递增的迭代过程，使用统一建模语言 UML（Unified Modeling Language）作为表达语言。图 5.12 中的统一软件开发过程，其中有包含六个所谓的最佳实践性特征。

① 迭代式软件开发。

② 需求管理。

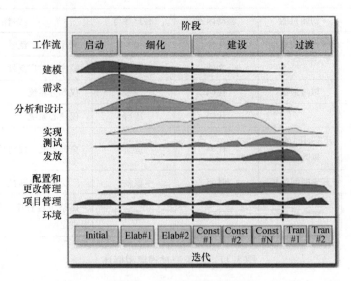

图 5.12　统一软件开发过程

③ 使用基于组件的架构。

④ 可视化软件建模。

⑤ 检查软件质量。

⑥ 控制软件变更。

统一软件开发过程的核心工作步骤如下：

- 业务建模（Business Modeling）
- 需求分析（Requirements）
- 分析与设计（Analysis&Design）
- 实施（Implementation）
- 测试（Test）
- 交付（Deployment）

以下步骤都支持改模型的核心流程：

- 配置和变更管理（Configuration & Change Management）
- 项目管理（Project Management）
- 基础设施（Environment）

在该项目时间范围内，在初始阶段（Inception）先创建一个工作流（Workflow），以确定项目范围。在随后的细化阶段（Elaboration）中，开发工作在工作流中进行，开发要实现的架构。在建设性（Construction）阶段，工作流被进一步地细化，不断将所需的功能添加到架构中。在过渡阶段（Transition）软件被转移到用户环境。

统一软件开发过程的应用范围很广，但仍不是很具体，同时它是稍后介绍的敏捷式模型的出发点。在实践中，这种开发过程对个别化，具体性的项目，想推导出项目指南非常困难，它过于一般化或太笼统性：这一模型描述了每种可能的参与者角色，组件，任务和工作流，并且可以覆盖任何规模的软件项目。但如果应用在小型或特定项目，就需要付出大量的工作。

5.6.2　极限编程流程

极限编程（Extreme Programming）方法主要专注于编程任务，而对正规化过程，几乎没有任何意义。这种方法定义了一种软件技术的过程模型，即尝试逐步性，渐进地满足客户的需求。

图5.13所示过程模型就是一个极限编程过程，这一模型被认为是简化型，并不是很正式。这一方法流程与将在第5.14节中介绍的，当今引人关注的敏捷式方法不同。整个过程中，程序员扮演了各种主角（聆听、设计、编码、测试），并对不断变化的需求，迅速做出反应。因此，这就要求项目管理必须非常灵活。这个过程是通过多个短小的迭代过程，不断集成，功能增量更改，频繁的组件和验收测试，以及进行代码注释（而不是创建文档）来完成的。这非常适合于小型项目，前提是程序员与用户之间具有良好沟通。

极限编程(Extreme Programming)

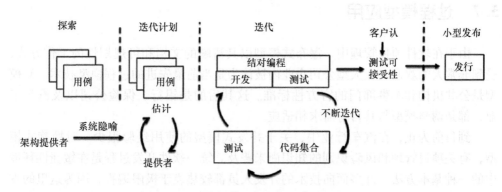

图5.13　极限编程（版权所有 Don Wells）

就汽车工业而言，这种方法的主要缺点是技术文档嵌入在代码内部。此外，该过程中的某些步骤并不直观。不能在短时间内进行构建（Build）和测试（Test），因此它仅适用于项目规模很小，且严格挑选出的团队成员。在当前汽车工业的背景下，完全使用极限编程来开发，发布，创建复杂的整体系统显得很困难。

5.6.3 嵌入式系统的面向对象流程

嵌入式系统的面向对象过程 ROPES（Object – OrientedProcessfor Embedded Systems）主要用于开发通用的嵌入式系统，并且基于实时统一建模语言（Real – Time UML）中的表示法。它将一个迭代式软件开发周期，划分为四个开发活动：

- 分析（Analysis）

该活动用于识别重要的产品特征，以制定出满足客户需求的正确解决方案。

- 设计（Design）

确定和分析产品组成的解决方案，这些可能会导致特殊性的方案，并且根据某些标准进行校正。

- 转换（Translation ）

通过转换创建可执行文件，即软件的抽象原型。

- 测试（Testing）

这包括对在转换活动中所创建的文档，进行验证和确认。测试设计对象模型的正确性，以及与软件需求相关的完整性。

在嵌入式系统的面向对象过程中，用例（Use – Cases）并不总是可以满足产品的完整需求。这是一个非常通用的开发模型，但必须针对相应的项目进行调整和完善。一般来讲，很难进行计划和估算，而且在此过程中所创建产品之间的可追溯性，这也将很复杂。

5.7 过程模型应用

由于在软件项目管理中，瀑布式模型以其清晰的文档和可规划性的工作方式，受到非常大的欢迎。在大型公司企业内被认为是当前最先进的过程模型技术。V 模型是公共机构和军事部门的官方性标准。这其后的是银行、保险公司以及汽车工业，都是调整模型与其自身需求相适应。

到目前为止，在汽车行业中，关于并发式模型的使用经验很少。对螺旋式模型，有关项目管理和风险识别的知识尚未普及。统一软件开发过程是在敏捷性环境中的一种基本方法，许多面向技术的开发人员都较热衷于极限编程，因为这里的重点就是软件产品。

一般来讲，过程是有助于软件开发，有时还可以混合使用相关的模型，因为它们都只是具体方法或业务流程的一个抽象表示。基于软件开发中的各个组织单位，实际情况，产品需求和团队本身的问题，都需要对过程模型进行调整。尽管如此，过程模型并不是教条性的。通常，抽象理论与具体实践之间存在一定差异，即无法对"非正式与形式"这一矛盾，给予概括性的解决。由于产品技术和企业结构的复杂性，即使消除较为"基本的复杂性"，几乎也是不可能的。每个企业都要根据自己的需求和框架条件调整模型，然而，企业通常难以接受不断由于更换方法而带来的时间损失，使用不当或缺乏支持工具，又不得迫使开发人员去寻找单独的解决方案。

5.8 改进开发流程：成熟度

所谓的成熟度模型，其实是改进开发过程的一种可能性。成熟度模型就是用于评估和改进流程的模型，它可与其他企业进行对照比较，并有助于挑选业务伙伴。

成熟度模型可以更好地、可预测性地遵守交货日期，从而提高客户满意度，降低经营成本，并缩短软件开发时间。它还可确保客户，委托者和立法者所设立的产品规范。使用成熟度模型是汽车行业当今最新的技术。下面将详细介绍若干不同的成熟度模型。

5.9 能力成熟度模型集成

能力成熟度模型集成 CMMI（Capability Maturity Model Integration）是美国卡内基梅隆大学软件工程学院（参考文献 [19]）对质量管理模型能力成熟度模型 CMM（Capability Maturity Model）的进一步发展。

针对不同的应用领域，它包含有几个参考模型，即产品开发、产品采购和售后服务。CMMI 是一个已实践中成熟完善的系统性方法，以支持整个企业组织的改进。它掌握所有最佳方法的概况，例如在软件开发中，客观地分析企业组织的优势和劣势，或者确定具体的改进措施，并将它们安排和置于意义上的顺序。

所以，CMMI 是一种改善组织工作的方法。其中的成熟度级别的官方评估（Assessments）已是一个在工业界审核组织认可的分级方法。因此，尽管成熟度级别只是 CMMI 中的一方面，但 CMMI 通常被称为成熟度级别模型。

所有的 CMMI 模型都具有相同的结构和共同性的核心内容，当前已发布有三种 CMMI 模型：

- 产品开发（CMMI for Development）

简称 CMMI – DEV，由 CMM 的特殊形式创建，用于软件工程和集成产品开发。它支持改进组织，开发软件，系统或硬件，因此是车辆信息技术的重点。

- 服务采购（CMMI for Acquisition）

简称 CMMI – ACQ，主要支持组织改进，软件，系统或硬件采购，但不进行自主开发，这里的重点是供应商管理。

- 服务创建、管理和交付（CMMI for Services）

简称 CMMI – SVC，支持组织改进和提供服务。

从有关整个组织或企业成熟度，作为最初问题开始，确定与其有关的软件工程过程成熟度。假定一个组织内的所有项目都是基于此成熟度进行开发的，CMMI 就此定义了五个级别，用于评估该组织的成熟度程度，如图 5.14 所示。

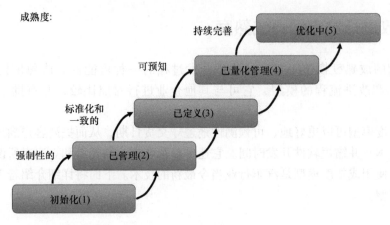

图 5.14　组织的成熟度

5.9.1　CMMI 中的成熟度级别

对于评估企业组织的工作，CMMI 引入了以下成熟度等级定义，可以直接地应用，从此得出产品创建过程的某些可评估性结论，比如软件产品。此外，还将获得有关产品和组织特性信息，这些信息在首次使用原型时是难以观察到，进而不可见的，伴随着后面产品开发和维护合作，随之将发挥其重要作用。

- 成熟度级别 5：优化（Optimizing）

错误预防是静态性的。有证据表明通过流程技术和变更管理可以提高效率。

- 成熟度级别 4：已量化管理（Quantitatively Managed）

软件质量和流程管理积极参与。生产率和质量测量是在软件指标的基础上进行的。这些均用于过程控制。

- 成熟度级别 3：已定义（Defined）

技术和管理过程的定义和文档已经完成，并且可以追溯。有团队协调和培训计划。

- 成熟度级别 2：已管理（Managed）

项目管理是通过计划和估算费用和资源来完成的。质量保证，规范，变更和配置管理已被引入并正在使用。

- 成熟度级别 1：初始级（Initial）

软件过程是临时执行的，还没有计划，无法预见软件或其他产品的开发结果。

成熟度反映了企业组织的当前状况，其目的是提高产品质量和生产率，并通过可预测性降低风险。其做法是相继地引入面向成熟度级别的过程，过程是通过上述中间级别，从"初始"级别，逐步过渡到"优化"级别。

5.9.2 流程应用范畴

基于图 5.15 中的 18 个关键性过程区域（Key Process Areas），对当前过程成熟度进行确定，这可以是通过在企业中采用问卷形式进行的评估，其具体过程将在后面描述。根据评估结果和企业目标，相对所要实现的当前流程成熟度，就可提出结构化的行动建议。这些领域可以再细分为多个过程领域，以便企业组织能更专注性地进行改进。

	Process Mgmt.	Project Management	Engineering	Support
2		Project Planning (PP)	Requirements Management (REQM)	Configuration Management (CM)
		Project Monitoring and Control (PMC)		Process & Product Quality Assurance PPQA)
		Supplier Agreement Management (SAM)		Measurement and Analysis (MA)
3	Organizational Process Focus (OPF)	Integrated Project Management (IPM)	Requirements Development (RD)	Decision Analysis and Resolution (DAR)
	Organisational Process Definition (OPD)	Risk Management (RSKM)	Technical Solution (TS)	
	Organisational Training (OT)		Product Integration (PI)	
			Verification (VER)	
			Validation (VAL)	
4	Organisational Process Performance (OPP)	Quantitative Project Management (QPM)		
5	Organisational Innovation and Deployment (OID)			Causal Analysis and Resolution (CAR)

图 5.15　CMMI 中的关键过程领域（参考文献 CMMI［19］）

一个过程区域是可以满足一定目标，而要实施的一系列实际工作。每个成熟度级别都有其相应的工作区域。这些过程领域定义了要达到的目标。如果达到了预定目标，则该过程所覆盖的区域将达到相应的成熟度级别，这些目标由关键性工作来描述的。

5.9.3 特定和一般性目标

CMMI 在特定目标和一般性目标之间有所区别。特定目标仅适用于图 5.16 中的特定过程区域，并描述了必须满足的特定特征。如果一个特定目标未能达到，则它将不能覆盖整个过程范围。而一般性目标适用于所有过程领域，它们都是使流程制度化的措施。

这里以软件配置管理中一个过程区域为例说明。这是 CMMI 中 2 级成熟度的一

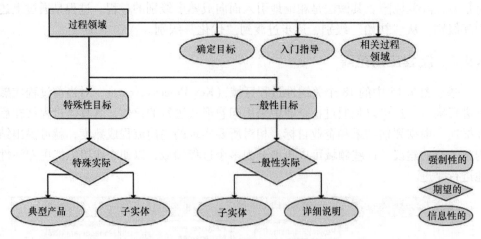

图 5.16　CMMI 过程领域

个前提，其目标更详细地在以下给予定义。

- 计划了软件配置管理中的工作。
- 所选定的软件产品是可识别，可控制和可以提供的。
- 对所确定的软件产品进行更改是可控的。
- 所涉及的群体和个人，都了解软件基本的内容和状态（在配置管理方面的基准）。

图 5.17 中的能力水平（Capability Levels）根据特殊和通用性规范，评估过程区域的完成情况。它们使一个过程所对应的区域成为可度量的。较高的能力水平始终包括其下低层的能力。

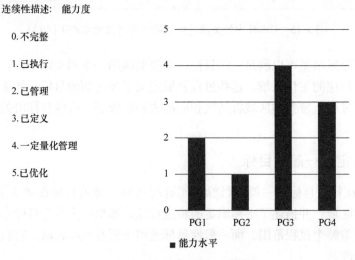

图 5.17　不同过程组合的能力水平

5.9.4 企业组织认证

在评估中，根据 CMM（I）将一个组织证明为具有一定的成熟度，只有当所有的流程领域均由该组织负责，并且还达到了至少该等级所要求的能力水平。此类认证繁琐冗长，且费用昂贵，并且基本上仅适用于大型企业组织，并需要特别为此配备专业人员。

认证要在一个组织中所有项目评估框架内进行。通常，从一个成熟度级别升级到下一个更高的成熟度级别，大约需要 2 ~ 3 年。通常，仅仅维持一个现有的成熟度级别，组织和文档管理也都要花费大量的工作。

要获得 CMMI 认可，可以委派独立的审核人员进行评估。考虑到这一专业化流程和审核人员的知识要求，这就需要巨大的成本开支，这些费用当然都必须由该组织和委托部门承担。有评估费用的支付保证，审核者对评估结果没有任何影响。这也是通过定期考核审核人员来确保的。

5.10 软件过程改进的能力和确定 SPICE

如果仅是单一的软件项目，其成熟度并不需要整个企业组织的过程能力，因此就只需要一个单一项目的成熟度模型。然后，参考过去的可比较性项目，得出所评估项目过程能力的结论。

对此，一个著名的成熟度模型就是软件过程改进和能力确定（Software Process Improvement & Capability Determination，SPICE）。SPICE 最初是一个出自欧洲的标准，它基于 CMM（I）和 ISO，但现在正在全球范围内推广，并在 ISO 15504 中不断给予更新（参考文献 [18]）。它的基本原理，尤其是评估的中心主题，可详见参考文献 [5]。

自 1998 年以来，SPICE 作为 ISO 15504 标准已经可以使用。它是一个评估软件过程的模型，重点在于改进流程（Improvement）和确定流程成熟度（Capability Determination）。SPICE 代表了一个集成，并统一现有的方法，例如 ISO 9000 和 CMM（I）。

在其内容，结构和某些特殊性定义方面，SPICE 极大地依据于 CMM。其中各个过程的评估分别独立于其他过程。它可用于评估自身的软件开发，或者评估其他软件企业，是否合适可作为本身企业的供应商。

5.10.1 参考和评估模型

SPICE 的重点是图 5.18 中所示的过程评估。它们用于确定项目中流程的成熟度，根据评估结果提出流程更改和完善建议。SPICE 借助图 5.19 中的参考和评估模型进行评估。

过程评估

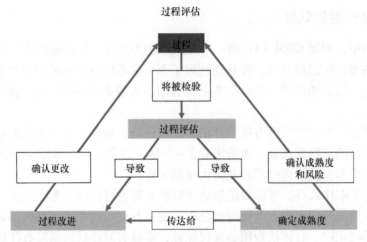

图 5.18　SPICE 中的过程评估

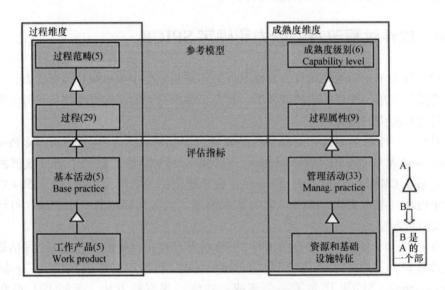

图 5.19　SPICE 中的参考和评估模型

　　参考和评估模型是一个用于执行过程评估的二维模型。在过程维度中，过程的完整性以基本活动（Base practice）和工作产品（Work product）为特征。成熟程度决定了流程的效率。它又分为管理实践（Management practice）以及资源和基础设施特征。

5.10.2　过程维度

　　在过程维度中，当前所定义的 29 个过程的每一个，都被赋予图 5.20 中五个过程类别之一。在基本活动（Base practice）中，通过当前所定义的 200 个基本活动，对流程进行了详细描述，这些基本活动定义了要完成的任务，以实现流程目标。而工作产品（Work product）是对 109 种输入和输出产品，及它们特性的描述，这些特性已分配给每个过程。五个过程类别的内容如下：

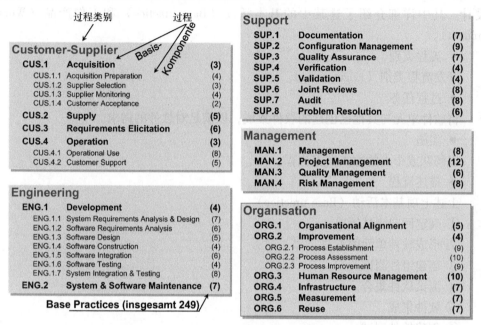

图 5.20　SPICE 中的过程类别（参考文献［5］）

1. 客户 – 供应商流程类别（Customer – Supplier process category）

直接涉及与客户相关的过程。例如，合同起草、产品需求、软件获取、客户支持、软件交付、验收和监控，以及客户服务。

2. 开发过程类别（Engineering process category）

具体用于定义、设计、实施和维护软件产品的过程。这其中包括对软件要求、实施、测试和维护的分析和规范。

3. 支持性流程类别（Support process category）

辅助、支持或启用项目中其他流程的流程。例如，文件编制、配置管理和质量保证。

4. 管理流程类别（Management process category）

计划、控制和监视软件项目所需的过程。例如，项目管理、需求管理、质量管理、风险管理和供应商管理。

5. 组织过程类别（Organization process category）

定义企业目标，并提供为实现预订目标所需资源的过程。例如，流程定义、流程改进、人员管理、计算机辅助软件工程 CASE（Computer – Aided Software Engineering）环境，以创建开发环境和工具支持。

5.10.3 过程维度示例

以下是 SPICE 过程类别中 Eng 1.7 的一个实例，即集成和测试软件的过程维度设计。其中详细介绍了这其中的基本活动（Base practice）和工作产品（Work product）。

- 流程类别

开发流程类别（Engineering）。

- 过程任务

将软件单元与其他已创建的软件集成，以满足对软件的需求。

- 实施

以团队或个人的方式实施流程。

- 描述流程

上述七项基本活动（Base practice）

① 确定回归测试策略。

② 形成软件单元的汇总。

③ 创建组件测试。

④ 测试软件集合。

⑤ 软件集成。

⑥ 创建软件测试。

⑦ 测试已集成的软件。

根据输入和输出产品，对相关的产品进行结构化。

输入产品

- 系统需求
- 软件需求
- 维护要求
- 变更控制
- 软件设计
- 架构设计
- 实施设计
- 软件单元（代码）
- 发布计划

输出产品

- 回归测试策略
- 可追溯性记录
- 集成测试策略
- 集成测试计划

- 集成测试脚本
- 软件测试脚本
- 测试用例
- 测试结果
- 集成软件

5.10.4 成熟度维度和成熟度级别

在成熟度维度中，图 5.21 中的成熟度级别用于描述过程维度的性能。通常，在下一个更高成熟度级别中，会给出过程改进的提示性建议。与 CMM 和 CMMI 不同，使用成熟度级别只是来评估单个流程，而不是整个企业。

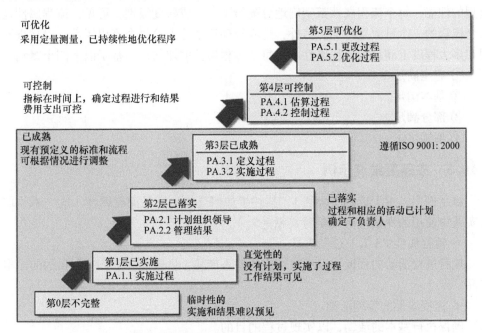

图 5.21 SPICE 中的成熟度级别（参考文献 [5]）

在 SPICE 中，有 6 个成熟度级别：

0 级：不完整

过程由于缺少产品而无法正确执行基本工作，并且无法检查其实现状态。

- 1 级：已进行

没有严格监控的过程，也没有完全性地计划基本的实际工作。

- 2 级：已受控

已计划并检查该过程的实施。为每个项目规划了所需的资源，职责和工具，精确定义了项目目标。

- 3级：已定义

该组织具有一个标准流程。过程的文档包含任务，输入、输出、开始和结束条件，以及评估过程目标实现的准则。

- 4级：可预测

客户的质量目标、优先级和项目需求，都与流程相关联。必须检查目标的实现程度。

- 5级：已优化

持续性地完善标准过程以提高过程的效率和有效性。新的流程目标源于组织的业务目标。

比如，示例 ENG.1（Requirements）的过程属性利用九个流程属性，用于评估流程的性能。每个流程属性都精确地分配给了一个成熟度级别。可见，流程属性是每个流程的一个可测量特征。另外，还将管理活动分配给每个流程属性，以检查流程在多大程度上满足了流程属性。对每个过程属性的评估，均基于以下四个级别：

① 完全满足。

② 基本满足。

③ 部分满足。

④ 不满足。

5.10.5 成熟度维度示例

该示例中，对于成熟度级别1，描述了如何具体地满足流程属性。这一术语取自实践中使用的评估指南（参考文献［5］）。

- 流程属性 PA 1.1 过程执行

执行过程活动的程度，以便对指定的输入产品，生成适合于该过程目的的输出产品。

- 流程属性的管理活动

确保执行基本的活动，以实现过程的目的。

管理活动的绩效特征：

- 过程负责人可以表明，执行过程中的基本活动，以实现过程目的。

- 对于每个要检查的单元，要有足够的证据，表明基本活动实际上是真正在进行的。

- 针对所涉及的过程，输入和输出产品的样本都具有所需的特性。

- 存在一种分配机制，可将产品部署给过程。

- 可提供运行该过程所需的资源。

- 所创建的产品满足过程目的。

5.11　SPICE 的优缺点

SPICE 的优点是过程评估，以确定过程成熟度并显示改进方向。即过程评估可确定过程的优劣性，因而可以得出过程状态的概况。面向现有的方法，例如 CMM 和 ISO 9000，还可对评估进行比较。

一个主要的优点是附加的成熟度级别 1，这对于小型企业组织特别有用。它可以确保企业组织的基本活动，而无需在产品开发方面，除了直接创造价值之外，投入太多资源。SPICE 提供了评估开发过程的通用框架，并以客户为导向。各个流程可以处于不同的成熟度级别。

SPICE 的主要缺点在于，由于尚缺乏汽车行业的经验，成熟度 4 和 5 的过程（属性）在理论上尚未成熟建立，或还没有实际经验给予证明。出于经济性原因，它仅限于 3 级成熟度，但已确认足够作为标准。图 5.22 所示为 SPICE 与 CMM 的对照比较。

CMM	SPICE
流程改进模型	流程改进模型
可显示流程的优缺点	可显示流程的优缺点
	面向CMM
确定成熟度级别和改进建议	确定成熟度级别，并通过发现缺陷来演示过程改进
为计划提供参考	提供行动计划和最重要的行动
目标：软件生产组织的分级和改进	目标：软件生产过程的分级和改进

图 5.22　CMM 和 SPICE 的比较（参考文献 [5]）

5.12　汽车工业 SPICE

就汽车工业的 SPICE 过程模型而言，它其实是一个修改过的方法论，更适用于汽车电子领域软件开发过程评估。图 5.23 中的汽车工业 SPICE 基于 ISO 15504，但是在 2001 年，汽车特殊利益集团（Automotive Specia Interest Group，AutoSIG）对相关的过程模型进行了特有的修改。它是针对接近硬件的软件开发，或者系统开发的要求，而量身定制的。

在图 5.23 所示的工程过程示例中，该模型进行了调整，更适用于开发实践，可以删除、拆分或添加个别流程类别。

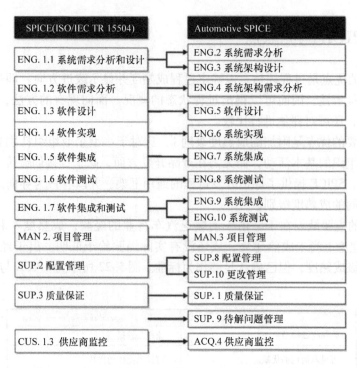

图 5.23 从 SPICE 衍生出汽车工业 SPICE（参考文献 [5]）

在汽车工业 SPICE 中，过程被重新组织为三个过程类别，如图 5.24 所示。

- 主要流程

主要生命周期流程（Primary Life Cycle Processes）包括客户可用的流程，比如，当客户从一个供应商处购买产品时。当然，它也适用于供应商，以对客户需求做出反应，向客户交付产品。这当中还包括规范、设计、开发、集成和测试所需的过程。还有流程组合，这可以是采购（Acquisition）、供应（Supply）、工程（Engineering）。

- 组织流程

组织生命周期过程（Organizational Life Cycle Processes）支持组织的业务目标，它包含开发过程产品和资源（经验、文档、模板、新闻稿、描述和支持过程、产品、生产资料数据库），用以帮助企业实现其业务目标。流程组合包括管理流程组、流程改进、重用。

- 支持流程

支持生命周期过程（Supporting Life Cycle Processes）在生命周期的不同阶段，都可为其他流程提供辅助功能。

汽车制造商初衷软件计划成员 HIS - Group（OEM Initiative Software）再次修订了汽车行业 SPICE。其目标在于对所涉及的过程，定义一个最小的流程范围，如

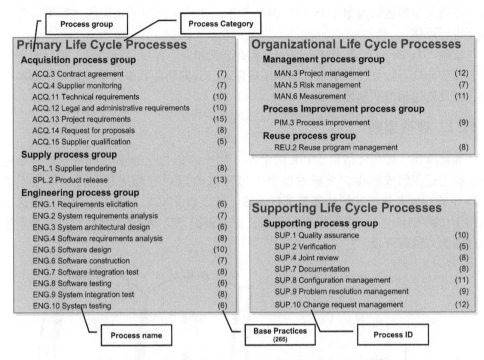

图 5.24　汽车工业 SPICE 中的过程类别（参考文献 [5]）

图 5.25 所示，这是当今的最新技术。通常，在电子和软件领域，这是一个选择合格开发服务提供商的基础。

Primary Life Cycle Processes

Acquisition process group

ACQ.3 Contract agreement	(7)
ACQ.4 Supplier monitoring (optional)	(7)
ACQ.11 Technical requirements	(10)
ACQ.12 Legal and administrative requirements	(10)
ACQ.13 Project requirements	(15)
ACQ.14 Request for proposals	(8)
ACQ.15 Supplier qualification	(5)

Supply process group

SPL.1 Supplier tendering	(8)
SPL.2 Product release	(13)

Engineering process group

ENG.1 Requirements elicitation	(6)
ENG.2 System requirements analysis	(7)
ENG.3 System architectural design	(6)
ENG.4 Software requirements analysis	(8)
ENG.5 Software design	(10)
ENG.6 Software construction	(7)
ENG.7 Software integration test	(8)
ENG.8 Software testing	(6)
ENG.9 System integration test	(8)
ENG.10 System testing	(6)

Organizational Life Cycle Processes

Management process group

MAN.3 Project management	(12)
MAN.5 Risk management	(7)
MAN.6 Measurement	(11)

Process Improvement process group

PIM.3 Process improvement	(9)

Reuse process group

REU.2 Reuse program management	(8)

Supporting life cycle processes

Supporting process group

SUP.1 Quality assurance	(10)
SUP.2 Verification	(5)
SUP.4 Joint review	(8)
SUP.7 Documentation	(8)
SUP.8 Configuration management	(11)
SUP.9 Problem resolution management	(9)
SUP.10 Change request management	(12)

图 5.25　汽车工业 SPICE 的最小评估范围（参考文献 [5]）

评估工作的进行类似于 ISO 15504/SPICE，在形式上对所选取的过程类别和成熟度进行评估。

定制（Tailoring）是 SPICE 的一个重要组成部分。在项目开始时，项目管理领导人员要与具有独立性的组织，例如质量保证，共同协商在项目中应该采用哪些过程，以及要达到的成熟度级别。

5.12.1 评估原则

如前所述，过程评估是 SPICE 的重点。参考文献［5］所提出的评估过程，适合于确定过程的成熟度，并通过适当的过程修改以对过程进行改进。可使用图 5.26 中的 SPICE 参考和评估模型进行评估。可以以 SPICE 为例说明评估，但这也适用于按照 CMM（I）进行成熟度评估，或者根据 ISO 26262，对开发与安全系统的过程能力进行分级。

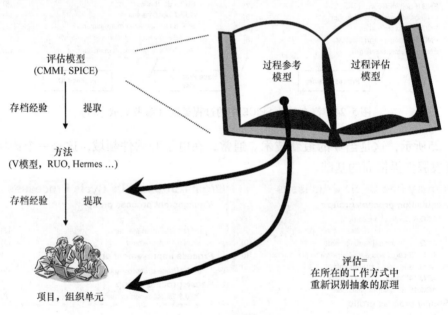

图 5.26 评估模型

最终，除了产品和所定义的流程外，重点还在于专业人员、开发人员和评估者以合适的方式执行流程。其目的在于，在不违反法律规范或标准要求的情况下，正确地贯彻执行评估。

就评估的真正目的而言，在于跟踪项目运作中的完善措施，它将影响项目结果，从而为进一步的改进奠定基础。这样就可以辅助项目和加强流程，并向外界展示该组织可与之合作的流程成熟度。

图 5.27 和图 5.28 中的实例显示了如何引导出评估中的一部分成熟度级别。

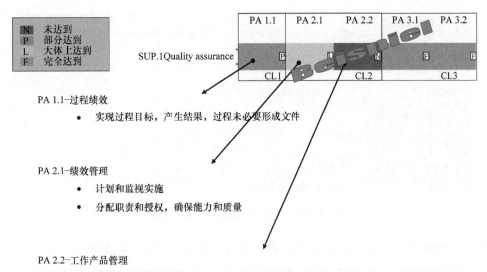

PA 1.1-过程绩效
- 实现过程目标，产生结果，过程未必要形成文件

PA 2.1-绩效管理
- 计划和监视实施
- 分配职责和授权，确保能力和质量

PA 2.2-工作产品管理
- 确定标准和依存关系
- 在质量检查、版本控制和变更控制下提交的文档

图 5.27　SPICE 评估 PA1 和 PA2 中的成熟度级别

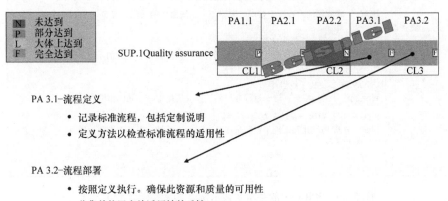

PA 3.1-流程定义
- 记录标准流程，包括定制说明
- 定义方法以检查标准流程的适用性

PA 3.2-流程部署
- 按照定义执行。确保此资源和质量的可用性
- 收集并使用有关适用性的反馈

* 只能遵循已定义的标准流程，因此，PA 3.2的评估决不能高于PA 3.1的评估。

图 5.28　SPICE 评估 PA3 中的成熟度级别

过程能力指标是通用实践（Base practices）和资源。这都是特别要达到的级别，并且与所考虑的过程无关。作为一个通用实践实例，图 5.29 表示了 SPICE 中的过程属性 PA 2.1。

在图 5.30 的示例中显示了在实际日常开发中，执行流程的具体实践，并详细

GP 2.1.1 确定实施过程的目的 注意：实施过程的目的可以包括：(1) 要生成的产品的质量；(2) 过程运行周期和频率； (3) 所需的企业资源；(4) 过程的边界条件。 过程的运行时间可以根据过程要求给予确定。 过程的运作范畴要给予定义。 在确定实施目的时，要充分考虑假设条件和环境限制。	
GP 2.1.2 规划和监控实施过程，以确保所制定的目标 要开发出一个或多个过程实施计划。 要定义过程实施的周期。 要确定过程实施中的重要里程碑。 要选择和维护评估过程实施的属性。 要定义过程活动和任务内容。 要制定计划时间表，以明确过程实施的时间进度。 要计划对过程所生成的产品进行审查。 要保证过程根据计划进行。 要对过程的实施进行监控，以确保达到所计划的结果。	

图 5.29　SPICE 中通用实践示例（参考文献［5］）

描述了 ENG.9 的活动，ENG.9 是工程流程的一部分，专注于系统集成测试。

过程ID	ENG.9
实际经验	ENG.9.BP1: 开发系统集成策略 开发硬件和软件集成策略，要与产品版本发放策略和顺序保持一致(结果1) ENG.9.BP2: 开发系统集成测试策略 开发系统集成测试策略，考虑测试规则，与集成策略和顺序保持一致(结果1) 注意: 集成测试的重点在于接口、数据流、系统组成的功能，等等。 ENG.9.BP3: 开发系统集成测试规范 开发系统集成的测试规范，这包括测试实例，以便测试要集成的系统组件，测试实例要与系统架构设计保持一致(结果2) ENG.9.BP4: 集成系统组件 对系统组件进行集成，这一过程要与系统集成策略保持一致(结果3) ENG.9.BP7: 确保一致性和双向可追踪性 保证系统架构设计和系统集成测试规范之间的一致性，以及双向可追踪性 (结果6)

图 5.30　SPICE 中的基本实践示例（参考文献［5］）

在一个项目中，具体过程实施的指标是项目特定的实践和资源。在评估中，这些仅与 1 级评估有关，并且取决于所考虑的过程。图 5.31 中的示例显示了系统测试 ENG.10 的工作结果。

在一个评估范围的成熟度等级内，每个过程属性都接收到一个等级。为此，不仅工作产品（Work products），而且其基本活动（Base practices），都要通过审查人员与项目团队共同检查和讨论，不要将基本活动与最佳实践（Best practices）相混淆。在这里，经常需要一种定量性感觉，它在某种程度上既切合实际，同时满足标准规范和法律要求，比如：

- N 未达到 0～15%（Not achieved）

	输出－产品
08－52	测试方案[结果1,2,7]
08－50	测试规范[结果2]
13－50	测试结果[结果4,5]
13－22	追忆跟踪记录[结果6]
11－06	系统[结果3]

过程ID	ENG.10
过程名称	系统测试
过程目的	系统测试的目的在于要保证每个系统要求的具体实现，对此真实的符合性进行测试，证明系统可以给予交付。
过程结果	作为成功实施这一过程的结果： 1) 开发出了一个战略，能够根据要求的优先级和分类进行测试。 2) 创建一个系统测试规范，以此可验证与系统要求的一致性。 3) 对所集成的系统，采用测试实例进行验证。 4) 记录上述测试结果。 5) 对系统测试和测试实例，创建在系统要求和测试规范之间的双向一致性和可追溯性。 6) 如果系统内的组成出现更改，则要开发一个可回归性测试策略，对所集成的系统进行测试， 注意1：系统测试规范，其内容包括测试设计、过程和实例规范。 注意2：系统测试的结果，其内容为测试协议、实例报告、总结报告。

图 5.31　SPICE 中的工作产品和过程参考示例（参考文献 [5]）

- P 部分达到 > 15% ~50%（Partially achieved）
- L 大体上达到 > 50% ~85%（Largely achieved）
- F 完全达到 > 85% ~100%（Fully achieved）

通常来说，一个过程达到了能力水平（Capability Level）X，只有当其所有过程属性都至少"大体上达到"（Largely achieved），而且其所有下属基本过程属性，都是"完全达到"（Fully achieved）。图 5.32 是一个来自工程过程的示例。

ENG.3	F	F	F	L/F	L/F	→ 能力水平3
ENG.2	F	L/F	L/F			→ 能力水平2
ENG.1	L/F					→ 能力水平1
	PA1.1	PA2.1	PA2.2	PA3.1	PA3.2	

图 5.32　SPICE 评估中的能力水平的实现

作为评估报告的概述，图 5.33 给出了过程属性成熟度的总体内容。以 CUS1.3 供应商监控（Supplier Monitoring）为例，可以看出，至少能满足 1 级"大体上达到"和 2 级"完全达到"，该过程的总属性就可达到 2 级。

5.12.2　评估过程

对于 SPICE 评估，应委派具有不同经验的合格评估人员，分配给一定的角色

成熟度

Process	Process attribute	PA 1.1	PA 2.1	PA 2.2	PA 3.1	PA 3.2	PA 4.1	PA 4.2	PA 5.1	PA 5.2	1	2	3	4	5
ENG.1.1	System requirements analysis and design	F	L	L	N	N					1	2			
ENG.1.2	Software requirements analysis	F	F	F	L	F							3		
ENG.1.3	Software design	F	F	F	F	L							3		
ENG.1.4	Software construction	P	P	N											
ENG.1.5	Software integration	L	L	P							1				
ENG.1.6	Software testing	F	F	L	P	N						2			
ENG.1.7	System integration and testing	P	P	P											
MAN.2	Project management	L	L	L	N	P					1				
SUP.2	Configuration management	P	P	N											
SUP.3	Quality assurance	P	P	N											
CUS.1.3	Supplier monitoring	F	L	F	N	P						2			

图 5.33 评估报告中可达到的能力水平概述

和责任授权。由于这与 CMM（I）一样，都需要付出一定的努力，因此，被审核的企业组织要委托一个独立的首席评估师（Lead – Assessor），可以是来自企业内某个独立的组织，比如，质量保证部门。

对于评估费用，及其涉及的审核人员，都不应影响 SPICE 评估的结果。审核人员相对企业内部的人员，更具有话语权和决策权力。审核人员本身也要定期接受认证。接受评估委托后，评估在相应企业组织启动。在整个评估阶段，都要有预先准备，切实执行和存档记录。最终结果是要详细地列出项目过程的实际成熟度，如图 5.34 所示。

| 1.1 准备评估 | 1.2 进行评估 | 1.3 评估报告 |

图 5.34 SPICE 评估过程中的各个阶段

SPICE 评估中有以下角色：

• 与主管评估员共同协商，申办者（Sponsor）确定评估范围，并确保提供各种支持（所需的资源，资源可用性）。

• 主管评估员（Competent Assessor）领导评估小组，确保遵循 ISO 15504 要求，为评估小组分配各自的任务。

• 辅助性评估人员（Co – Assessor）支持主管评估员所分配的各项工作，与主管评估员一起创建评估过程。

• 被询问人员和参与者提供必要的数据和信息。

得出评估报告之后，整个评估阶段之后可以是一个改进阶段，如图 5.35 所示。在改进阶段，将根据评估的阶段性结果，企业组织计划、实施和跟踪过程改进措施。

图 5.35 SPICE 评估后的改进阶段

5.13 功能安全性

对于车辆中的电子系统，除了实施与安全相关的技术要求外，还要对开发过程提出一些形式性要求。这些要求在内容方面已超出了 CMMI 和 SPICE 所涉及的范围，被称之为"功能安全性"。出于法律规范要求，某些过程部分在转交给最终客户之前，作为系统批准流程被明确地给予规定，如果不遵守这些程序，可能开发人员要对此承担个人责任。

已在涉及安全相关系统的不同领域中建立了各种标准，这些标准基本上都基于图 5.36 所示的原始版本 IEC 61508（参考文献［20］），并由此衍生而来。

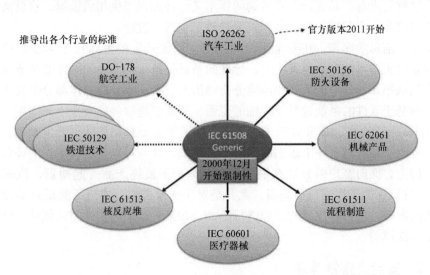

图 5.36 功能安全标准和规范

5.13.1 电气/电子/可编程电子安全相关系统的功能安全 IEC 61508

电气/电子/可编程电子安全相关系统的功能安全 IEC 61508 是由国际电工委员

会（IEC）于 1998 年发布的国际标准，它分为七个部分：

1）一般性要求。

2）硬件要求。

3）软件要求。

4）术语和缩写。

5）确定安全完整性等级的示例。

6）IEC 61508 - 2 和 IEC 61508 - 3 的应用指南。

7）程序和措施的应用说明。

IEC 61508 的目标是：

- 避免设计和开发、工程，尤其是软件工程中的错误。
- 要发现已出现的错误（验证和确认、评估）。
- 将组件的危险性维持在可限制的范围内（组件选择、自我监控、冗余）。
- 应采取预防措施，以识别出尚未发现的设计和开发错误（自我监控、多样性）。
- 建立适合生产商和用户的过程（管理过程）。

要将开发过程的一般性要求，根据安全软件的整个生命周期，分为多个连续性的阶段。如 V 模型所示，所有阶段都必须强制性地以其验证流程结束，验证要表明，在开始过渡到新阶段之前，已满足了至此为止的产品要求。要遵循这种严格的程序，这就要求对产品进行非常精确的预定义，并必须提供相关证据。这就需要一个审核协议和一个归档机制，来完整无缺地记录每个过程。

就车辆信息学而言，在安全生命周期中，系统开发的重点在于标准的第 9 部分，即系统实施以及产品开发。这一标准的基础是第 4 部分中的总体安全要求，这些要求是从第 3 部分中的危害和风险分析得出的。第 9 部分的总体部分是关于实施标准，对基于软件的系统进行了详细的说明，即要创建软件的安全生命周期。

在 IEC 61508 中，以非常正式的形式介绍了 V 模型被用作软件开发基础，因为它的流程很严格。对于一个级别的安全要求验证，这与对以其下属级别的确认一样重要。因为，面向客户的验证在很大程度上取决于最终产品（起搏器、汽车或发电厂），这就需要采用适当的流程，尤其是对于错误模拟，或出于测试目的检验错误传播的影响。使用已建立的过程进行验证，在第 4 章中的软件测试领域，已对此进行了详细说明。

5.13.2 安全完整性等级

安全完整性等级（Safety Integrity Level，SIL），即 SIL 1、2、3 或 4（4 是最高等级）对应于根据 IEC 61508 确定的完整性值范围。

就其确定性而言，可从相对所要求的安全功能的平均故障概率，或者每小时安全功能的危险性故障概率得出。这就必须对车辆中与安全相关的组件贯彻相应的安全要求，例如，对电动转向实施 SIL 3 的安全要求。

对安全性要求而言，其失效的可能性由输入、逻辑和输出这三个子系统组成。

$$PFD_{SYS} = PFD_S + PFD_L + PFD_{FE}$$

式中　　PFD_{SYS}——一个安全功能失效的平均概率；

　　　　PFD_S——一个输入子系统的平均失效概率；

　　　　PFD_L——一个逻辑子系统的平均失效概率；

　　　　PFD_{FE}——一个输出子系统的平均失效概率。

通常，借助包含经验值的表格来确定子系统的失效概率。但这仅适用于机械或电子类元件，不适用于软件，因为它是确定性的，不会随着时间的流逝而失效或"断裂"。这里就必须有其他方法。

5.13.3　时间失效率

时间失效率（Failure in Time，FIT）描述了技术性组件的失效率，例如，电子元器件，指示出在第 10^9 小时以后，可能发生故障的数量。故障率为 1 FIT，就是说每大约 114000 年（10^9 小时）出现一次。FIT 值越高，则在统计学意义上代表故障更为频繁。

在汽车工业中，此值适用于运行中的每个零部件和车辆。如果一辆车已经运行了 5000 小时，则一个 200 FIT 的继电器，发生故障的可能性为 10^{-3}，即千分之一。如果车辆中只有 10 个继电器，则是仅百分之一。每年销售出 100 万辆汽车，而且没有采取诸如冗余之类的预备措施，这意味着，每年由于继电器问题可能造成 100 次故障，所有这些故障都必须在维修车间进行排除。这在经济上制造商或客户都不能接受，这也就是在这里需要采取其他防护措施的原因。

一个安全完整性等级可由风险参数和发生意外事件（例如失效或故障）的概率组成。

- 后果风险参数（C）
- 停留频率和时间的危险参数（F）
- 避免事件发生的可能性的风险参数（P）
- 不良事件的概率（W）

其结果是一个所谓的风险图，它显示了系统开发所需的安全完整性级别和为此所必需的措施。

因此，可以通过使用安全组件，减少维护操作时间，或者采取其他预防性措施，来改善输入参数，从而降低故障发生水平。

5.13.4　危害和风险分析：危害分析

危害和风险分析（Hazard and Risk Analysis）是在所有合理且可预见的情况下，包括错误条件和错误应用，确定其危害和危险事件。它分析并记录可能导致危害事件的过程，并确定危害事件可能造成的风险。

这里危害是一种对人或环境造成直接，或可能构成威胁的情况。对此有以下的分析性技术：

- 错误可能性和影响分析。
- 错误可能性、影响和临界分析、危害和操作研究（Hazard and Operation Studies）。
- 结果树分析（ETA）。
- 错误树分析（FTA）。

图 5.37 描述了故障模式和影响分析（Failure Mode and Effects Analysis，FMEA）。它可检查整个系统的单个组件，其可能造成整个系统的失效。但在大型系统中，此过程就非常复杂。这就是为什么在子系统中，经常有不同阶段的具体应用。

组件	错误模式	对子系统的影响	对车辆的影响	危害性	错误概率/(1/h)	注释
车速传感器	没信号	车速始终被认为是零	1) 没有车速显示 2) 里程数不增加 3) 自动档可能转换到低档，这可能会导致车轮抱死，损坏离合器	较低 较低 中等	5×10^{-5}	这种影响 3) 要求同时计算发动机负载和电路的技术安全锁定失效
车速传感器	噪声大（间隔过多）	车速被估算得过高。如果间隔出现的频率大于约定值，则车速将降低	4) 所显示的车速比实际高 5) 里程数大幅度增加 6) 自动档可能转换到高档，这可能使车辆熄火	较低 较低 较低	3×10^{-5}	只要噪声不是很大，就很难通过计算发动机负荷，来观察到影响 6)
车速传感器	中断	车速被估算的过低	7) 所显示的车速比实际低 8) 里程数略有增加 9) 如同 3)	较低 较低 较低	4×10^{-5}	同上

图 5.37　故障模式和影响分析示例（参考文献［22］）

FMEA 是一种系统性的方法，用于识别潜在错误可能性，并评估可能会产生的风险。它用于新产品的第一个计划阶段，一个新的过程或组织变更，直至生产运行。通过一个跨越学科的团队分析系统的每个组件，来执行具体实现。其重点在于确定故障的类型、原因及其后果。最后，在项目过程中定义、记录和实施预防措施。

可区别出以下 FMEA 类型：

- **系统 FMEA**

考虑系统内各个组件（系统：车辆。组件：发动机制动系统、发电机等）之间的相互作用。

- 结构 FMEA

考虑到了系统的零件或组件，比如，一个组件可以是制动系统，一个零件可以是制动管路、节流阀。

- FMEA 过程

考虑制造和组装过程。这里的重点是工业化，即开发和建立生产系统之后的阶段，比如，可以为闪存刷写软件。

其过程分为组织准备、内容准备、分析实施、结果评估，以及截止日期和成功性监控。具体实现分为以下几个详细步骤，并确定危害优先级编号，见图 5.38。

注释:

出现的概率(A):	影响性(B):	被发现的概率(C):
不可能出现 = 1	几乎不可能	很高 = 1
可能性很小 = 2～3	有影响 = 1	一般 = 2～3
可能性减小 = 4～6	对客货有轻微影响 = 2～3	较小 = 4～6
有可能出现 = 7～8	较为严重的故障 = 4～6	很小 = 7～8
出现可能性很大 = 9～10	严重故障，客户极其不满 = 7～8	不可能 = 9～10
	少有，但极严重的故障 = 9～10	

风险优先级数: 最高 = 1000, 没有 = 1

图 5.38　确定风险优先级

1）采用表格收集产品的主数据。

2）对产品或对象的描述。

3）收集所有可能的错误，无论其发生的可能性如何。

4）将所有可能的错误后果，分配给相关的各个错误。

5）将所有可能的原因，分配给所找到的每个错误。

6）检查纠正措施是否已经定义或计划。

7）评估所发现的每个错误的发生概率（A）。

8）确定发现的每个错误，对客户造成的错误后果（B）。

9）确定在交付前，可以发现错误的可能性（E）。

10）确定风险优先级数字（RPN）＝ A×B×E（最大 1000）。

11）针对发现的每个错误，制定纠正措施。

12）分配纠正措施的责任。

13）不断记录所做的更正。

14）改善条件后重新评估（7～10）。

在故障模式、影响和关键性分析（Failure Modes, Effects and Criticality Analysis, FMECA）中，FMEA 被扩展，加入了"关键性"内容。对具有严重影响的故障模式，要试图降低其出现的可能性。可能性越高，影响作用越大，则该故障模式就越具有关键性。

在图 5.39 中，危害与可操作性分析（HAZard and OPerability Studies，HAZOP）预见了某些危险。然后用一些"关键词"来完善表格，如"没有、更多、更少、多于、部分地……"由此推导出错误发生的原因，及其造成的负面影响。

关键字	偏离	可能的原因	结果	必要的措施
无	无流动	油箱内已无燃料	反应器无法获得燃油补充	1) 确保反应器和油箱之间的协调 2) 油箱填充量过低时发出警告 如同 2)
		燃油泵失效（电动机故障、断电、碰撞损伤等）	如上	
多	流动大	控制阀失效，长时间处于打开状态，或者处于错误过渡时期	中间燃料箱溢出	3) 油箱填充量过高时发出警告 4) 检查溢出量 5) 针对没能利用的控制阀过渡阶段，创建一个自动关闭机制 6) 创建一个油泵防反流安全机制 7) 创建一个油温过高警告机制
	压力增高	泵在工作时，分离阀或者控制阀被关闭	管道无法承受泵压	
	热量增加	中间油箱的温度过高	传输管道和燃料箱压力增加	
......	......	......	......	......

图 5.39　危害和风险分析示例（参考文献［22］）

在图 5.40 所示的事件树分析（Event Tree Analysis，ETA）中，可在项目团队中分析和开发（预测）所触发事件的可能后果。其后果由技术系统进行处理。

图 5.41 描述了故障树分析（Fault Tree Analysis，FTA）。故障树分析就是寻找导致不良事件（简称顶级事件 TLE）的原因组合。而一个基本事件（Basic Events）通过其中间事件（Intermediate Events）及其链接，通过后续关系，可以直接引发多个级别的事件，最后导致顶级事件。在驱动电子设备中，这就是车辆中的所谓"自加速器"。

故障树分析最早用于研究火箭发射系统，也已经标准化（德国工业标准 DIN 和国际电工委员会标准 IEC）。它用于确定系统故障的原因，并进行定性和定量分析。这是一种自上而下的推论方法，以图形表示因果关系。故障树分析包括以下步骤：

- 定义系统：顶级事件、系统界线、"分辨率"等。
- 构造故障树：可以通过逻辑连接，将顶级事件的原因，逐步追溯到组件故障的组合。
- 定性和定量分析。
- 结果存档记录。

故障树对应于一个逻辑方程式，可以确定：

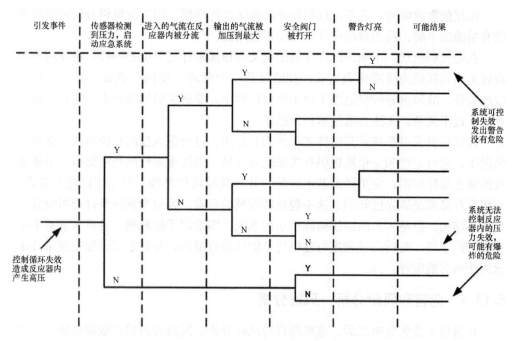

图 5.40　事件树分析（参考文献［22］）

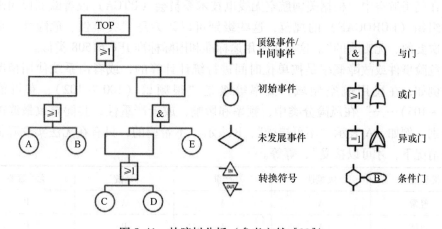

图 5.41　故障树分析（参考文献［22］）

- 最小割集（Minimal Cut Sets，MCS）｛A｝，｛B｝，｛C，E｝，｛D，E｝。
- 单点故障｛A｝，｛B｝。
- 共模（Common Mode）错误敏感性。

目前，故障树分析已在设计阶段使用，它可确定潜在的危险模块，或者接口，以及风险较大的产品开发费用支出。它提供了软件的需求定义、预防或保护性的措施。

但仅依靠故障树，还不足以对复杂的系统进行建模。因为故障树分析需要对系统有精确的了解，这通常在设计阶段是不适用的。

在源代码级别，不期望的程序输出定义为顶级事件（TOP Event）。可使用模板将这类语句转换为故障树表达式，其结果是一个所谓"反向"验证。对于设计阶段的验证，故障树分析仅适用于短小的软件程序，要解决的问题过大，这将导致在算法上过于复杂，无法再通过解析来描述。

该过程要求对系统及其组件之间的相互作用，进行深入性的分析研究。在理想情况下，它可定性和定量地提供有关系统可靠性、组件重要性的判断结果。对敏感性的常见故障原因，它可做出基本评估，并且其模块化结构，易于团队进行处理。顶级事件必须是事先已知的，这不包括新发现的危险。为每个顶级事件都可设置一个树形结构。但是，大的错误树源于小的系统，即所谓子故障树。这就需要对系统有透彻的了解。对动态过程进行建模的可能性是有限的，并且定量性数据通常并不适用于所有的组件。

5.13.5 危害和风险分析：风险分析

在进行了危害分析之后，这里将进行风险分析。风险分析检查故障造成的影响作用，及其发生的可能性、分类和可接受程度。可将产品失效划分为不同的严重级别。在民用航空中，根据美国航空无线电技术委员会（RTCA）或者欧洲民用航空设备组织（EUROCAE）的规范，这些级别可以认为是"灾难性、危险性、重大的、次要的、无影响的"。这与军事用途标准和国际标准 IEC 61508 类似。

危险事件或故障概率是按单位时间进行统计计算的，或者由系统使用情况指定。例如，在民用航空领域，概率等级是"很频繁（100～102）、有可能性（103～105）……"在风险分类中，频率和影响，或者严重性，共同导致最终的风险类别，例如，A 表示"不可接受"，B 表示"不希望的，只有在无法实现降低风险的情况下，才可以接受"，等等。

频率/后果	灾难性	严重	轻微	无关紧要
经常	A	A	A	B
可能	A	A	B	C
偶尔	A	B	C	C
轻微	B	C	C	D
不太可能	C	C	C	D
无法想象	D	D	D	D

要能够自觉地接受风险，就应尽可能降低风险，并保持经济上的合理性。安全相关的系统的开发，可以在字面上和实践中理解为降低风险。根据应用领域的不

同，必须采取所有必要的合理措施，以确保系统的安全运行。在计划阶段，还必须始终使用适当的方法进行审查。

5.13.6　电气/电子/可编程电子安全相关系统的功能安全评估 IEC 61508

评估的目的是独立性地调查和做出客观性判断，是否与安全相关的设备、系统、子系统满足了功能安全要求，以及是否已按照标准，在产品生命周期中的各个阶段，实际贯彻实施了相应的措施。根据企业组织的结构，评估必须由独立人员、独立部门或组织机构进行。

用与 CMMI 或 SPICE 相似的方法，也可适用于评估和验证 IEC 61508。因为 IEC 61508 可作为产品批准的依据，具有规范性，并且还基于法律规范要求，能适应于日常开发工作的需求，可由审核者进行评估的范畴都较小。但仍要委托独立的、经过认证的专业审核员，进行系统审核和批准。

尽管就批准手续而言，立法机关要求进行评估，并且这些评估与成本开支相关联，但这些评估费用必须由申请产品批准的企业组织自己承担。评审、核实和确定付款金额，这样审核者不会对评估或审核的结果有个人意识影响。而立法机构，例如德国联邦汽车运输管理局，就要对审核员进行定期考核和认证，才能确保这一点。

⇒ 在这种情况下，常称为"企业为审核付了费"，这在道德和法律上都是正确的，但通常是有意将其从上下文中删除。

做法：

- 规划

制定一个用于审核和评估功能安全，或者与现有计划协调的计划。

- 实施

基于证据的安全管理和功能，进行调查与评估，考虑整个安全生命周期中的所有企业活动和产品结果。

- 结束和判断

审核报告中包含标准所要求的实现状态和步骤信息。

可将符合工作和标准要求的审核报告，与 SPICE 评估中的改进清单进行比较。但是，它对于产品批准具有一定的约束力。

IEC 61508 的适用范围和修改：

- 流程工业：IEC 61511。
- 核电站：IEC 61513。
- 铁路技术：DIN EN 50129。
- 机械安全：DIN EN 62061。
- 汽车行业：ISO 26262。

5.13.7　道路车辆功能安全 ISO 26262

　　道路车辆功能安全 ISO 26262 是专门针对汽车领域，即 IEC 61508 的修改版，但其中某些要求已被调整或删除，因其不适用于汽车行业。在本质上，ISO 26262 表示为一个等效的开发过程。安全完整性等级 SIL 的概念已扩展到汽车行业的 ASIL（汽车 SIL），这意味着要取消 SIL4，原因是在汽车行业不会发生，因为无法达到此等级所"必需"的死亡人数。

结果性要求

　　在标准规范和 V 模型中，描述了对特定开发过程的要求。在开发过程中，有一个重要方面要引起注意，那就是用于监控功能或安全性的软件，通常是由不同的开发人员，使用不同的编译器、不同的编程语言或者图形编程语言（基于模型），以冗余技术的方式实现的。

　　满足 ISO 26262 所需的技术前提，在第 2.2 节（软件架构）、第 3.4 节（软件开发）和第 5 节（软件测试）中，分别给予了详细介绍。

5.14　敏捷式开发方法

　　到目前为止，多是根据 ISO 15504（ASPICE）和 ISO 26262（功能安全性）实施了汽车行业中软件和电子产品的开发过程。对于这些做法，首先将过程模型置空，然后确定成熟度级别。与信息技术和消费领域软件开发的最新水平相比，这种方法有时还不适用。根据当前约束性的流程规范，汽车行业通常只能在已经相对过时的情况下（相对消费电子领域），才能将软件产品投入批量生产。

　　在消费电子领域，或者信息技术系统中开发新软件产品时，使用所谓的敏捷式开发方法，尤其是迭代式增量软件开发过程 Scrum 正成为一种热门的技术，有关敏捷式软件开发的现状，可参见 Scrum – Guide，Agiles Manifest。Scrum 非正式地表达了用户需求，通常是极其全面的、庞大的需求被分解，并提炼出所谓用户故事（User – Stories），但是要实现这些客户的需求，就需要一个可定义的过程。单一用户故事在一个所谓的项目冲刺（sprin）中给予实现。通过多个单独的、非常细致的、以面向客户的用户案例为目标，不断尝试在多个冲刺中逐步地进行实现，并最终满足客户的需求。

　　与客户需求及其满足程度的含糊不清相比，Scrum 要在每日，乃至每周的周期内，严格贯彻执行开发流程，并且这对员工和管理人员的责任承担和组织纪律，都提出了很高的要求。通常，人们将敏捷性与灵活性混为一谈，并且忽略掉了项目文档，如同在极限编程中一样。但是这不意味着敏捷性，在此将不单独讨论。这些都可以在敏捷清单中找到，并且通常由组织中相应团队专门解释、维护和完善。

在汽车行业，尤其是信息技术系统领域，在涉及软件开发的间接领域中，已经建立了敏捷式开发方法，相对于嵌入式与安全性相关的软件产品领域而言，还与这些领域的最新技术仍存在一些矛盾。首先是在产品责任法的背景下，这需要符合劳资工作合同。这种方法与传统的做法相比，它所能提供的服务内容、产品及其验收标准的文档，还都存在着很大的不确定性。

在发生争议或产品审批时，这可能意味着无法就合同的履行情况、规范要求的遵守情况等，做出非常明确的陈述性说明。此外，鉴于 Scrum 中过程的模糊性描述，还不能满足开发与安全相关的系统，以及所要求的过程质量要求。

因此，目的就是应用和扩展敏捷式方法，以在电动汽车和自动驾驶这些新的产品方向上，开发出敏捷性产品原型。这里的重点在于若干阶段，只有在这期间敏捷式方法满足了严格的标准才能实现。这也是具有创新概念的传统汽车行业，与较少受规范限制的竞争对手，进行抵御和抗争的唯一方法。

目前，敏捷方法仅限于嵌入式原型软件，偶尔辅助性地用于信息技术系统的开发。而对客户和其产品而言，好处在于从产品原型开发过程中获得更多的经验。进而，这也可以作为立法机关所要求的开发过程规范，例如，用原型来阐明功能要求。

5.15　成熟度级别和过程建模实践

已从理论上介绍过根据 ISO 15504（汽车工业 SPICE）制定汽车领域软件的开发过程。

这也是 ISO 26262 安全相关系统规范要求的基础，立法机构（例如，德国技术监督协会 TÜV）对系统的可接受性具有约束力。为此，每个企业都要针对其自身特定的业务流程、经营活动、技术程序和产品，对成熟度模型或标准中要求的流程进行了具体贯彻落实，以能解释和说明其评估活动。

大多数汽车制造商的开发部门尚还缺少正规化或统一的基础设施，以用于确定开发中的子流程和文档模板。通常，这些开发模板和现有文档的存储非常不同。还经常不能借助 ISO 15504 来具体描述工作流程，也没有向工业环境转移开发项目的能力。如果仅有单独的解决方案，还不可能满足更改或定制（Tailoring）项目中的特定要求。

诸如 ISO 15504 之类的方法仅代表了标准规范，而没有具体的实施说明；V 模型 XT 也仅提供标准，而没有针对项目中的定制和特定用途给予具体说明。在瑞士 Hermes5 项目中，瑞士联邦当局推出了一个实施信息技术项目的标准，但这很难应用于汽车电子领域。

所有这些方法，目前在汽车制造商和供应商的电子开发日常工作中，几乎还都没有提供具体的实施指导。对于开发人员，还没有具体的技术支持，例如，文档模板库。即使如果有单独的解决方案，也不可能适应或定制项目的特定要求。这样开发人员将要承担许多与本身工作不相关的文档处理和流程步骤，以及查找已扩展标准中的相关问题。

作为该问题的解决方案，例如，可以在基于企业组织内部网（Intranet）的流程建模中，提供一个形式化基础架构，用于存储子流程模式和文档模板。然后，再加入一个同构、结构化存储区域，以存放模板和现有文档。这样的系统必须建立一个模型，以及机电系统开发项目中的可移植性，它是从 ISO 15504 和 ISO 26262 衍生出的具体工作流程，并映射到当前的业务流程。

在这种情况下，相对现存的技术现状，其贡献是创建了一个可系列性开发机电系统的元模型，以使过程描述更形式化。在这种情况下，这一元模型是将项目角色、实际活动、工作说明、里程碑和文档，分别分配给一个系统数据结构，以支持开发人员日常业务。在此，一种具体形式就是可以根据元模型。自动创建特定的文档模板和项目计划。

另一个可能的独特之处，就是为项目中的特定要求，提供适应（定制）的选项：仅凭借这一形式化基础，就可以用最少的精力和费用，进行项目和特定于用户的修改。这可在所有项目相关活动中，都为用户提供支持，而不会添加与业务无关的活动负担。

它能够自动地创建特定的项目模板，例如，编码模板或审查清单。

此外，通过按标准要求进行具体分配，进行开发、测试和文档编制活动，可辅助审查人员（Assessment）的验收流程。这样的系统可以实现基于万维网的解决方案，而更便于操作处理。这种方式可辅助实现开发过程，简化 ISO 15504 目标实现，以及为快速启动开发（工作说明、模板等）提供具体的技术帮助。

这样一个元模型可以实现并作为流程入门推出，为开发人员提供支持。它对项目的有效性和效率都做出了重大贡献，并且能对任何过程规范进行建模，并将其提供给用户。

5.16　摘要

- 在本章中，介绍了若干基本的过程模型，例如，瀑布模型和过程模型。
- 详细介绍了 CMMI 和 SPICE 的成熟度模型、功能安全和相关评估领域的规范性开发流程。
- 评估了敏捷式方法的现状。
- 作为开发人员的辅助工具，描述了过程建模的具体实现。

5.17　学习检查

5.17.1　过程模型

- 为什么要使用过程模型？
- 有哪些传统的流程模型？
- V 模型的结构是什么？

5.17.2　成熟度模型

- CMMI 有什么成熟度？它们代表什么？
- SPICE 有多少个成熟度级别，它们是如何划分的，其基本特征是什么？
- 评估的目的是什么？

5.17.3　功能安全

- IEC 61508 的应用领域是什么？
- 什么是错误检测与诊断？
- 什么是危害和风险分析？

第6章 汽车工业软件的可变性

构建软件产品线以通过可变性应对机遇和挑战

一般而言，可变性描述了产品特征的可改变性。在汽车行业产品中，可变性可谓无处不在：客户可以自己选择车辆配置，开发人员可以对车辆特征进行调整，例如，使其适应国际市场及各国法律规范要求。多个配置可能性以及由此派生出的不同配置，就可反映出一种型号车辆的特征可变性。当然，汽车行业的这种可变性主要是通过物理构件实现的，例如，标准系列方向盘可以改换为运动型方向盘。从软件技术的角度来看，这通常被称为硬件可变性。此外，车辆软件的可变性正在日渐增加，这就涉及车辆内部控制功能，以及最终用户的使用功能，例如，车辆开发人员配置的车窗刮水器控制，以及各种信息娱乐系统。

随着可选用的产品配置，及其指定的配置规则越来越多，这都将导致在处理软件可变性方面，其复杂性和程度颇为可观。如果没有可适用的实际性规划和软件系统方法，软件可变性将很快成为一个难以解决的难题。而且，在汽车行业的许多领域，开发人员都不可避免地面临着这一问题，必须处理软件可变性，例如，创建同一车辆系列中的不同型号。此外，客户本人有配置车辆功能的可能性，这可使车辆制造商更具自身特色，能在市场竞争中脱颖而出，挖掘巨大的经营潜力。

由此可见，系统性、结构化地处理可变性也提供了很多企业经营机遇：当了解了配置选项及其相应的规则后，就可更有针对性地进行软件开发，跨越各个系统边界，重复性使用代码，以减少开发工作和成本费用，这样还可以提高软件系统的质量，并缩短按市场需求提供软件系统的时间。但是，要充分利用这些机会，就需要了解和掌握软件可变性的专业知识。

本章将介绍通过设计结构化的软件产品线（Software Product Line，SPL）方案和技术，处理汽车行业软件系统的可变性，以便把握这种新型的挑战，实现预定的企业远景。所要讲解的方案和技术在一定程度上，可使读者将其投入实际应用。但是，重点还在于介绍可变性方案、技术，及其上下关联，以使读者能够在各自情况下做出正确的可变性决定，调整软件程序内容，使其能满足软件开发的个性化需求。

详细地讲，本章的组织结构如下：6.1 节介绍了汽车电子舒适性系统中的车窗

系统，这将贯穿本章内容，并作为软件系统可变性案例，实例性地说明可变性中的
技术挑战、行业技术，以及处理方案。6.2 节概述了软件产品线，以及所创建的产
品和使用过程。6.3 节介绍了软件产品线中可变性方案，而 6.4 节更详细地介绍了
可变性的细节和具体实现。6.5 节为在汽车工业中实际应用软件产品线技术，提供
了具体的指导建议。6.6 节介绍了与汽车行业潜在相关，更进一步的软件产品线方
案和技术，但仅传递其指导性基础知识，便于读者进一步自学。最后以总结性章节
作为结束语。

　　本章分别从广度和深度上，以适合于汽车行业实际应用为目标，试图探讨软件
可变性这一复杂的主题。根据每个读者的学习目的，以及各自不同的愿望，可选择
性地阅读本章内容。当然，完整且顺序性地进行阅读，更可获得一个总体性理解。
若希望获取纯粹的实践知识，可先阅读 6.2 节，然后 6.5 节的内容。再根据各自的
需要，查看 6.3 节和 6.4 节中的相关内容。如果希望对软件产品线所基于的方案和
技术有一个概述性的了解，则可以首先阅读 6.2 节内容，然后再阅读 6.6 节。

6.1　示例：具有不同车窗控制的电子舒适性系统

　　汽车工业中的许多领域，组件和系统都涉及产品可变性，例如，电子舒适性系
统（Body Comfort System）。这里将要介绍的电子舒适性系统包括：一个（可选）
具有防夹保护装置的车窗系统，一个（可选）遥控中央门锁系统，一个报警系统，
以及各种发光二极管，这些主要用来指示车窗和报警系统的状态。所有这些提供的
功能，可按照客户需求部分地进行个性化的配置，例如，哪种类型的车窗控制配
置，当然也可以选择全部功能，或不考虑某些选择性功能，例如，是否要配备报警
系统。可通过逻辑操作组合出这些功能配置，这当中很大一部分都是可以通过软件
实现的。正是出于这些原因，这样的配置或系统不仅具有可变性，而且这些可变性
不仅可由硬件实现，也可用软件实现。在本节的后续章节中，将这一电子舒适性系
统中的车窗系统作为一个示例，说明如何针对软件可变性使用相应的技术和方法，
以应对这些配置选择方面的挑战性要求。

　　车窗系统提供了多个可选类型可能性，以控制车辆侧面车窗的位置。共有
以下三个选项可供选择：第一个为手动式车窗控制，无需任何电子设备，仅简
单地通过一个机械摇柄来改变车窗玻璃的位置。第二个为电动式标准车窗控制
装置，它通过一个电子操纵开关来调节车窗上下，开关信号传递给电动机以便
执行。第三个是所谓自动电动式车窗控制装置，操作方式与上述电动式标准车
窗控制装置基本相同，但有一个特定的功能：如果车辆已被锁定，但车窗仍处
于打开状态，则自动电动式车窗系统就会自动关闭车窗，并且在此期间，不再
允许手动进行任何操作。然而，电动式标准车窗控制装置则要求，在车辆被锁
定时乘客仍可进行操作以关闭车窗，因此就允许在车辆锁定后的一定时间内，

可对车窗进行各种操作。

除了上述不同的车窗控制方式之外，还提供了防夹保护系统，即一旦在车窗范围内，车窗系统检测到物理性障碍物，它就可自动关闭电动车窗控制装置的驱动电动机。原则上，纯手动式车窗控制不再适用于现在的车窗系统。对电动式标准车窗控制系统而言，它就可作为一个可选配置项。但是，对于自动电动式车窗控制，就要强制性地使用防夹保护系统，以确保能安全实施车窗自动关闭程序。

所有上述系统都需要不同的硬件设备，例如，电动机作为驱动装置以及传感器用来检测障碍物。由此就有硬件可变性，但在此不再赘述。但是，上述不同的电动式车窗系统和防夹保护系统，其逻辑功能却是通过软件来实现的。在一个特定配置中，就要做出应该选择或者取消哪个系统的决定，这将对软件的逻辑功能产生重大影响。因此，这就涉及需要处理软件的可变性。

具体来说，系统的逻辑功能是通过两种不同类型的产品实现的：系统建模语言SysML 或者统一建模语言 UML 的状态图和 C 代码。其中，状态图通过不同的系统状态（State），描述控制逻辑的基本流程，两个状态之间通过转换（Transition）进行连接，而转换则由引发事件（Event）激活，而且仅当满足了指定的可选择性条件（Condition）时才可发生。转换本身可以带有一个动作（Action），它具体在软件程序中可以代表一个功能的调用。可从状态图生成 C 代码，将状态图中状态序列作为程序代码实现，这还包括调用转换时所指定的软件功能。对所指定的功能就可生成相应 C 代码框架（Signature）。但功能（C 语言中的函数）的具体内容实现必须手动编写。重复性生成的框架，并不会覆盖曾经手动编写过的结果，仍可使用现有的代码文件。通过这样的代码实现，就既需要状态图，又需要 C 代码来描述软件系统的逻辑。

手动和电动式车窗控制装置之间的区别在于在电动式车窗通过中央门锁机制对车窗进行锁定，两者在控制之间表现得明显不同。图 6.1 实例性地说明了中央门锁机制的状态图。图 6.2 还显示了部分所实现的 C 代码，这些代码实际转换了所确定的功能，即手动式车窗控制和电动式标准车窗控制。

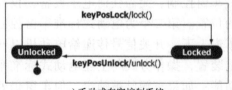

a) 手动式车窗控制系统

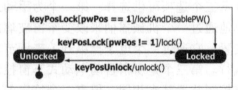

b) 电动式标准车窗控制系统

图 6.1　逻辑状态图：中央门锁系统

```
bool clsLocked = false;

void unlock() {
  clsLocked = false;
}

void lock() {
  clsLocked = true;
}
```

```
bool clsLocked = false;
bool pwEnabled = true;

void unlock() {
  clsLocked = false;
  pwEnabled = true;
}

void lock() {
  clsLocked = true;
}

void lockAndDisablePW() {
  lock();
  pwEnabled = false;
}
```

a) 手动式车窗控制系统　　　　　　　　　　b) 标准式电动车窗控制系统

图6.2　中央门锁系统功能的 C 源代码

就手动和电动式标准车窗控制而言，二者的状态图和 C 代码都不同：在手动车窗锁定时，只有车辆被锁定。但是，在关闭电动式标准车窗控制装置时，手动进行这两个转换是不同的：如果车窗已经关闭（条件 $pwPos == 1$），则除了纯粹地锁定车辆外，lockAndDisablePW（）功能，还应排除乘客操作车窗的可能性。但是如果车窗尚未完全关闭（条件 $pwPos! == 1$），则应仅仅锁定车辆，以保证乘客仍有操作车窗的可能性。而当车辆解锁时，这两个车窗控制的逻辑是相同的，因此，当发生解锁事件 keyPosUnlock 时，将调用相应的解锁功能 unlock（）。总体而言，虽然实现方式具有大致相同的功能，但是还取决于选择哪种车窗控制，也可能就会产生明显的差异。

但是，如果除了手动和电动式标准车窗控制之外，还考虑了自动电动式车窗控制逻辑，则现有状态图将不得不再补充更改，并且还有必要修改 C 代码，以实现截然不同的控制系统逻辑。

上述这一事实突出地表现出软件系统可变性中的一个主要问题：随着车辆配置选项需求的增加，就必须开发和维护越来越多的不同软硬件实现。即使现已实现的产品（硬件、软件）可充当参考模板，并根据副本进行修改，以实现更改的功能，但开发和维护工作也会显著增加。而更多的问题在于要以许多不同的形式，去维护各个产品的变化：例如，如果在系统的通用逻辑中发现某些错误，则必须对每个涉及的已实现产品，进行类似性的修改和调整。即使错误仅影响部分不同的产品，则也可能会很成问题，但这仍不完全清楚，究竟必须要调整哪些已实现的产品选项，以消除所有可能在配置中出现的错误。仅基于这一事实，并不建议为不同的配置选项，分别地开发完全独立的产品。这样的话，产品配置选项的组合数量，将会爆炸性地增加，这使得开发的单独实现变得完全不可能。

在上述三个车窗控制示例中，总体来讲，都必须开发和维护三个状态图和三个 C 代码文件。这尚是一个可管理的产品数量，一方面是由于这一示例本身规模较小，另一方面，则是由于在选择时只能相互间排斥性地选用三个配置选项。然而，如果配置选项可以彼此间自由地组合，则由此所可能产生的组合数量要大得多。假使如果有 33 个可用，且可自由组合的配置选项，则将会导致 $2^{33} = 8589934592$ 种组合可能性，这就意味着世界上几乎每个人，都可以拥有一种完全独特的配置。在汽车制造商的生产实践中，通常都有数百种不同的产品配置选项，虽然彼此间并不完全独立，如此数量的配置可能性，实质上是不可能实现的，无法为所有潜在配置都给予个性化的实现。很显然，这样大规模的系统，其开发和维护不再可能。

尽管如此，为了能够掌控这类配置的复杂性，就特别需要有处理软件可变性的适当方法。以下各节将介绍所谓软件产品线（SPL）的概念和技术背景，这是一个可开发和配置高度可变软件的成熟方法。

6.2　软件产品线的基础

如同车窗控制系统示例所示，就软件系统的开发和维护而言，可变性问题将对软件造成相当大的复杂性。这里的原因在于，软件已不再是一个单一系统，而是一个整体性的系列：配置选项应用将导致软件系列中每个单独成员的表现行为可以有很大不同。但是它们都基于以下一个事实，即都涉及非常类似的应用，在相同的应用场合运作，并具有相近的功能。这样，与其相互独立地研究和开发这类系统，最好还是希望能全面地考虑和开发它们的共性，并且，如果可能的话，仅在真正需要其差异性时，才去进行单独的处理。这就是软件产品线的基本思想。

软件产品线代表了一种大规模、重复性使用类似软件产品的方法，其基本思路就是将软件组成进行分解，一方面为系统通用和共用成分，另一方面为可变化成分。其基本假设就是软件系列中的相似性远大于差异性，进而有必要协调系列中的共同性。但是，许多差异性在其功能上是显著不同的。因此，很难仅使用不同的度量值，对系统参数进行设置。与此相反，可能要部分修改和更换已实现的软件部分，才能实现所希望的功能需求变化，就是说，如同前面车窗控制示例中所述，可能有必要更改或者删除部分源代码。在实施过程中，对于这类涉及内容广泛的修改工作，就必须采用理性合适的方法，以实现整个软件系列中各个产品的功能。因此，可以说软件产品线工程是一种基于不同方案和技术的方法论，在考虑软件可变性的前提下，进行软件系列的开发、维护、分析和质量保证。

软件产品线由多个构成可变性的元素组成，如图 6.3 所示。在下文中，将概述性地说明软件产品线的创建，以及其组成部分和生成过程。

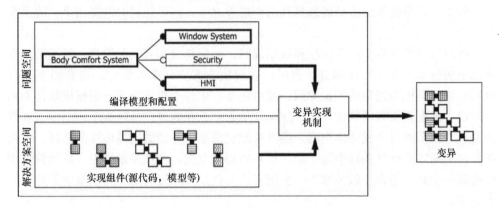

图 6.3　软件产品线的核心要素和基本过程

6.2.1　创建软件产品线

基本上讲，软件产品线这一术语有两个不同抽象级别的空间，即所谓的问题空间（Problem Space），它在概念级别上，技术中立性地描述软件信息，而所谓的解决方案空间（Solution Space），则是在实现层次的具体实施。

这种区分是很有意义的，因为对于一个软件系列，软件产品线在很大程度上与多个不同技术利益相关，这就需要对将要实现的软件系统，允许有完全不同的看法。例如，针对销售人员要与客户沟通的需求，就要提供与之特定的配置选项，而他们无需从技术角度，充分了解软件的技术细节。与此相反，如果没有此类技术内容细节，开发该软件的工作人员将根本无法工作。因此，问题空间和解决方案空间二者各具不同的软件表达形式，各自都代表了软件系列的可变性，但是其内容方式却完全不同。

带有可变性模型的问题空间

问题空间在概念上描述软件可变性，并以所谓的变异模型作为工作中心。变异模型的主要任务就是提供可用的配置选项，而不必进行技术实现。就是说，在变异模型中这意味着配置选项是纯粹的方案，可以彼此间明确地区分开，并尽可能清楚地识别。通常，这是通过为一个功能赋予一个颇具表现意义的名称来完成的。例如，在车窗控制系统内，将防夹保护系统作为选项提供。除了这一名称之外，这一功能配置的具体技术实现，目前还不完全清楚。这种抽象思维是有其道理的，只有这样，即使非技术人员也可以应用配置知识的基本概念，例如，经理人员。总体而言，变异模型可以对所有可用配置选项，提供一个总体性概述。

但是，若干个配置选项通常并不能随意地自由进行组合。因此，变异模型就具有更为重要的意义，即可定义哪些配置选项组合是允许的，哪些配置选项组合却是不可行的。

例如，在车窗系统中只能选择其三个选项之一，而不能同时选择两个，或多个的组合。

针对所提供的各个配置选项和限制规则，如何构成相互间的组合，就用到配置领域中的技术术语（有些部分，也可以在解决方案空间中找到它，请参阅下文）。利用软件变异模型提供的配置知识，就可在基本原理上描述方案，根据该软件系列的需求，来配置所有的软件产品，这也就是为什么在软件产品线技术术语中，经常谈到一个所谓的封闭式变体空间。通过从配置选项中分别做出具体性的选择，就可在方案上描述该软件系列中每个单一软件的功能范围。在技术术语中，从软件选项中构成一个具体组合，就被称为一个配置，前提是该配置满足变异模型中的所有配置规则。

在其表达意义上，变异模型可被理解为多个不同的具体性文字注解的总称。这里将以实例性方式介绍三个配置模型的例子：特征模型（Feature Models）、决策模型（Decision Models）或正交变异模型（Orthogonal Variability Model）。这些模型的共同之处在于它们均在概念级别描述配置性内容，而不同之处在于表现形式和使用方式。为了说明这些不同，将在 6.3 节中，详细说明各自的注释形式内容。

除了变异模型之外，问题空间还可包含其他软件产品内容。例如，对于软件系列或者单一软件的具体需求，这也可以理解为软件开发中的解决方案和技术中立性。

具有实现组件的解决方案空间

解决方案空间描述了实现级别的软件可变性，并包含软件系列具体实现所必需的所有组成元素。这主要是实现每个软件变异的组件，例如在车窗系统示例中，状态图和相应的 C 代码。但是，在这样一个软件系列中仍还需要其他与之相关的辅助性文件。例如，可以是描述软件系统功能的手册，或者所使用的参数定义和数据格式说明。

作为所有这些组成元素的总称，在本章中，我们引入了软件技术术语"实现组件"（Realization Artefact）。

所有实现组件都可能或多或少地受到软件系列可变性的影响，因此不应开发任何重复性组件，而只是尝试使其"能够适应"可变性，当然这具体取决于所选择的配置选项，例如，如果一个软件变异取消了一个潜在的配置选项，则其状态图和源代码都不应该再能实现其相应的功能，进而手册中也不应该再提及此功能。

取决于特定的实现组件表示方法，可以更简单或较为复杂地表达软件更改规则，例如，C 代码通过其预处理（Preprocessor），具体讲可以通过文件（#include）、条件编译（#if, #ifdef, #ifndef, #else, #elif）和宏定义，提供除状态图之外的描述可能性。由于可变性不仅会影响软件具体的实现，而且在某些情况下，还必须对其他组件，例如上述手册或数据格式说明，启用相应的注释进行更改。根据所选择的实际变异机制，或多或少地可将大部分实现级别上的配置内容在解决方案空间中所涉及的实现组件内部或外部，给予相应的注释描述，请参见第 6.4 节。而实现组件中受可变性影响的部分，就必须根据所选配置选项进行调整，这在技术术语中称为变化点（Variation points）。

如果可将所有实现组件形式性描述，使其能对应有效配置选项的功能，则可以说，这就是该软件系列的一种变异。在这里，重要的是还要正确理解术语"配置"和"变异"，两者都描述了一个软件系列中的特定软件系统，但是却有不同的抽象层次：其中，配置是在问题空间中，选择变异模型中的多个概念元素，更通常地讲，它是多个有意义的功能名称构成的集合。而一个变异是以真正实现配置的形式具体实现组件的集合，因此是在解决方案空间中配置在实现层次上的实现。

在有些文献中，产品这一术语有时与变异同义使用。而在本章中，"变异"专门用于确定某个软件系列中一个特定软件系统，"产品"一词常给人以假象，被认为这是可整体出售的最终产品，还包括硬件。

6.2.2　使用软件产品线

在本章中，除了详细地介绍了构建软件产品线的工作外，还有在实践中使用软件产品线的过程。软件产品线工程（SPL Engineerings）的主要目标就是，尽可能地在可允许的简化条件下，构建软件系列中的各个软件系统，即组合出适当的、满足客户不同需求的可执行软件系统，并为投入实践使用做好准备。用工业技术术语来说，此过程被称为产品变异生成。

创建一个配置

在变异（配置实现）生成前，首先必须确定一个来自软件系列所预期的特定软件系统，它的功能范围应该是什么。为此，在配置过程中要根据变异模型定义和确定一个配置的内容，即对从所有可用的配置中选择出一个或多个候选项，它的组合可完全满足所有预定义的配置规则。可以由不同的产品利益相关者共同定义配置，这主要取决于谁是产品的目标群体。例如，对于一个用于发动机控制的软件产品线，熟练的工程师就能定义出所需的配置。相比之下，对于配置信息娱乐系统之类的软件产品线，并不需要具有丰富的技术经验，例如，销售人员，甚至是车辆本身的客户。

配置应用软件工具可以辅助支持此过程，例如，自动选择所必需的配置选项，或者在选择某一特定配置选项时，获得进一步的信息，比如指出其他不能与之配套的其他配置选项。可以采用不同的描述形式，具体地再现配置知识。对于多个技术内容的配置，通常是基于参与者的专业基础，在变异模型中予以再现，可参见 6.3 节。但是，对于技术含量较低的配置需求，也可以使用简单性的工具，例如，配置器，以交互式清单或者向导助手（Wizards）的形式进行配置操作。但是无论如何，配置逻辑还是来自作为系统基础的变异模型。

通常，软件产品线工程中的配置过程几乎是所谓永恒的，并且假定它是仅由一个人执行的。

但是，还有一些技术可使多人参与，他们各自的工作能力不同，但却在一个复杂的配置过程中。

相互关联和依赖，这可参见 6.6.3 小节。

无论如何，配置过程的结果就是软件产品线中的一个具体产品，或者说一个具有唯一性的软件功能组合。

创建一个变异

通过选择一个配置，可以从概念上确定该变异应该包含的功能。用技术术语来说，变异在这一配置点上是完全受到约束的。但是仅由配置本身，仍并不清楚所需的功能是如何实现的。为此，就有必要考虑软件产品线中的实现组件，它们将真实地反映变异性：一个所选择的配置选项，其实现组件可能具有所要求的功能，也可能根本没有，或者有些还可参数化。在上述车窗控制示例中，实现组件以状态图和 C 源代码的形式存在。如果未选择某个配置选项，则可以认为，它不需要状态图中的一个相应的转换（Transition）和对应源代码中的相应功能。

在一个软件产品线中，这种更改的实现是通过一个可变性实现机制来进行的。可变性实现机制中有几种不同的基本性方法，这些又可以使用多个具体的技术来实现，具体可参见 6.4 节。这些技术的共同点都是通过输入配置概念，构成一个具体的软件系统，把它作为软件产品线的变异，而且其功能范围对应于从变异模型中所选择的配置选项。

为了实现可变性实现机制，就必须在问题空间中为变异模型加入配置选项，并在解决方案空间中实现组件内的所需变化点，这两者之间建立一个连接。例如，在车窗控制示例中，就必须明确说明，在 C 代码中选择配置选项"标准式动力驱动窗口"（Standard Power Window）时，就必须将预处理器中的宏值 STANDARD_ PW 设置为真（true）。尽管对人类而言这些名称很相似，但对于一个计算机系统而言，它们是完全不同的定义。这就意味着，即使在最简单的情况下，也有必要在问题和解决方案空间中的不同术语之间创建映射，也可称为对应。例如，通过直接列举出各个相对应名称的连接，以明确地进行此对应操作，也可以从问题空间配置选项的名称中、词意中推导出其在解决方案空间中的相应部分，即通过大写所有字母，并用下划线替换空格。

但是，在问题空间中的配置选项与解决方案空间中的变化点之间，两者的关系通常不容易明确地确定：在变异模型方案层次上的配置选项，通常都是描述了系统的复杂功能。因此，所需的功能要通过对不同的实现组件，进行多次组合和调整后才能实现。其结果可能是，问题空间中的一个配置选项会对解决方案空间中的多个实现组件产生影响，具体讲是多个变化点。在这种情况下，可以说一个变异性跨越在多个实现组件。例如，自动电动式车窗控制是通过调整源代码中的多个程序部分来实现的，并且也要在所涉及的状态图中，进行相应的选择性调整。

此外，还可以通过组合多个配置选项来影响解决方案中的一个变化点。例如，在车窗控制实例中，如果选择了两个电动式中的任何一个，则仅需要在源代码中选择与之相应的配置选项的变化点。另外，可以想到的是某些功能之所以能出现在实现组件中，正是因为同时选择了两个直接相关的配置选项，比如，两个组件之间需要进行数据通信。

因此，在一般情况下，在问题空间中的配置选项与解决方案空间中的变化点之间建立对应连接并不容易。在很大程度上，这一具体过程取决于所使用的变异实现机制，这将在 6.4 节中对其进行详细讨论。

掌握了问题空间和解决方案空间之间的联系，就有可能从根本上实现可变性，这就是通过配置相关的实现组件，从形式上给予满足，使之可实现所选取的功能。在上述车窗控件的源代码示例中，这就意味着，将所有配置选项所对应的预处理器宏都设置为相应的真值，如此在编译（Compiler）过程中，不需要的源代码部分也不会被编译。通常，变异推导的具体过程在很大程度上，取决于所选用的变异实现机制，这可以在 6.4 节中找到更详细的说明。

6.3　变异模型

变异模型用于将一个软件产品线的所有配置选项更明确化显现，并生成配置组合规则。它可有不同的表示形式，根据特定的用途，以不同的方式给予描述。下面将介绍变异模型中三个最重要的表示法：特征模型（Feature Model）、决策模型（Decision Model）和正交变异模型（Orthogonal Variability Model）。到目前为止，特征模型最为常用，因此，对它将进行更为详细的解释说明。

6.3.1　交叉树约束的特征模型

特征模型通过其共性和可配置性差异，在概念层次表示一个软件系列。

这一模型是将软件系列按层次划分为所谓的特征（Feature）。

通常，一个特征被定义为一个用户可感知的功能，并且是可装备的。用户既可以是最终直接用户，例如，信息娱乐功能，也可以是开发人员，例如，发动机控制的内部功能。在一个特征模型中，特征是最小单位，既可以选择来装备功能，又可以不予采纳。

特征模型

一个特征模型的基本结构为树形，即每个特征都可具有多个子特征，但每个特征最多仅能具有一个父特征，当然根特征除外。在创建一个特征模型时，假定其根特征是整个产品系列的名称，然后通过子特征，进一步分解细分为多个单一配置选项。在前述示例中，可将根特征赋予一个合适的名称，例如，电子舒适系统

（Body Comfort System）。根特征的多个直接子特征，在下一个更为具体的建模级别上，详细描述可配置功能并通过逐渐深入进一步细分，可加入更多的子特征，比如，人机交互界面或者前面讨论过的车窗控制系统。图6.4 的左侧以框图方式，实例性地描述了电子舒适系统的特征模型。

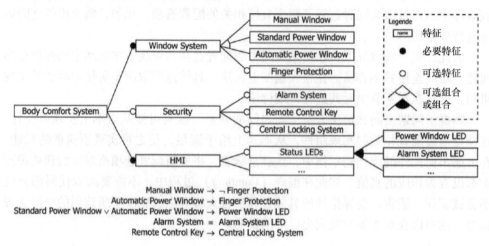

图6.4 电子舒适系统的特征模型和交叉树约束

特征模型的层次结构本身，就已经确定了大部分配置知识：对于每个选定的特征，还必须考虑其父特征。在图6.4 的示例中，如果选择了"报警系统"（Alarm System）功能，则还必须确认其父功能"安全性"（Security），继续向上选择其父功能"电子舒适系统"（Body Comfort System）。

此外，每个选定的特征都要满足其下属子功能的配置规则。出于此要求，特征模型采用了各种不同的注释方案，以明确表达单个特征或特征组合的配置规则。

可以为各个特征确定其变异类型：比如，功能可以是强制性（mandatory）的，即如果选择了其父特征，则必须选择它们，这就是软件产品线中的某些组成关系。在特征模型的常用框图形式表示中，一个强制性的特征用一个实心圆标注，位于该特征框图的左方。此外，一个功能可以是可选的（optional），就是说它并非是必不可少，可将其排除在外，这就可构成软件产品线中的某些差异部分。在通用的框图表示中，可选特征用一个空心圆标注，也位于该特征的左方。在图6.4 的示例中，车窗系统（Window System）特征是强制性的，但是，其子特征"防夹保护"（Finger Protection）是可选的。根据这一定义，在任何一个特征模型中，根特征始终是隐含强制性的，即在任何情况下都必须选择它，但通常可以没有任何标注表示。

可以为一组特征定义其相应的类型，即根据什么模式，允许从模型中选取多个特征：一方面，一个替代组合（Alternative - Group）规定，必须从多个特征中准确地选择出一个特征，就是说，这些特征是互相排斥的。在通用的特征框图中，一个替代组合用一个虚弧线表示，它构成该组合内部特征间的连接。此外，一个逻辑

或 - 组合[⊖]（Or - Group）确定，必须至少选择其中一个特征，但又允许特征的任意一种组合，即该特征组合的自由性。通常，在特征模型的图形表示中，一个逻辑或组合由一个实心圆弧表示，它连接了所包含的特征，比如，行驶状态 LED 显示（Status LED）就可以是车窗动力 LED 显示（Power Window LED），或者是报警系统 LED 显示（Alarm System LED），或者二者均具备。这些特征组合本身并不具有显式的变异类型，但要服从该组合的配置规则。在该示例中，各种车窗控制组合都属于特征"车窗系统"（Window System），并组合在一个可替代组合中，而与此相反，行驶状态 LED 显示（Status LED）特征被组合在一个逻辑或组合中。原则上讲，一个特征可以分解为多个子特征的不同组合，但是，并非所有配置软件工具都能支持此功能。

交叉树约束（Cross - Tree Constraints）

通过注释概念来表示特征模型树形结构中的变异，可将大部分配置知识再现和表示出来。但是，也可能仍需要编写配置规则，其中包括纳入特征模型的多个不同子特征（子树）。例如，报警系统（Alarm System）和报警系统 LED 显示（Alarm System LED）特征只能一起选择，或者共同取消。这已超出了特征模型所基于的树结构，因此引入了所谓交叉树约束概念，在以下内容中，简称为约束（Constraints）。

最常见的约束形式是需要和排除约束（Requires and Excludes Constraint）。一个需要约束指出，某个特征必须有另一个特征，才能完全发挥作用。例如，遥控键（Remote Control Key）功能仅在以下情况下，才能正常工作：如果还选择了中央门锁系统（Central Locking System）特征，这就建立了一个从遥控键到中央门锁系统的约束。另一方面，一个排除约束则规定了永远不能同时选择某两个特征。例如，单独选择防夹保护（Finger Protection）特征就没有任何意义，如果选择了不带电动机的手动车窗控制，因此这两个特征之间是一个排除约束。需要和排除约束基本上都可以以图形方式显示，通常用一个一端带箭头的虚线表示需要约束，而两端带箭头的虚线则表示排除约束。但是，这些约束的图形表示很快就会导致人的视觉过载，并且无法用它来表达更为复杂的约束（参见下文）。因此，通常不建议使用带有约束的图形表示。

除了简单的需要约束和排除约束之外，还有一些更为复杂的约束。例如，所采用的车窗控制系统要保证有防夹保护特性，就要求在电动式标准车窗控制（Standard Power Window）或者自动电动式标准车窗控制（Automatic Power Window）两个特征中选择其中之一。这就需要更具逻辑性的表达，比如，可以借助连接符号，关联（Conjunction∧）、非关联（Disconjunction∨）、否定（Negation¬）、隐含（Implication→）和对等（Equivalence≡）来完整地表达此类

⊖ 这个名称基于逻辑或，与常用人类语言用法相反，当多个条件同时满足，也可以发生。

约束。只有当且仅当在配置中选择了该特征时，带有这一符号的特征表达式才为真（true）。其余的使用上述连接符号构成的组合，可从逻辑表达语义中获取约束的真值。因此，对于电动式标准车窗控制和自动电动式车窗控制所需的防夹保护，就可以表达为 StandardPowerWindow ∨ Automatic Power Window→Finger Protection。上述的需要和排除约束条件，同样也可以用逻辑方式表达：需要约束（Requires Constraint）被表达为 Remote Control Key →Central Locking System，排除约束被表达为 Manual Window →¬ Finger Protection。最后，最初所要求的约束中报警系统（Alarm System）和报警系统 LED 显示（Alarm System LED）只能是一起选择，或者都不选。所有完整的，适用于当前示例的所有逻辑约束，均排列在图 6.4 的下部。通过特征逻辑公式描述约束，就归入了更为简单的需要和排除约束表达，因此经常是作为首选。

借助于从变异模型中积累的配置知识，以及所属的交叉树约束，就可完整地描述特征模型中所要表达的配置知识。配置过程包括，首先选择所希望的一个或多个特征。在一个特征模型中，一个配置是由一组所需的子特征组成的，这些子特征都满足特征模型中的所有配置规则，以及所属的交叉树约束。

6.3.2　带决定约束的决策模型

决策模型（Decision Model）是通过回答一系列问题，将所有相关的变化点联系在一起，以在概念层次上表现和描述一个软件系列。因此，决策模型将其重点放在配置过程上，而不是像特征模型的做法，重点放在逻辑功能的结构分解上。

决策模型由一系列决策（Decision）组成。一个决策是对一个实现组件中，变化点的特定设计做出明确的决定，这一决定还影响其他的变化点。决策记录和结构化变化点、具体的配置选项，并特别关注它们之间的依赖性和相互影响。对于每个决策，都要制定出一个简洁的问题，提供可用的配置选项，所寻求的答案就是在相应的变化点确定和绑定变异。图 6.5 示出了电子舒适系统的决策模型及相关的决策约束。

决策模型（Decision Model）

从基本上讲，可区分出三种类型的决策，及其相关的提问形式：选项式、替代式和范围值式。

选项式（options）确定一个功能是否应作为某个配置的组成部分。

与之相应的问题就是要制订出决策性问题，例如，应该使用报警系统吗？

替代式（alternatives）允许从具体的配置选项列表中进行挑选。其相应的问题就是最终必须选择哪一个选项，例如，应该使用哪个车窗控制形式？要回答这类问题，可参考有关的技术手册（标准电气和自动电气）以做出相应的决定。范围值（ranges）允许从一个取值范畴内确定一个具体的值。其相应的问题可以如此制定，

标识符	问题	类型	决议约束
1	应该采用哪种车窗控制？	可替代:手动，电动标准式，自动电动式	手动，将2转换为假(false) 自动，电动，将2转换为真(true)
2	应该为车窗系统选择防夹保护系统吗？	可选的	真：部分转换1消除手动 假：部分转换1消除自动电动
3	应该采用报警系统吗？	可选的	真：将7转换为真(true) 假：将7转换为假(false)
4	应该采用遥控系统吗？	可选的	真：将5转换为真(true)
5	应该采用中央锁死系统吗？	可选的	假：将4转换为假(false)
6	应该为自动式车窗系统，选择发光二极管 (LED) 系统吗？	可选的	真：部分转换1消除手动 假：部分转换1消除电动标准式，自动电动式
7	应该为报警系统，选择发光二极管(LED) 系统吗？	可选的	真：将3转换为真(true) 假：将4转换为假(false)

图 6.5　电子舒适系统的决策模型及相关的决定约束

即期望用一个数字作为答案，例如，报警系统的 LED 指示灯应闪烁几秒钟？其答案可以在 30 到 120 之间选择一个。所有这些所提出的问题必须以一种方式组合，以便从答案中做出决定，将变异与所有变化点联系在一起。

决定约束（Resolution – Constraints）

并非每个问题都需要一个明确的答案，才能将变异与软件产品线中相应的变化点联系起来，因为这个决定可能是自动产生：如果回答了有关车窗控制的问题，应该采用自动电动式车窗控制，就必须强制性地选择防夹保护系统。如果选择了手动式车窗控制，就无法再选择防夹保护系统。其实在这两种情况下，提出防夹保护系统的问题是多余的，仅当选择了电动标准式车窗控制装置时，才必须做出一个明确的选择。

如果后续的问题是：是否应使用中央门锁系统？得到的回答是应该使用，则后续一个有意义的问题：应使用遥控器吗？但是，如果上面问题的答案是否定，则可以跳过有关遥控器的问题，因为没有中央门锁系统，就不可能选择遥控器，可自动做出否定决定。

为了表达决策（Decisions）行为与其所属问题和可能答案之间的依赖关系，决策模型提供了三种类型的决定约束：决定（Resolution）、部分决定（Partial Resolution）和排除（Exclusion）。决定就是说，所做出的一个决策将完全确定了另一个问题的决策，比如，在上述的防夹保护系统，以及先前关于要使用的车窗控制的决定。部分决定则指出，当对某个问题作出决策时，另一个问题的答案可能性将要受到某种限制，但是仍然必须做出一个明确的决定。例如，如果首先提问了防夹保护系统，并且问题得到了一个肯定的回答，则手动式车窗控制将不再是一个可准许的选择，但仍必须从两个电动式车窗控制方案中选择一个。最终，排除指出一个问题的答案，将会产生一定的后果，而不可再问下面的其他问题，因为已经隐含地否定回答了。在上述情况下，没有选择中央门锁系统，则遥控器的问题就不再适合存在。

所有问题的集合、每个潜在的可接受答案，以及决定约束、个别问题的（部分）自动解决方案，这些共同在决策模型中反映和映射了配置知识。配置过程在于回答所有相关的问题。因此，在一个决策模型中，一个配置由对一系列问题的答案组成，通过决策将变异与所有相关的变化点，建立明确和具体的联系。

决策模型和特征模型具有相同的表达能力，因此可以表达相同的配置知识。但是，其注释符号的初始关注点不同，特征模型将逻辑功能的层次划分置于首位，而决策模型是通过一系列要回答的问题，将配置过程作为重点。

6.3.3 带有约束的正交变异模型

正交变异模型（Orthogonal Variability Model，OVM）通过一系列原则上独立的变化点，以及在实现组件中的再现，来描述一个软件产品线的变异性。因此，与特征模型相比，正交变异模型着重于各个实现组件的结构差异，而较少关注软件产品线的整体结构。图6.6列举出了电子舒适系统（Body Comfort Systems）OVM中的各种约束。

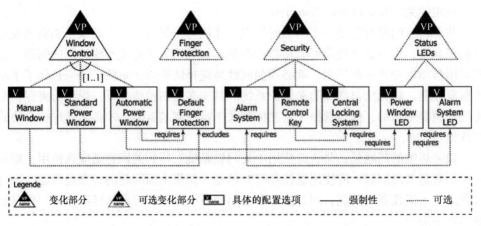

图6.6 电子舒适系统的正交变异模型（OVM）

正交变异模型本质上由两种类型的元素组成：变化点和可用的配置选项。

变化点定义了实现组件中的一个位置，该位置根据所选配置选项的不同而不同，比如，源代码中的某一段语句，这可以根据配置而不同地给予实现。在正交变异模型中，每个变化点都有一个唯一的名称。在图形表示法中，一个变化点由一个实线三角形描述。在标准情况下，显示了一个变化点是强制性的，已对此做出配置决定。但是，也可以将变化点声明为是可选性的（optional），以便可以没有配置。在图形标记中，变化点由虚线三角形表示。此外，可以将正交变异模型的变化点声明为是内部的或外部的。内部变化点仅对软件产品线的操作员可见，外部变化点对利用正交变异模型进行配置操作的使用人员也可见，比如，顾客。每个变化点必须至少提供一个具体的配置选项，才能说是可配置。

一个具体的配置选项表示了一个变化点的潜在特征，例如，源代码中的一个特定部分，但仅在选定了配置时才可用。正交变异模型的注释符号可表示这些特定的配置选项变异。但是，在本章中为了避免术语"变体"的多意性或者歧义，尽量不使用此术语，在本章中，"变体"代表整个软件系统的一个特定表达。在正交变异模型的图形符号中，一个配置选项由一个长方形表示，一个配置选项可以是可选性的或强制性的。可以不选择一个可选性的配置选项，并在其相应的图形符号中用虚线表示其变化点。另一方面，如果要选用一个配置，则必须将其作为一个强制性配置选项，并在其图形符号中用实线表示其变化点。应当特别提及的是，在正交变异模型中，还可以将一个特定的配置选项分配给多个变化点。而在特征模型中，使用特征实现这种分配则是不可能的。

正交变异模型允许定义配置选项组合，以构成多个选定的配置选项。一个配置选项组合内部，各个配置选项的允许数量要受到其相应基数（Cardinality）的约束：一个配置选项组合内的最小基数定义了可选择配置选项数量的下限，而最大基数就指定了上限。

另外，正交变异模型允许定义约束。但其表示法仅限于"需要"和"排除"约束（Requires and Excludes – Constraints）。例如，一个具体的配置选项可能会限制另外一个配置的选择，甚至在原则上排除它。特别要提及的是，正交变异模型还允许在配置选项和变化点之间定义约束。因此，一个具体的配置选项可能会要求必须配置另一个变化点，或者不允许某一个变化点。这种约束形式在特征模型中是不可能的，但也不是必需的，因为在变化点及其特征之间没有明确区分。通常，决策被认为是强制性的，因此可以在决策模型中指定类似的依赖关系，但也可以使用决定和排除约束来给出决策答案。

在使用正交变异模型进行配置时，要为所有的变化点选择特定的配置选项，以便它们在整体上都满足正交变异模型及其约束的要求。因此，一个正交变异模型的配置由许多特定的配置选项组成。

正交变异模型、决策模型和特征模型基本上都具有相同的表现力。决策模型更特别地关注配置过程，而特征模型和正交变异模型的重点放在软件系列在功能上的逻辑划分。特征模型表现了整个软件系列，及其潜在的功能范围，而正交变异模型代表了可能的变异的集合。这体现在以下事实中：一个特征模型记录了软件产品线中的差异和共性，而一个正交变异模型仅对差异进行建模。原则上，特征模型和正交变异模型都可以在相同的抽象级别上进行建模。通过明确地关注变化点，相比特征模型，正交变异模型通常被表述为更接近于实现。

6.4 可变性实现机制

就可变性的实现机制而言，在于将一个问题空间的配置，转换为解决方案空间中的一个具体实现，并将可配置的功能与软件系统对应组合在一起。为实现此目的，要对所有相关的实现组件进行内容调整，使其能包含来自变异模型的选项，并且具有所需的相应功能。就可变性实现机制而言，通常分为三种基本类型，主要是根据组合配置的方式进行区分：注释式（annotative）、组成式（compositional）和变换式（transformative）。图6.7显示了这三种变异实现机制的基本过程。以下内容将说明这些机制的基本特性和差异，以及具体的技术应用。

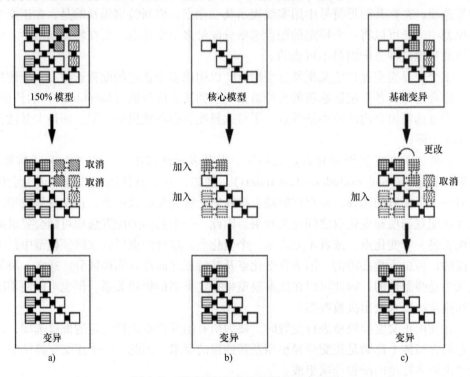

图6.7　不同可变性实现机制的基本过程

6.4.1　注释式可变性实现机制

注释式可变性⊖实现机制表示这样一种可变性，它收集一个实现组件的所有可能不同的实现，例如，在一个C源代码文件中，一个模块可能包含了所有可能要求的功能（Function），即使尚没有一个变量（Variable）需要所有这些功能。通

⊖　用于变异生成的方法，这一实现机制有时称为减法性，或负性变异实现机制。

常，由于它包含的功能比任何单个变量所需要的都多，因此也称为150%模型。

来自问题空间的变异模型，与实现组件150%模型相应部分之间，两者的联系是通过注释说明建立的，即对实现组件的相关部分进行标识，这些标识将被分配给对应的配置选项，或者它们的组合。对于所涉及的实现组件，这种注释性标注可以是内部的，或者外部的。

内部注释位于有关的实现组件中，例如，使用实现组件的编程语言注释，或者一个附加的集成语言的标注。例如，C编程语言中的条件控制流分支，即源代码中的"if..then"语句，就可以注释源代码的各个部分，并将其分配给相应的配置选项。在C编程语言中，通常使用预处理器及其条件编译，借助#ifdef指令和函数定义宏，来注释源代码的各个程序段。作为一个示例，图6.8b表示了中央门锁功能部分的C代码实现，其中就是采用来自预处理指令的注释，将代码对应于不同的车窗控制形式。没有预处理器的编程语言，也可以使用内部注释，例如，可以在Java中使用特殊格式的注释，或者该语言自己的注释机制。

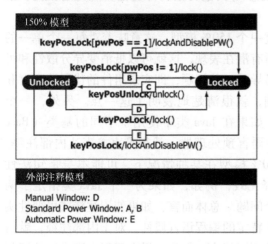

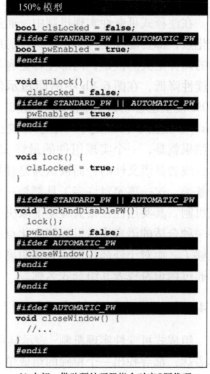

a) 外部，在状态图的映射模型内   b) 内部，借助预处理器指令对应C源代码

图6.8 注释式可变性实现机制

外部注释标注在相关的实现组件之外，例如，在显式映射模型（Mapping Modell）中。在最简单的情况下，可连接单个配置选项与实现组件的相关部分。而

对更复杂的情况，也可以使用配置选项以逻辑形式表达。但是，在任何情况下，实现组件中所涉及的部分都必须是可明确寻址的。这可以直接通过一个标识符 ID，如前面示例中状态图所示，或通过标识符组合，例如，使用面向对象的源代码，其中的标识符可以由类名（Class）及其方法（Method）的名称组成。图 6.8a 以状态图的形式说明了中央门锁控制的逻辑，对一个映射模型中不同的车窗控制形式，进行了外部注释，而且明确地指定了各个转换（Transition）的标识符。状态图的可变性也可以在内部进行注释，比如，所涉及的元素将带有特殊格式的注释。就外部注释而言，其优点在于实现组件本身并不需要知道它在软件产品线中的具体使用。

为了构成一个可变性，就必须以一种方式分解一个概念配置中的组成元素，很明显，就是哪些注释必须要激活，哪些注释必须被抑制。然后对变异中相应的元素进行组装，排除实现组件中所有不需要注释的部分，而仅保留其共同性（非注释的）的功能和激活所有带有注释的部分。与其他类型的可变性实现机制相比，图 6.7a 就显示了这种基本方法。

在注释式可变性实现机制中，通过一个 150% 模型，这意味着对每一个单一的变化点，都要能找到一个实现组件的所有潜在表现，这就可以抵消变异分散性和可能的差异定义。但是，内部注释更容易导致一些问题，即实现组件的代码清晰度和易读性降低，在图 6.8b 中的简短示例，就很清楚地表明了这一点。另外，一个 150% 模型也会引起其他问题：比如，如果在 Java 类中使用了不同的基类（Base class），则由于 Java 是单一继承和缺少语言预处理器，就很难直接表达内部注释。其结果就是，一个实现组件的最终 150% 模型在某种情况下，可能本身是句法性的，或者是语义性的，而被认为是注释无效，例如，如果为一个 Java 类指定了两个基类。这一事实对许多工具都是一个问题。总体而言，如果使用注释式可变性实现机制，其实用性在很大程度上取决于特定的编程语言属性。对于内部注释，就需要一种合适的语言构造以标记变化点的不同行为，但是如果有疑问，则进行注释就足够了。而对于外部注释，必须明确地指定一个实现组件中要更改的部分，例如，可通过标识符或者其组合式名称。

6.4.2　组成式可变性实现机制

组成式可变性实现机制⊖表示其可变性，主要是通过对每个变化点中每个可能的表达，都寻找出一个单独的组成单元。一个软件产品线所实现的公共部分是使用所谓的核心模型。以 C 源代码为例，核心模型可以由共享的整体逻辑单元组成，也称为单个功能，这些单个功能并不在核心模型本身内给予说明。组成单元包含被调用功能（比如，C 代码中的函数）的具体实现，但具体的实现方式又有所不同，

⊖　基于其生成变异的方法，组成式可变性实现机制有时也称为加性，或者正性变异实现机制。

这样就实现了变异模型中的各种配置选项。

为了构成一个具体的变异，就必须分解一个配置概念的组成元素，以便确定所有相关的组成单元。首先就是复制核心模型，然后连续地将各个组成单元添加到实现组件，逐步构成最终的变异。在此过程中，可以在实现组件中创建新的元素，也可以替换现有的元素。与其他类型的可变性实现机制相比，图 6.9b 显示了这种基本做法。此外，图 6.9a 显示了一个组成式可变性实现机制的状态图，该机制独立于其他特定技术。

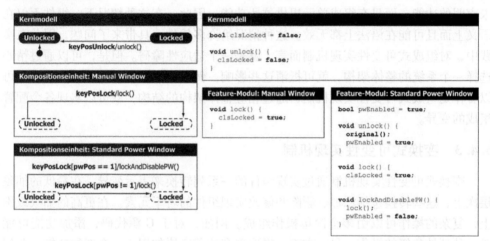

a) 独立于技术的状态图组成　　　　　　b) 以C源代码形式，面向特征的编程

图 6.9　组成式可变性实现机制

组成式可变性实现机制的一个具体实现，就是所谓的面向特征的编程（Fea-ture – Oriented Programming，FOP）。在面向特征的编程中，实现组件的改变描述一个特征的变异，被集成在特征模块内，也就是说，特征与特征模块之间存在一对一的对应关系。一个特征模块仅包含实现组件中的一个部分，即用于实现所必需的功能。但是，功能模块本身并不知道要与哪个功能相关。

通常，问题空间的特征与面向特征编程的特征模块之间的联系，是通过一个直接名称来实现的。在最简单的情况下，功能模块的名称与相应特征的名称相同，例如，在功能模块中的一个自动电动式车窗的调整性特征 AutomaticPowerWindow. c。图 6.9b 作为一个示例，显示了一部分中央门锁系统功能，它带有多个特征模块，用于各种类型的车窗控制。

在许多情况下，变异组成的顺序是无关紧要的，例如，对于 C 源代码而言，函数声明在源代码文件中的顺序，并不是至关重要的。在这种情况下，就可以按任意顺序使用功能模块。但是，在某些情况下，组成顺序是非常重要的，例如，当几个功能模块构成一个顺序式功能调用时。在这种情况下，就需要指定功能模块，即所谓的应用顺序约束（Application – Order Constraints），如果一个变异同时需要两者时，首先应该使用两个功能模块中的哪一个。在创建一个变异时，就要评估应用顺序约束，以确保所调用的功能模块具有实际意义的顺序。

与注释式可变性实现机制相比，组成式可变性实现机制导致一个变异可分布在多个组件上。在注释性方法的150%模型中，有一个核心模型，其中有大量潜在可用的组成单元。尽管这增加了所谓关注点分离（Separation of Concerns）数量，而且软件维护工作量也加大了。此外，可能会发生这种情况，就是不论是核心模型还是单独的组成元素，都不能孤立地代表整个实现组件，例如，如果核心模型调用尚未声明的功能，而只有组成单元提供这些功能。因此，在这种情况下，组件不仅在语义上而且可能在语法上都无效。这种情况给许多软件工具带来了问题，因此在实践中，对组成式可变性实现机制而言，就是一个适应性障碍。但是，可以通过精心选择一个系统的整体架构，就可抵消这些影响。例如，插件（Plug - In）架构也可以看作是组成式可变性实现机制，通过相应整体架构的结构，就可以实现各个配置组成的变异。

6.4.3 变换式可变性实现机制

变换式可变性实现机制通过实现组件的一系列转换来表示变异。在最低的抽象层次上，这些转换包括添加、删除和修改实现组件的若干元素。在更高的抽象级别上，复杂的操作可以由多个简单操作组成。例如，对于 C 源代码，添加功能可能是一种低抽象级的操作，另一方面，提取现有的程序语句用于一个新的功能，并配备相应的调用，这是一个更高级的抽象操作。在一个转换模块中组合了一系列的转换。在最大化情况下，一个转换模块包含了问题空间中每个配置选项所必需的更改。但是，一个转换模块中只有一部分要进行更改，多个转换模块实现同一个配置选项，这也是可能的，只有当一部分转换被重新用于实现另一个配置选项，并放在一个单独的模块中。

问题空间的变异模型与转换之间的关系是通过显式性映射建立的。例如，逻辑表达式通过特征（Feature）链接到相应的转换模块。可以为一个表达式分配多个转换模块，这一点很重要。

作为转换的起点，可以是软件产品线的基本变异，即软件系列的一个特定系统。基本变异由开发人员人工确定，原则上可以认为是每个有效的变异，但是，选择对转换的构成有影响：如果基本变异中已经实现了某个配置选项，就必须准备有一个消除该转换的操作。但是，如果基本变异中没有配置选项，就必须提供用于该选择的转换。因此，某些变异特别适合作为基本变异：具有最大功能范围的变异，在很大程度上仅需要删除功能，这通常更易于实现。与此相反，它允许按时间顺序查看首先开发的变体，通过转换来模仿软件系统的自定义开发过程，并且仍然使用软件产品线的优势。如果还存在一种标准配置，则将其变异用作基本变异，并将转换视为与标准配置的偏差，这样做是很有意义的。这种选项可能性在汽车工业中特别有用，以便根据标准模型及其修改，调整其他的开发内容。

为了加入一个具体的变异，必须以以下方式分解配置方案中的元素：就是要明确地确定所有要应用到的转换模块。首先复制基本变异，然后依次应用这些转换模块，以如下方式对其进行修改：挑选出功能选项，使实现组件包含所需的功能。与组成式可变性实现机制相比，不仅可以在过程中添加或替换组成元素，而且还可以修改，或者将其完全删除。相比其他类型的可变性实现机制，图6.7c显示了此基本过程。此外，图6.10a显示了状态图转换，它是技术中立性的。

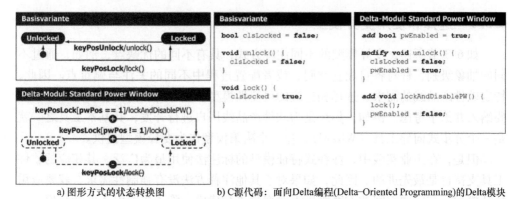

a) 图形方式的状态转换图   b) C源代码：面向Delta编程(Delta-Oriented Programming)的Delta模块

图6.10 变换式可变性实现机制

一般而言，变换式可变性实现机制的具体实现是使用面向增量编程（Delta - Oriented Programming，DOP）语言，或者实现组件的增量建模（Delta - Modeling）。在增量建模中，转换模块称为增量模块，而转换操作称为增量操作。因此，一个增量模块就是由多个增量操作调用组成，这些操作对实现组件进行更改。

增量建模的一个特殊性就是增量操作在语法和语义上，都基于所要更改的实现组件语言：增量操作是用增量语言定义的，以要更改的语言作为参照，这样对于C语言而言，增量操作类似于 C 语言中的构造函数（Constructor）。图6.10b就显示了一个 C 源代码的面向增量编程示例。

类似于 FOP 中的特征模块，对增量建模中的增量模块而言，并非总是可自由选择其应用顺序，

例如，在修改组成元素之前，必须首先创建它。为此，增量建模还允许定义调用应用程序顺序的约束，这就可以确定，如果两个增量模块都与派生出的变异有关，应该首先使用其中的哪个模块。

变换式可变性实现机制以软件产品线中的一个具体变异为起点。相比之下，通过其中所有特征的150%模型，以及共同的核心模型，注释式和组成式可变性实现机制利用一个单独的系列模型作为起点。因此，仅对于变换式可变性实现机制，无需重组单个软件系统的现有实现组件，这就有助于在单个系统

223

和软件产品线之间进行过渡。但是，使用转换模块具有将一个变异性分散到多个组件上的相同风险，这就与组成式可变性实现机制一样。此外，与直接实施对实现组件进行更改相比，这就要求开发人员重新考虑转换的制定，这在实践中也是一个适应性障碍。

6.5 对软件产品线实际应用选择和使用合适的技术

6.5.1 选择和使用变异模型

如6.3节所述，变异模型的不同注释方式，具有不同的优缺点，例如，通过不同的抽象级别，针对各自配置空间，或者配置过程中不同的关注与侧重点。因此，特定软件产品线的需求、选择相适应的可变性模型、注释时所需内容，这些方面都要纳入并给予考虑。例如，如果是为软件产品线用户进行开发，其基本工具之一就是一个分步式向导工具（Wizard），将一个决策模型作为变异模型提供。

但是，在工业实践中，注释式特征模型的标注法使用最为广泛，其相应的软件工具支持也是最先进的。因此，如果对于其他注释方法没有强制性需求，就要应用特征模型，在问题空间的方案级别上对变异进行建模。除了先前引入的特征模型标注外，还可对各种特殊的应用场景进行某些扩展，这些扩展将在6.6.1节中进行详细介绍。

但是，选择特征模型作为变异模型的注释，这并不能确定能否精确地建模，因为各个特征的建模细致程度不是由特征模型本身确定的。结果就是，不仅一个非常粗糙的功能可以构成特征，而其基于实现的非常细致的功能也可以。但是，与正交变异模型（OVM）相比，特征模型中的实现抽象度通常较高。但是，具体的实现方式掌握在各自的软件产品线操作人员手中，以适应特定的变异问题。如果是变异模型的使用者，比如，没有相应技术背景的客户，就应放弃用专业语言制定单一的特征，而是仅给出一个要实现的特征，使其在可由客户决策的功能范围内。比如，特色运动套装这一特征可代表更有意义的细分，只有当技术实施所需的组件，都分别可作为特征列出来的话。另一方面，如果变异模型的用户有能力从技术角度观察，则一个经验丰富的开发人员可以对特征进行更为细致的建模。

此外，特征模型并未指定在多大程度上，层次结构中的特征能影响相应的实现组件。在某些情况下，如果选择一个靠近根特征的特征，就可以进行全面性更改，例如，系统架构。在其他情况下，接近根特征的特征仅是构成了逻辑性组合，而实现组件的实际更改，则是由更为底层的具体子特征决定。同样，如果由软件产品线运营商自行决定如何实施特定问题的解决方案，就要尽可能地对软件架构进行规划，以便在特征和其实现之间，实现直接性一对一的映射。无论如何，就相应的约定做出反思性的决定，这是有必要的，并始终保持整个软件产品线的持续可实施性。

6.5.2　选择和使用可变性实现机制

在很大程度上，可变性实现机制决定了两点，即如何在实现组件中表达可变性，以及如何生成变异。这样可更容易获得整体可变性概况，来开发实现组件中的所有变异。但是，就它的适用性而言，还在很大程度上取决于实现组件是否能适合所采用的内部或外部注释。组合式方法则要求实现组件内可变性内容的结构化，这与变异模型中的细致程度非常相似，并且对系统架构也有很高的要求，这在实践中，并非总能给以满足。变换式方法具有很高的表现能力，可以描述配置的自然发展过程，但要求所有与此相关的参与人员对软件产品线技术有较为广泛的了解，实际上，这通常会导致适应性障碍问题。

原则上，很有可能在软件产品线中，要对不同类型的组件采用不同的可变性实现机制。比如在前面的变异示例中，对状态图采用变换式机制，而对 C 源代码采用注释式机制。但是，经验表明，这通常会导致一些中期性问题。一方面，必须修改生成变异的过程，以便可以处理不同个体变异实现机制的独特性，这就是一个特殊的挑战，如果一个机制中的各个步骤之间还存在依赖关系，例如，落实不同更改方法的前后顺序。此外，通常受不同可变性实现机制约束的实现组件是不会完全彼此独立的，例如，状态图转换中引用的各个 C 代码函数。其结果就是，开发人员将面临不同的可变性实现机制，这基本都需要完全不同的思维方式。出于这些原因，就应该尽量避免将不同类型的可变性实现机制混合在一起。

因此，对于所有实现组件，应尽可能一致地仅采用一种类型的可变性实现机制。而就选择合适的可变性实现机制而言，它在很大程度上取决于所涉及的实现组件，及其开发人员能力的具体情况。在实际工作中，通过良好的思维模型和减少技术需求数量，就已经表明，注释式方法是能适用于大量开发人员，最为合适的解决方案。

C/C++源代码的注释式可变性实现机制

采用 C 和 C++编程语言开发软件时，通常注释是使用该语言所提供的预处理器。为此目的，就可定义假定某个真值的宏（Makros），从而确定在实现组件变化时，按需要选择那些特定内容。比如，#ifdef 指令可用于在编译过程中包含所需的源代码，因此仅在存在单个配置选项，或者配置选项组合的情况下，才将结果变量考虑和包括在内。

每个宏的具体逻辑赋值在实现级别上代表了配置，这样就可通过问题空间的变异模型，将相应的配置知识传达给解决方案空间内的实现组件。因此，就对使用预处理器指令进行建模而言，还有两个基本要求，以使配置更易于管理。

首先，应该可以将问题空间的配置选项（例如，特征）直接转移到预处理器指令的制定中，这就是一对一的映射组成。要避免有两个预处理指令实现同一个特征，因为这很容易导致变异出现问题，例如，如果一个所选取的特征必须将其真值（true）分配给某个宏时，而另一个选定的特征想要将值设置为假（false）。

其次应该尽可能在一个程序位置中为所有宏赋给特定的真值，例如，一个文件 guration. h，可以把所有必需的注释位置集成在一起。在变异生成中，此文件从变异模型的配置中生成，以便宏可以自动地接收相应的真值。如果各个宏的定义分布在多个文件中，这种自动分配真值会更加凌乱复杂。

不仅是具有真值的宏分配，而且，两个用到的#ifdef 指令在特定变化点应该遵循一定的准则，以使#ifdef 指令始终有一个有效的语言构造函数（Constructor），比如，如图 6. 11a 所示。如果不是这种情况，则如图 6. 11b，就是说，这是一个没有约束的#ifdef，这就不可避免地损害了源代码的易读性，从而可以是一个附加性错误的来源。

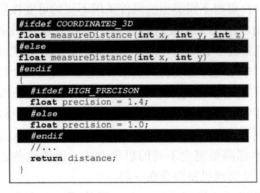
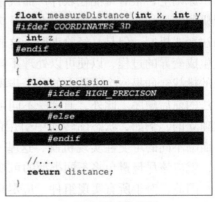

a) 有约束的#ifdef   b) 不受约束的#ifdef

图 6.11　在两个变化部分使用#ifdef 指令

多个实现组件的注释式可变性实现机制

注释式可变性实现机制也可以用于多个实现组件。如 6.4.1 节所述，注释可以在内部或外部编写，具体取决于实现组件的性质。

内部注释是借助语言构造的，即通过实现组件的编程语言注释符号来完成。可执行语言通常提供控制流分支，例如，可将 if 语句用于注释。该逻辑条件构成一个带有真值的常数，真值定义是根据所使用的配置确定的。

也可以考虑使用特殊格式的注释，仅注释开头和结尾，以及配置选项的相关条件。这一方式可适用于多种表达方法，因为通常会有一种用于注释的语言结构。例如，想在上述示例中使用的状态图，其组成元素就带有注释，并将其分配给相应的配置选项。但是，在这种情况下，重要的是要确保注释格式，可以清楚地被标识为注释，而不是错误地成为源代码文件被纳入配置过程。

而外部注释是在实现组件之外进行的，例如，在显式注释模型中。为此，创建了一系列配置选项到实现组件元素的概念映射，就有可能清楚地引用实现组件中的各个元素。

如果实现组件的标识提供了此注释，则可以通过唯一的标识符 ID 进行标识，比如，状态图内的标注就是这种情况。如果不是这种情况，则在某些情况下，名称被用于识别特定上下文中的相应元素，比如，C 源代码中各个函数的名称。根据标识的不同，也可以使用复合性标识符。因此，可以想到所谓节点（Node）和边（Edge）形式的语言，例如，状态图、Simulink，在这其中，一条边由初始节点和终止节点唯一定义，这就可使用两个节点名称组合来标识一个边。

对于一个实现组件而言，其有这些元素才可用于变异，即没有注释（因此属于软件产品线的核心），或者其注释由配置完成。创建一个变异时，将删除所有没有注释的元素。

该原理适用于内部和外部注释，具体的激活或关闭注释的机制，只能在一个特定的位置进行，所以在 If – 语句条件中使用的常量，要在一个单独的文件中赋值。这样就便于进行维护，并在必要时，根据变异模型的配置，生成相应的文件，这样变异生成可以在很大程度上实现自动化。

6.6　其他软件产品线方案和技术

到目前为止，除了上述引入的，已成熟的注释和做法之外，在软件产品线领域还有许多方案和技术。以下各小节介绍了若干技术，主要着重于与汽车行业特别相关的方法。

6.6.1　纳入软件产品线开发的过程

如果一个企业尚未使用过软件产品线，则可以有不同的开发软件产品线可能性。对此要真正选择合适的做法，很大程度上取决于是否已实现了软件系统或者软件系列，如果已实现了，则还取决于其开发水平。因此，下面将介绍三个启动开发软件产品线的基本过程，及其相关含义。

6.6.1.1　主动式开发软件产品线

在主动式开发软件产品线中，一个软件产品线是从零开始构建的。如果还没有软件系列，则第一个开发活动就是所谓的确定领域范围（Domain Scoping），其中就是具体确定每个专业领域的要求。除了确定单个软件系统的要求之外，在领域范围内还特别要强调潜在客户需求之间存在的差异。这些就构成了配置选项的基础，这在下面以变异模型的形式进行详细说明。在此阶段，软件产品线团队必须在相应抽象级别的术语层次达成一致，从而明确地命名相应的配置选项。此外，必须有目的性地选择合适的可变性实现机制。根据基本变异模型，要确定适用可变性实现机制的总体架构，例如，一个插件（Plug–in）架构用于组成式可变性实现机制。在其上进行进一步的开发活动，例如，基于此基础架构的自动生成变异。

通常，如果要从零开始开发软件系列，但已经对其专业领域，及其将要提出的需求有了很好的了解，那么这种主动式开发形式是较为合适的。但是，也可以考虑一个现有的软件系列，如果对它尚未开发过软件产品线，而希望创建一个新的软件产品线。如果需要付出巨大的努力，才能将现有的软件系列转换为软件产品线，最好还是从头开始，这将会带来效益优势。但是，应该指出的是，新软件产品线的开发需要大量时间和资源。这就会出现这种结果，即在开发过程中可能会降低企业的经营效益，因为在此期间原始软件系列未能成熟和销售，或者还存在这种情况，即两个软件系列暂时性地在并行开发。通常，由于缺乏客户的接受度，上述第一种选择对许多企业是不可能被接受的。对第二个选择，就必须考虑到可能需要更多的开发人员，这就必须要谨慎行事，以确保两个软件系列的功能，即使在并行开发时也不要相差太多。总体而言，对已经存在的软件系统，甚至是现有的软件系列，采用下述反应式开发或提取式开发软件产品线的方法，通常更为适合。

6.6.1.2　反应式开发软件产品线

在反应式开发软件产品线中，一个单个的软件系统被逐渐扩展，包括配置性选项，最终形成软件产品线。在开发反应式软件产品线中，第一步是要建立一个变异模型，该模型最初仍是空的，因为尚无法配置软件系统。此外，必须确定可变性实现机制，该机制要将将来的配置选项转换为实现组件。在开发过程中，进一步的客户需求不可避免地导致软件系统要进行更改。如果这些需求并非是几个，但又不是所有现有的，或者潜在客户感兴趣的，则将其作为即将提供的软件产品线配置选项，并给予实现，这是有意义的。为此，首先要在变异模型中创建一个具有适当名称的新配置选项。如果可以直接地选择或取消此配置选项，则可认为这是一个选项。另一方面，如果需要停用软件系统的某些部分，以实现这一功能，则这是一个替代性方法。在前一种情况下，可以根据所选择的可变性实现机制，加入新的实现。在第二种情况下，现有软件系统必须事先进行修改，以便删除某些功能后仍能构成一个配置选项。为了确保与现有客户的兼容性，存档记录这些措施尤为重要，即在配置选项中，哪个部分描述了原始软件系统的功能范围，因而可以明确地提供此配置。通过反复添加新的配置选项，或者将现有功能转换为配置选项，就可以从软件系统中逐渐创建出一个软件产品线。

反应式开发软件产品线就特别适合以下情况，即如果市场上已经存在了功能广泛的软件系统。但是，应该指出，现有软件系统构成了即将到来的软件产品线的基础，不仅其发展状态，而且其质量都应该相当成熟，以能承担这一角色。由于配置选项的不断扩展，就可以保持与现有客户的兼容性，同时可以赢得新客户，而又不损失产品的可用性，例如，主动式开发软件产品线可能就是这种情况。

6.6.1.3　提取式开发软件产品线

提取式开发软件产品线分析了一个软件系列中的现有产品组合，以部分自动化地创建一个软件产品线。许多企业都通过所谓的克隆（Clone）技术和自身开发（Own – Development）应对可变性的挑战：如果要在稍有不同的环境中使用现有软件系统，例如，在另一个需求稍有不同的客户处，则现有软件系统将可能首先被完整地复制，然后在该副本上进行相应的修改调整。

在短期内，此方法具有一定的优势，因为不需要特殊的技术或工具。但是，从中期来看，存在着严重的问题：假如在原始软件系统中发现错误，则不仅必须在原始软件中，而且还要在所有副本中更正错误，如果在这些副本中包含了错误所涉及的功能。当存在大量副本时，导致的问题就是极大地增加了修改工作量。此外，可能是目前尚不清楚哪个副本也包含了同样的功能，因为这些调整通常并没有记录在案。这还会导致其他问题，当创建新副本所需的功能时，其中一部分可能是存在于之前版本内，但是另一个之前版本实现了另一部分。正是由于存在这些问题，就希望将现有产品组合，从克隆并拥有（Clone – and – Own）变异转变为软件产品线。

为此，提取式开发软件产品线使用变异挖掘（Variability – Mining）方式和软件产品线生成技术：在该过程的开始，对这些克隆并拥有（Clone – and – Own）软件系统，检查其相似性和差异性。为此就要使用各种度量标准，这些度量可以评估这些实现组件的结构，但也要适应于当前的特定情况，例如，通过考虑命名约定。这样一个过程的结果就是一个实现组件的具体表示，其中记录了实现组件之间的异同，并可由该领域的技术人员来完善此类信息。比如，一个特征模型，它带有可识别的差异性，可作为配置选项，还带有适当变化点注释的源代码文件，表示一个问题空间的特征与解决方案空间其变化点之间的映射。根据该原理，其生成形式的特征模型非常接近具体实现，这样特征在某些情况下，也可以是名称，比如，添加功能 measureDistance。借助于重构（Refactoring）软件产品线的工具，不仅可以更改特征的命名，还可以更改其细化程度，这可通过将特征组合起来，将其添加在特征模型，而仍不会破坏生成的软件产品线的一致性。

如果已经存在软件系列的软件产品线组合，那么提取式开发软件产品线将是很理想的选择，但这是出于没有软件产品线的目的而开发的，因而各个软件系统之间的关系，并未以系统可用的方式记录在案。在这种情况下，通过半自动式生成软件产品线，提取式开发软件产品线可以有所帮助，可减少人工开发工作量和潜在的错误来源，而大大加速了软件产品线的更改过程。

6.6.2　特征模型的专用注释

除了 6.3.1 小节中所介绍的通常性特征模型外，还有其他一些专用于特殊目的的注释。下面将简要地说明在汽车行业中最为重要的扩展。

6.6.2.1 基于基数的特征模型

与 6.3.1 小节中的常规性特征模型不同，基于基数的特征模型不对特征和组合使用显式的变异类型，而是统一的基数。具体来说，这意味着每个特征和每个组合都具有一对数值，即两个整数值形式的最小和最大基数 (m, n)。对于配置选项而言，最小基数 m 描述可选元素数量的下限，最大基数 n 描述可选元素数量的上限。

相应地讲，特征模型的变化类型可有以下表现形式：一个可选特征的基数为 (0, 1)，意思为可选取，也可不选取，而基数为 (1, 1) 的特征，意味着强制性特征，无论如何都必须选择它。与此类似，如果一个替代组合的基数为 (1, 1)，这就是说必须选择这一个特征，一个逻辑或（OR）组合的基数为 (1, n)，其中 n 是它包含的特征数量，这样就可以构成特征在数量上的任意组合。通常，一个组合中的各个特征具有基数 (0, 1)，但原则上，也可以具有其他的基数。

通过这些属性，基于基数的注释不仅包含常规特征模型的符号，它甚至扩大了它们的表现力。这在不同情况下都是有意义的：一方面，在没有复杂约束的情况下，可以表达对要选择的特征的所需数量，例如，一个基数为 (2, 5) 的组合，这当中包含七个特征，其中一个是强制性的。此外，一个特征的最大基数不必一定要限于 1，这样就可以表示多个选择特征。在这种情况下，就是所谓的克隆特征（Cloned – Features），可以多次实例化实现。例如，车辆刮水器软件，就可以以克隆特征来实现，可以分别对车前窗和后窗进行选择，前窗是强制性必选的，而后窗则是可选的，从而所创建的基数为 (1, 2)。

另外，基于基数的特征模型即使在软件程序内部计算中，也具有一定的优势，因为整数基数值通常更容易或统一地进行编程处理，比如，特殊变异类型的枚举类值。再例如，对在 6.6.3 节中描述的阶段性配置，这种注释符号也很有意义，因为每个有效的配置步骤作为其结果，都导致了一个缩小的最小和最大基数区间，当取消选择某个特征时，将在下一个配置步骤中，减少其组合中的最大基数。

6.6.2.2 属性化的特征模型

在 6.3.1 小节中，正规的特征模型将一个特征视为最小、不可再分割的配置单元，同时具有被选择或被取消的特征，以明确定义配置决定。属性化特征模型扩展了该标注表示法，即一个特征本身也可具有若干个属性。这些属性要在一个特征内，唯一性地定义命名，并且具有明确指定的数据类型。例如，对于"报警系统"显示（Alarm System LED）可以有一个特征，即闪烁持续时间，它为整数值，定义在 30 ~ 120s 之间，blinkDuration：int [30；120]。

为了使配置空间保持有限，并具有可确定性，所以属性类型本身的取值范围也是有限的。例如，一般来说，不是所有整数值都是允许的，但是 int 类型是允许的，因为由计算机内部解释，它是有限的。此外，通常允许使用逻辑真值（真/假）以固定取值范围，或者有限精度的十进制数，以及枚举类型。

在配置过程中，必须为每个选定的特征，确定其所有属性定义的具体值。其结果就是除了可以选择或者取消一个特征外，属性值的规范就成了进一步的配置决策。

由于属性值范围是有限的，原则上可以将属性式特征模型转换为通常的特征模型。然而实际上，这通常不是所希望的，因为这就必须创建大量的特征。例如，对于上述的闪烁时间属性 Duration，必须为从 30～120 之间的所有整数值，都要创建一个特征，将其加入到对应"报警系统"Alarm System LED 特征的替代组中。

因为作为一个条件属性及其潜在值都是配置知识的一部分，所以可将其在交叉树约束中给予指定。通常，为了用于逻辑比较，就定义了属性值间的操作符，例如，可检验相等性（ = ）和不相等性（ ! = ）。

当要做出大量细致性的配置决策时，属性特征模型可能才特别有意义。可以想象，在汽车工业中就有这种应用，例如，带有发动机控制软件的软件产品线，在这类软件产品线中，就允许设置不同的发动机性能参数。

6.6.2.3　超特征模型

6.3.1 小节中的常规型特征模型定义了在一个特定时间点时，一个软件产品线的配置选项。但是，软件产品线会随着时间的流逝而继续发展，这就像每个软件系统一样，它本身也会受软件发展演变的影响。其结果就是所提供的实现特征亦可以发生变化。

这里，超特征模型（Hyper – Feature Models，HFM）扩展了通常的特征模型，使得从每个特征可以生成和定义多个特征版本。这些版本代表了一个特征实现的实际版本（Version），比如，当在一个已实现的特征中，将其所出现的错误进行纠正后，就会推出一个新的版本。因此，特征版本是按照软件产品开发路线安排的，它映射了版本创建的时间顺序，还支持衍生出的多个分支，即所谓次版本（Minor）、修正版（Patch）。在此基础上，也可以根据特征版本定义交叉树约束，在语言构造上，就可以表达出更为具体的要求，例如，应该选择某个最低版本，或者所要选择的版本应该在某一时间间隔内。

在配置过程中，必须为每个所确定的特征选择一个相应的特征版本，这样一来，所有特征和其相应特征版本的集合，就可满足所有配置规则。如果要以这种方式将软件产品线演变和集成到配置知识中，超特征模型对此是最为合适的，也就是保证各个特征的实现可以发生改变，而且在配置过程中能够明确地选择不同的版本，只要特征模型的结构保持不变。

6.6.2.4　临时性特征模型

基于一个软件产品线的软件演变，其配置逻辑也可能发生变化。而临时性特征模型（Temporal Feature Model）就扩展了常规的特征模型，使得可以对配置知识的变化进行集成和映射，例如，添加一个新特征，或者删除现有特征。为此，每个处在可能演变中的组成元素，都为其有效性设置了一个时间段，即所谓的临时有效性（Temporal Validity）。这种时间段的形式是日期和时间说明，其下限表示组成元素首次生效的时间点，而其上限为失效时间点。就是使用临时有效性来确定特征模型在给定时间点的状态。可以为特征名称、特征变异类型和其组合，指定其时间有效性，以及在特征模型中，为将来的特征和组合预留下所需的位置。

与一个常规的特征模型相比，这些扩展使临时性特征模型的建模变得更加复杂化，但是，使用合适的编辑器，就可以通常的方式进行操作，且仍可以从临时性特征模型的优势中受益。例如，可以使用删除键 Delete 取消一个功能，但是，编辑器就会根据当前时间，在后台设置时间有效性。借助临时性特征模型，不仅可以回顾性地了解到目前为止的配置知识发展情况，而且当所设置的更改日期是在将来，也仍可规划配置知识的进一步发展。

在配置过程中，可以与常规特征模型相同的方式使用临时性特征模型，只是此处重点考虑的是给定时间点的特征表现。因此，当将软件产品线的演变集成到配置知识中时，临时性特征模型就非常适合，这时特征模型的性质可以发生改变，而且配置知识的先前状态也很重要。

6.6.3　多重软件产品线

一个软件产品线开发了软件系列中的一组软件系统。而变异可能仍依赖于其他软件，例如，功能库。通常都假定所选用的软件功能范围是固定的，即一个功能库本身没有可变性。但是，在更大型的软件系统中，可能会出现这种情况，就是所使用的软件本身就是一个软件产品线中的一个变异。如果软件产品线 SPL1 变异中的功能，还依赖于软件产品线 SPL2 中的变异所使用的配置，则这就出现了两个软件产品线，其配置机制是相互依赖的。在这种情况下，我们就说，这是一个多重软件产品线（Multiple Software Product Line，MSPL）。

例如，在汽车行业中，不同开发团队一起承担三个软件产品线：一个团队以软件产品线的形式，开发车型特定的发动机控制软件，可为发动机配置出不同的功率值。根据客户对发动机的要求不同，这些配置选项的不同是很重要的。因此，就存在一个特征模型，它包含配置选项和相应的配置性专业知识。这当中还有一个作为可选项的诊断功能，该功能可读取发动机运行中的内部参数值。这种发动机控制软件产品线由一个工程师团队开发。

另外，车辆还安装了许多传感器，例如，用于距离测量、轮胎压力和全球定位系统（GPS）信号接收。根据车辆型号不同，安装了不同的传感器，因此相应的软件也是可变化的。因此，这也就存在一个特征模型，其中各个传感器的驱动程序软件具有可配置特征。更特别的在于，轮胎压力传感器和 GPS 接收器的功能实现都是可作为可选功能。这些传感器的软件产品线由另一个完全不同的工程师团队开发，这个工程师团队通常与发动机控制团队的业务联系很有限。

最后，车辆中还安装了信息娱乐系统，其功能也是可配置的，以满足购买者的不同意愿。客户可以选择各个功能，例如，一个可选蓝牙配置的音频系统，可连接到智能手机，一个 GPS 导航系统，具有各种细分功能的车载计算机，例如，可显示车辆内部的参数。反过来，为上述各个配置选项和相应的配置专业知识，都定义了一个特征模型。信息娱乐系统的软件产品线由一组计算机专家开发，他们既不与传感器的开发人员联系，也不与发动机控制的开发人员沟通。

在信息娱乐系统的软件产品线中，其变异功能可能需要发动机控制和传感器软件产品线中某些变异的特殊功能：想选择信息娱乐系统软件产品线中的导航系统，只有当前面已选择了传感器软件产品线中的 GPS 接收器，并且其驱动程序功能也提供可用。此外，信息娱乐系统软件产品线的车载计算机只能以下方式配置：它要显示车辆内部的参数数据，一方面要选择软件产品线中的轮胎压力传感器，另一方面要选择发动机控制系统软件产品线中的诊断功能。因此，作为其整体后果，对配置的变异而言，不能简单地将发动机控制和传感器软件产品线的变异，视为具有固定功能范围的功能库。相反，很有必要了解一些其他软件产品线所基于的配置专业知识，并将其融入自己的配置知识中。

为此，要将多个单一软件产品线组合起来观察。这样就可以跨越单个软件产品线的边界，来定义配置规则，进而创建一个多重软件产品线。图 6.12 显示了由发动机控制、传感器和信息娱乐软件产品线组成的多重软件产品线。特别值得一提的是交叉树约束（Cross‑Tree Constraints），其定义超出了单一软件产品线的范畴，可在多个软件产品线之间建立连接，从而将不同特征模型中的特征得以应用。

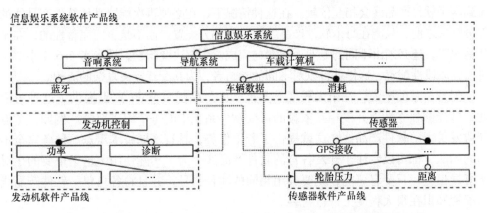

图 6.12　示例：由三个软件产品线及其相互连接构成的多重软件产品线

在图 6.12 所示的示例中，每个特征模型均完整显示了其所有组成要素。但是，实际上通常不需要列出所有这些组成要素：发动机控制软件产品线的开发人员，并不一定清楚是否其他团队掌握了该软件产品线的配置知识。如果希望进一步开发自身的软件产品线，并且在可能的情况下，仍保持与其他软件的兼容性，那么将无法仅仅简单地调整特征模型。但是，更希望能封装各自的配置知识，从而使其特征模型中的一部分对外可见，而该部分正是与相互依赖方的软件产品线相关。这可以通过所谓的特征接口（Feature Interface）来实现。

一个特征界面基于以下假设：从外部无法看到功能模型本身内容，它仅显示配置中有意选定的参数部分，供其他软件产品线使用。对于发动机控制软件产品线，在特征界面中可找到仅用于诊断的功能，以及与该功能有关的可选功能信息。因此，发动机控制软件产品线的开发人员在保证配置接口的前提下，进一步开发他们的核心功能部分，而不会损害和依赖于其他软件产品线。

除了封装配置知识外，此时还应该指出，多重软件产品线提出了其他一些挑战：除了上述示例中提到的特征模型之外，还可使用其他可用于变异模型的注释符号。如果每个软件产品线的开发人员使用各自不同的注释符号，则存在变异模型的混杂异类问题。

例如，一个用于发动机控制软件产品线的正交变异模型，一个传感器软件产品线的特征模型，以及一个信息娱乐软件产品线的决策模型。通常，在多个配置级别就很难解决这种问题。具体而言，在单个配置级别上进行此操作相对容易，就可实现解决一个局部问题的方案，其做法为，除了实现组件之外，每个变异还需提供对所选配置选项的描述，以及考虑其从属软件产品线的配置。此外，还可以想到，彼此依赖的不同软件产品线，使配置过程变得更为复杂。在该示例中，可以首先配置发动机控制和传感器的软件产品线，最后配置信息娱乐系统的软件产品线，因为只有信息娱乐系统的软件产品线依赖于其他两个软件产品线。然而，基本上也可以考虑到两个软件产品线会相互依赖。在这种情况下，在必须再次配置其他软件产品线的部分组成之前，只能在每个软件产品线中进行部分配置，而不是全面完整性的，在某些情况下，还必须由不同的专业人员参与完成。为解决此问题，请参考6.6.4小节中讲述的阶段性配置，这样就可以对不同的参与者，为其配置定义复杂的流程。

但是，总的来说，在很大程度上多重软件产品线（MSPL）也提供了这种可能性，即能够独立性地开发相互依赖的可变软件系统中的每个组成部分。例如，考虑到愈发扩大的软件产品线，这就提供了若干优势，具有不同技术重点、任务完全不同的团队，都可以专注于开发各自的软件产品线。为了实际使用，这里重要的是对于变异模型，只要有可能，就要选用相同的注释符号，并且将各自单一软件产品线的配置知识在很大程度上进行封装。

6.6.4 阶段性配置

在配置过程中，借助一个变异模型就可对每个潜在的配置选项做出相应的决策，即是否允许，以什么样的形式，来应用此配置选项。例如。在一个特征模型中有许多特征可供选择，以在整体上满足所有配置规则。在最简单的情况下，此过程可由一个人来完成，自己做出每个配置决定。除了明确地决定是否应该采用一个配置选项外，其他决定将仅是逻辑上的后续结果，例如，如果由于先前的选择，则无法再选择另一个后续配置选项。

通常，特别是对于规模非常大的软件产品线，其配置过程也可能会变得非常错综复杂，例如，如果有多个人员参与，就可能会做出某些相互冲突的配置决定。在这种情况下，可能还会有其他附加的复杂过程，这就需要做出配置顺序决策。在汽车工业中，可以想象，软件产品线涉及车辆软件技术中的多个领域，这些领域处于完全不同的抽象级别，虽然都在变异模型中，可在配置过程中查找到。例如，软件产品线中的一部分将需要发动机控制功能，另一部分作为内置式传感器的驱动程序，还有一部分则负责车载信息娱乐系统。这样，各个不同领域的配置，比如说，应由各自部门的专家承担，但仍必须维持领域之间的相互依存关系。例如，如果做出了在信息娱乐中加入导航系统的选择，就不可避免地要求在传感器考虑中，必须选择全球定位系统（GPS）接收器。此外，如果没有选择发动机控制系统的诊断功能，这将不可避免地导致信息娱乐系统中的车载计算机将不再能够显示相关的信息，因此，还必须取消掉所有与该选择相关的配置选项。这些配置决定依赖于不同参与者的专业能力，因此做出各自决定的时间顺序可能会有所不同，而且之间具有相关的依赖性。

因此，所谓阶段性配置（Staged Configuration）提供了这样的可能性，就是给出一个软件产品线中的某个复杂配置序列，并可由多个参与者共同确定。为此，首先定义配置过程中将要涉及的不同参与者扮演的角色，例如，发动机工程师。在最简单的情况下，每个人都扮演一个角色，但也可承担多个角色。然后，通过所谓的变异模型视图（View），为每个参与角色分配在变异模型中应该负责的部分，例如，发动机工程师，仅能承担与发动机控制有关的配置角色。在此，必须以这样的方式，定义变异模型的每个视图：每个视图被授权有配置决策权，所有这些局部性的配置，通过连接构成最终的配置结果，整个视图必须完整无缺地映射了所要求的配置内容。但是，这些视图内容仍允许有相互重叠部分。整体配置的工作流程由许多子流程构成，顺序性地由不同的角色做出各自的配置决策。图6.13显示了阶段性配置的一个示例，附带有描述和构成工作流程的各种图形符号。简单地讲，从配置流程的初始点开始，经过多个中间阶段进行补充，不断完善直至最终节点。每个

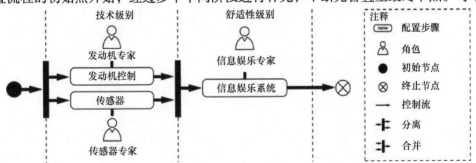

图 6.13　示例：工作流程中的阶段性配置（Staged Configuration）

配置阶段都分配给了不同的角色，并与其后续配置阶段链接，可以是直接（Direct）性一对一，也可通过分支控制流拆解（Branch）成多个后续阶段分支，或者合并（Join）前一阶段中多个支流的配置结果。

遵循所指定的工作流程，就可以确保即使涉及多个人参与的复杂配置过程，也仍可以成功地、完整性地完成产品配置，因为每个单独的产品级别都作为配置的一个组成部分，在此基础上，逐步补充和完善配置组合，直到最终确定整个软件配置。

6.7 摘要

当今，对计算机辅助功能的日益关注，使汽车行业中的软件可变性变得越来越明显。随之而来的产品复杂性，同时给软件系列的开发带来了巨大挑战。这里，软件产品线（Software Product Line）提供了一个开发高度可变性、可配置性软件系列的方法。本章概述了创建软件产品线的技术和方案，并给出了在汽车工业中实际应用的指导方针。通过成功地使用软件产品线，就可应对软件可变性的技术挑战，从而抓住所带来的多样化产品机遇，而且通过软件重复使用性，减少软件系列的开发工作量和成本费用，将能缩短新型软件产品的上市时间，提供众多的产品配置选项，使自己的产品在行业竞争中脱颖而出。

第7章 总 结

本书从不同的角度，审视了汽车电子和软件的多个技术方面，包括软件开发和测试以及过程模型，并将这些集成到汽车技术总体框架中。在汽车行业实践中，具有针对性的方法和过程，实质上比作为关键性的技术更为重要。只有通过车辆信息技术实践经验，才能有效地把握、开发和面对未来电动汽车产品的挑战，从而实现人类未来的出行移动性。

在应用本书介绍的内容时，必须充分考虑到汽车专业知识、方法和行业流程，这三者与基础技术具有同样的发展速度。而所提出的方法旨在为创新型产品的开发提供指导和建议，并在最广泛的意义上实现可持续性的行业发展。与基础物理学和电子学相反，由于人为因素仍具有重大影响，因此并未保证所有的流程具有技术上的绝对通用性或完整性。

因此，这些所介绍的方法将会不断变化、更新和适应，并且还会受到用户体验反馈的影响。每个用户和决策者都必须针对自己的工作范畴来挑选、判断和评估，究竟哪些所推荐的方法具有可适用性，或者还必须进行若干调整。同时考虑到随之而来的汽车工业数字化引发的行业冲击和动荡，更是如此。

国家政策和汽车行业对机动性在环境生态上所提出的要求，也必须在国民经济发展中具有可持续性。这暗示了技术方案要具有经济可行性，否则汽车造价将变得过于昂贵，或者导致生产商无法生存。本书介绍的汽车信息技术，希望能对此做出重要贡献。

参 考 文 献[一]

主要文献

[1] Reif, Automobilelektronik: Eine Einführung für Ingenieure, Springer Vieweg Verlag, 2014

[2] Borgeest, Elektronik in der Fahrzeugtechnik, Springer Vieweg Verlag, 2013

[3] Schäuffele, Zurawka, Automotive Software Engineering: Grundlagen, Prozesse, Methoden und Werkzeuge effizient einsetzen, Springer Vieweg Verlag, 2016

[4] Hoffmann, Software – Qualität, Springer Verlag 2013

[5] Müller, Hörmann, Dittmann, Zimmer, Automotive SPICE in der Praxis: Interpretationshilfe für Anwender und Assessoren, dpunkt Verlag, 2016

[6] Hennessey, Patterson, Computer Architecture: A Quantitative Approach, Morgan Kaufmann Publishers, 2011

[7] Kernighan, Ritchie, Programmieren in C, Hanser Verlag, 1990

[8] Balzert, Lehrbuch der Softwaretechnik: Softwaremanagement, Spektrum Verlag 2010

引用文献

[9] Form, Vorlesung Elektronische Fahrzeugsysteme, Braunschweig 2012

[10] Grünfelder, Software – Test für Embedded Systems, dpunkt Verlag 2013

[11] Aho, Sethi, Ullman, Compilerbau, Addison Wesley, 1997

[12] Wolf, Behavioral Intervals in Embedded Software, Kluwer Academic Publishers, 2002

[13] Apel, Batory, Kästner, Saake: Feature – Oriented Software Product Lines – Concepts and Implementation, Springer Verlag, 2013

[14] Pohl, Böckle, van der Linden: Software Product Line Engineering – Foundations, Principles and Techniques, Springer Verlag, 2005

一般来源

[15] OSEK/VDX Operating System Version, www. osek – vdx. org（Zugriff: 17. 07. 2018）

[16] AUTOSAR（AUTomotive Open System ARchitecture）, www. autosar. org（Zugriff: 17. 07. 2018）

[一] 互联网和维基百科作为文献来源，并未单独列出。任何搜索引擎都会对本书中提及的术语提供大量参考信息和来源，而且这些参考信息和来源仍会不断更新。从作者的角度来看，本书所引用的文献大多数是标准著作，较适合进行深入研究，或者部分直接被本书所采用。这些著作的著作权归各自的作者所有。

［17］ ASAM e. V. , www. asam. net （Zugriff：17. 07. 2018）

［18］ ISO （International Organization for Standardization）, www. iso. org （Zugriff：17. 07. 2018）

［19］ CMMI （Capability Maturity Model Integration）. CMMI, the CMMI Logo and SCAMPI are registered marks of the CMMI Institute, Carnegie Mellon University, www. sei. cmu. edu （Zugriff：17. 07. 2018）

［20］ IEC （International Electrotechnical Commission）, www. iec. ch （Zugriff：17. 07. 2018）

［21］ V – Modell XT, www. cio. bund. de （Zugriff：17. 07. 2018）

［22］ Gefahren – & Risikoanalyse, Erlangen, Julian Fay, 2004

［23］ Gefahrenanalyse mittels Fehlerbaumanalyse, Eike Schwindt, Paderborn, 2004